파라야나
라마나스라맘의 저녁 성가

Praying for Sri Bhagavan's Blessings,

V. S. Ramanan

12-2-2008

Parayana

The Poetic Works of
Bhagavan Sri Ramana Maharishi

First Edition 2006
Published by V. S. Ramanan
President, Board Trustees
Sri Ramanasramam
Tiruvannamalai, 606 603

파라야나
라마나스라맘의 저녁 성가

바가반 슈리 라마나 마하리쉬의 시

김병채(크리슈나다스) 옮김

🕉 슈리 크리슈나다스 아쉬람

고 프레지던트의 인사말

　바가반의 타밀 찬가를 부르기를 바라는, 타밀어를 모르는 헌신자들의 수차례의 간청으로 우리는 영어 번역을 참고한 후에,

　타밀 파라나야와 같이 원문을 삽입하였다. 저녁 시간에 아쉬람에서 행하는 파리야나는 그 대중성이 점점 높아져 타밀어를 모르는 헌신자들과 함께 하게 되었으며, 그리하여 영어 번역과 함께 찬팅하기를 바라는 수요가 더 커지게 되었다.

　부록에 있는 두 찬가를 제외하고는, 모든 번역들은 9번째 개정판의 저작 모음집(2004)에서 발췌하였다. 아트마 삭샤트카람(목요일)은 몇 개의 구두점과 철자만을 수정하였다. 데비칼롯타람(수요일)은 폭 넓은 수정을 하였다. 또 다른 변화는 타밀 음성학과 친숙하지 않은 사람들을 돕기 위해 음역의 부분들을 만들었다. 독자의 더 넓은 이해를 돕기 위해, 대안의 시 번역을 어떤 경우들에는 포함시켰다. 때로는 전문적인 용어들에 대한 설명들도 하였다. 매 요일의 시들의 짧은 서문을 두었다. 그 서문에는 그것들이 있게 된 환경과 역사가 담겨져 있다. 부록에

는 아쉬람의 특별한 날에 부르는 성가의 음역과 번역을 두었다.

우리는 이 책의 음역의 부분의 기초가 된 타밀 암송의 1998년도 개정판을 냄에 있어서 칸바슈라마 트러스트에 감사를 드리고 싶다.

바가반께서 아루나찰라에 오신 110번째 날인

2006년 9월 1일 금요일

V.S. 라마난

슈리 라마나스라맘

옮긴이의 말

김병채(크리슈나다스)

(1948. 2. 23 -)

봄베이의 한 요가연구소에서 한 이방인에게 물었다.

"인도에서 가장 성스러운 곳이 어디입니까?"

"티루반나말라이의 아루나찰라"

대부분의 아쉬람들이, 수행처들이 오는 사람들에게 무엇을 하게 한다. 즉 수행을 하게 한다. 그런데 여기서는 그러한 것들이 없다. 많은 사람들이 그렇게 알고 있지만 나도 그들과 마찬가지로 수행을 해야 진리에 이른다고 확고히 믿고 있었다. 나중에야 진리는 수행과는 아무런 관련이 없이 있다는 것을 알게 되었지만.....무엇인가를 하는 것에 익숙한 구도자에게 이것은 이해하기란 너무나 어려울 것이다. 신은, 진리는, 아무런 움직임이 없이 그냥 있다.

달빛 아래의 아루나찰라 산을 처음 보았을 때 너무나 신비로웠다. 아쉬람에 가니 라마나님께서는 세상을 떠나신 뒤였다. 성자님은 시간 너머에 계신다는 것을 그 당시에는 몰랐다. 이미 돌아가셨지만 난 라마나님과 짧은 대화라도 나누고 싶었다. 그 즉시 숙소로 가는 길에 한 성자 분께서 오셔서 머무르셨다. 빈 공터에 단상이 만들어지고 단상 위의 자리에 그분이 앉으시고는 마주한 헌신자에게 아무 말이 없이 그냥 눈을 바라보셨다. 나는 이런 광경을 이전에 본적이 없었다. 정말 이상하다. 숙소로 가다가 이상한 광경에 발걸음을 멈추고 뒤에 섰다. 그분의 부름을 받아 그분 앞의 의자에 앉게 되었다. 그 영광을 나는 그때는 몰랐다.

아루나찰라 산의 안쪽 길로 혼자 걸어가 보기도 하였다. 흰옷을 입은 사람이 멍 위에 아무런 행위나 말이 없이 누워있었다.

나는 이상한 세상에 들어와 버렸다. 나는 그 고요, 정지, 평화로움, 기쁨이 주는 평화를 조금은 즐겼다.

고국으로 돌아온 후 적어도 2년에 한번쯤 라마나스라맘을 찾았다. 물론 저녁 성가시간에 참가하였다. 타밀어로 노래를 하여 그 내용을 전혀 알 수 없었지만 매우 아름다웠다. 그것을 신을 기리는 가벼운 바잔이라고 생각했다.

2016년에 저녁성가에 참석하였다. 바리 바리 라마나 마하 구루라는 구절을 노래 부르고 있었다. 부르고 있다기보다는 마음을 그분에게 드리고 있었다. 그러자 나는 세 번째로 사마디에 들었다. 노을이 짙은 하늘에 나의 그림자 같은 형체만이 가엾게 떠 있었다. 그런데 그 중앙에 소용돌이치는 무엇인가가 나타나더니 그것이 엄청난 속도로 회전하면서 중심부의 것을 날아가게 하였다.

다시 회전하니 그것조차도 떨어져 나갔다. 이제 빛을 뿌리는 끝을 모르는 하늘같은 것만 있었다. 아무 것도 없다. 빛을 발하는 거대한 하늘만이 있었다.

그 후의 엑스터시는 길게 이어졌다. 홀 옆, 식당 앞에 있는 우물을 부여잡고 사마디 후에 오는 희열을 견뎠다. 이윽고 저녁 시간이 되었다. 그때까지도 황홀의 희열이 주는 울음을 그칠 수 없었다. 더운 날씨라 천장에서는 선풍기 팬이 소리를 내면서 돌아가고 있었다. 그 소리는 나의 울음소리를 감추게 해주었다. 고개를 숙이고 음식을 먹었다. 그렇게 하니 다른 사람들이 눈치 채지는 못하였다. 나중에 보니 그것은 '신에게 드리는 편지 화환'의 29 경험 같았다.

경험한 빛의 하늘과 영성을 좀 더 알기 위해 1989년부터 많은 책들을 구입하여 찾아보기 시작하였다. 다 읽는 것은 물론 불가능하다. 목차를 보는 정도였다. 난 깨닫고자 영성의 이론을 공부한 한 것이 아니라 나의 경험의 내용과 깨달음으로 가는 길을 좀 정리하고 싶어서였다. 그러다 영성의 바다에 빠진 나의 모습을 보았다. "이것은 아니다."

싶어 책들을 대부분 정리하였다. 빈 서가를 보는 것이 좋았다.

이 성가집을 번역하고픈 마음이 든 지가 10여년 아니 수십 년이 된 것 같다. 너무나 내용이 깊어서 나는 어떻게 할 수 없었다. 이해력을 깊게 하기 위해서는 세월이 묵어야 하는가 보다. 이렇게 의미가 깊고 아름다운 책이 세상에 있을까....이것은 단순히 성가집이 아니라 영성의 꽃이었다. 가르침의 정수였다. 그래서 성가집으로 만들기보다는 영성의 정수라는 관점으로 책을 만들었다. 그래서 노래와 관련된 것, 즉 발음과 이 노래집의 유래 등을 과감하게 제외시키고 영성의 정수를 드러내게 하는데 초점을 두고 만들었다.

저는 무엇을 해야 합니까?

"오, 크리슈나다스, 아무 것도 하지 마십시오. 그냥 빛의 바다에 잠겨요."

오, 구루시여!...오, 사랑이시여!

젊은 시절 성당 고해소 신부님에게

"신은 어디에 계십니까?"라고 물은 적이 있다.

"산과 들에 있지요."

세상에 산이나 들이 얼마나 많은데, 어느 산, 어느 들을 말합니까? 라고 나는 속으로 흐느꼈다.

그러나 나는 찾기를 포기하지 않았다. 티루반나말라이의 아루나찰라에 이를 때까지....

Sri는 그냥 존칭일 뿐이다. 모든 존경스러운 분에게는 Sri 혹은 Shree를 붙인다. 현지에서는 그것을 스리라고 발음하고, 인도의 다른 지방에서는 슈리라고 발음한다. 한국의 일반 독자들에게는 아마 슈리가 더 친숙할 것이다. 그래서 챤팅에서는 스리를, 번역에서는 슈리라고 하였다.

아트만을 그 지방에서는 안마라 한다. 안마라고 하면 그 지방인들만 이해할 수 있고, 한국인들은 다른 용어로 이해하여 혼란에 빠질 것이다. 옮긴이도 한 때 그랬다. 그래서 챤팅에서는 안마라, 번역에서는 아트만이라 하였다.

Jnana도 그 지방에서는 냐나로 발음하고 다른 지역에서는 갸나 혹은 즈냐나라 한다. 그래서 챤팅에서는 냐나로, 번역에서는 갸나라 하였다.

Self는 번역하기에 너무나 어려운 말이다. 참나로 번역하는 사람들이 있다. 옮긴이도 몇 년 동안 그 용어로 번역을 하여 출판하였다. 독자들 중에서는 그것을 불편해 하는 사람들이 있는 가보다. 그런 과정 후 그냥 나라고 표기하기로 했다. 누구나 자신을 틀리게든 맞게든 나라고 한다. 문헌을 보다보면 '나' 혹은 나가 보인다. '나'는 자아일 것이고, 나는 진정한 나일 것이다. 바가반께서도 '참나−참나'라고 말씀하시지 않고 '나−나'를 말씀하신다. 개인의 나와 신의 나는 하나이다.

가능하면 현대적인 모습이 되도록 노력했다. 미래의 구도자들의 이

해에 맞추는 것이 좋을 것이다. 그분들이 용어들 때문에 머뭇거리지 않고 바로 진리에 들어왔으면 한다. 그들은 결국 라마나가 경험한 것을 경험하고 난 뒤 라마나와 하나가 될 것이다.

그들은 머지않아 자신이 진리라는 것을 알고 거대한 평화 속에 잠길 것이다.

이 책과 단행본으로 출간될 비베카추다마니를 합한다면, 바가반의 시 전집이 될 것이다.

타밀어 발음을 도와주신 J. Jayaraman님, 타밀어 발음과 번역을 도와주신 강가님, 빠진 부분을 찾아 메꾸어준 사티아님 그리고 철자 교정을 본 아힘사, 고피난다, 다라나, 흐르다얌 등의 분들이 수고를 하셨습니다.

서문

갸니의 말들은 힘, 위상, 그리고 권위에 있어 소중한 베다들과 맞먹는다고들 말한다. 실제로 이 말은 16세에 완전하고 최종적인 해방에 도달했던 바가반 슈리 라마나 마하리쉬의 작품들과 번역들에도 적용된다. 바가반 라마나는 자신의 깨달음의 전체 범위를 간결한 시에 압축할 수 있는 비상한 능력을 계속해서 보여 주었다. 만트라들과 같이, 이 슬기롭게 기능되는 빛의 화살들은 읽는 사람의 마음에 신비롭고 강력한 변형을 불러일으키는 방향으로 작용하며, 그것들을 만나는 모든 사람에게 이해와 지혜를 제공하고 있다.

보통 바가반은 거의 글을 쓰지 않았으며, 주로 침묵의 힘을 통해 가르쳤다. 그러나 그것이 그가 질문들에 대답하는 것을 꺼려했다는 의미는 아니었다. 질문이 진정성 있다고 생각되면 그는 말이나 글로 충분히 응답했다. 그는 자신의 글을 쓰고 수정했으며 때로는 다른 사람들의 글을 검토했다. 게다가 그는 전에 공부한 적이 없거나, 심지어 전혀 접해 보지 못했던, 예를 들자면, 말라얄람이나 텔루구 같은 언어들에서 두각을 나타내는 등 언어에 재능이 있었다. 그가 살았던 시대와 그 이후의 가장 위대한 산스크리트 판디트들은 바가반의 산스크리트

글들에 대해 단지 그 문법의 정확성에 대한 것뿐만 아니라 아름다움과 설득력에 있어서도 경탄을 보낸다. 마찬가지로 그의 타밀어 글들은 타밀 문학 학자들에 의해 문학 천재의 작품으로 추앙받는다. 그것을 넘어, 바가반은 광범위한 우파니샤드의 깨달음과 그것에 대한 자신의 직접적인 경험을 몇 마디로 압축하는 특별한 능력을 가지고 있었다.

비루팍샤 동굴에서의 시절들 이후 지금까지 바가반의 헌신자들은 이 성가들을 불러오고 있으며 가슴, 마음, 영혼에 미치는 정화 효과에 대해 여러 번 증언했다. 현재의 이 책을 구성하고 있으며 또 오늘날 슈리 라마나스라맘에서 노래하고 있는 것은 바로 이러한 시들이다.

목차

월요일:
아루나찰라에 바치는 성가들

1. 스리 아루나찰라 스투티 판차캄(슈리 아루나찰라에 바치는 다섯 성가)
2. 스리 아루나찰라 마하트미얌(슈리 아루나찰라의 영광)
3. 스리 아루나찰라 악샤라 마나 말라이(신에게 드리는 편지 화환)
4. 스리 아루나찰라 나바 마니 말라이(슈리 아루나찰라의 아홉 보석 목걸이)
5. 스리 아루나찰라 파디감(슈리 아루나찰라에 바치는 11연)
6. 스리 아루나찰라 아슈타캄(슈리 아루나찰라에 바치는 8연)
7. 스리 아루나찰라 판차라트남(슈리 아루나찰라에 바치는 5연)

1. 스리 아루나찰라 스투티 판차캄(슈리 아루나찰라에 바치는 다섯 성가)

슈리 바가반의 초기 시들이다. 그것들은 1914년경 즉 35세 때쯤 아루나찰라 산의 비루팍샤 동굴에 있을 때 씌어졌다.

2. 스리 아루나찰라 마하트미얌(슈리 아루나찰라의 영광)

이 짧은 시는 스칸다 푸라나에서 가져온 것이다. 이것을 마하리쉬가 타밀어로 번역했다. 이 서곡에는 무루가나르가 쓴 아루나찰라의 의미에 대한 시와, 슈리 바가반이 쓴 시가 포함되어 있다. 마하리쉬의 시는 디팜 축제 때 아루나찰라 정상에 불꽃을 봉화하는 것의 의미에 대한 것이다.

3. 스리 아루나찰라 악샤라 마나 말라이(신에게 드리는 편지 화환)

당시 헌신자들 중에는 음식을 구걸하기 위해 매일 시내로 내려가는 탁발하는 고행자들, 즉 사두들이 몇몇 있었다. 시내에 있는 다른 사두들이 자선을 받을 기회를 더 늘리기 위해서 자신들의 후원자들에게 그들 역시 마하리쉬와 연관되어 있다는 인상을 주려는 일도 있었다. 바가반의 헌신자들은, 그들의 후원자들에게 바가반의 지혜로 도움을 줄 수 있는 방법이면서 또한 이런 다른 사두들과 자신들을 구별하기 위해, 바가반에게 그들이 탁발을 하는 중에 부를 수 있는 노래를 만들어 달라고 부탁했다.

처음에 바가반은 이미 사이바이테(쉬바파) 성자들이 부른 많은 노래들이 있다고 말하면서 거절했다. 하지만 그들은 계속해서 그에게 간청했다. 마침내 그는 동의하고 각 스탄자의 끝에 인간과 신 사이의 사랑과 합일에 대해 말하는 후렴구가 있는 노래를 만들었다.

4. 스리 아루나찰라 나바 마니 말라이(슈리 아루나찰라의 아홉 보석 목걸이)

마하리쉬의 후기 시들은 대부분 가르침 지향적이지만, 이 성가들은 감성적이고 고무적이며 헌신적이다. 악샤라 마나 말라이처럼 아홉 개의 보석의 목걸이는 아루나찰라의 영광에 대해 노래한다.

5. 스리 아루나찰라 파디감(슈리 아루나찰라에 바치는 11연)

아루나찰라에게 바치는 11연의 시와 8연의 시에 대해 바가반은 말씀하셨다.

"자연스럽게 나에게 와서, 말하자면 누가 그렇게 하라고 나에게 시키지 않고 내가 그것을 쓰게 만든 유일한 시들이 바로 슈리 아루나찰라에 바치는 11연의 시와 슈리 아루나찰라에 바치는 8연의 시입니다. 11연의 시를 시작하는 말이 어느 날 아침 나에게 왔습니다. '이것들로 내가 무엇을 해야 할까?'라는 말로 그것들을 억누르려고 했음에도 불구하고, 그 말들은 내가 그것들로 노래를 만들 때까지는 억눌러지지 않았습니다. 그리고는 모든 말들이 별 어려움 없이 쉽게 흘러나왔습니다. 두 개를 제외한 나머지 스탄자들은 같은 식으로 만들어졌습니다.[1]

6. 스리 아루나찰라 아슈타캄(슈리 아루나찰라에 바치는 8연)

7. 스리 아루나찰라 판차라트남(슈리 아루나찰라에 바치는 5연)

아루나찰라에 바치는 5연의 시는 아루나찰라에 바치는 11연의 시, 8연의 시와 다르게 헌신자들의 요청에 의해 쓰여졌다.

1917년, 위대한 산스크리트 시인이자 헌신자인 가나파티 샤스트리(나야나)는 바가반에게 산스크리트로 아리야 운율로 된 시를 써 달라고 간청했다. 바가반은 자신은 산스크리트를 잘 알지 못하고 그 운율에 대해서는 더더욱 알지 못한다고 대답했다. 그러나 무니는 그에게 아리야 운율의 규칙을 설명해 주고 거듭 요청했다.

그 후 바가반은 크게 놀라는 학자들에게 아리야 운율에 완벽하게 맞춘 완전무결한 산스크리트로 된 5연의 시(첫째 날에 2연, 그다음 날에 3연)를 주었다. 슈리 바가반이 이 5연의 시를 지은 후, 재능 있는 헌신자 다이

---

1 라마나 마하리쉬와 나 지식의 길, Arthur Osborne, 2004, p.205 참조

바라타는 '슈리마드 라마나 마하르셰르'라는 끝맺음의 시를 지어 추가 했다.

5년 후인 1922년, 아이야사미 필라이의 간청에 슈리 바가반은 5연 의 슬로카를 벤바 운율의 타밀어로 번역하고,

다이바라타 시의 아이디어를 마무리 벤바 '아루나기리 라마난'에 맞 춰 조정했다.

이 성가의 산스크리트 버전은 나야나의 슈리 라마나 차트바림삿과 함께 아쉬람에서 매일 오후 6:45에 챈트된다.

아리야디 구절은 바가반 라마나가 누구인지에 관한 암루나타야티 의 말라야람에 쓰여진 질문 구절에 대한 응답으로

바가반이 비루팍샤에 머물 때 썼다.

월요일에 노래하는 축복의 시는 무루가나르에 의해 작성되었고 화 요일에서 금요일까지 부르는 축복의 시는 벤카타라마야의 폰노리 팟 투에서 가져왔다. (v.10)

1. 스리 아루나찰라 스투티 판차캄

카루날 나바마이 카루다 가티날굼

아루나 찰라쉬밤 이담[1]

아루나찰라 탓투밤

붓디 아항카람 풀람베이다 본굼

맛디 이다얀탄 마라이야바눔 말룸

낫타바리 야두 날랑쿨라이야 안날

맛디욜릴 안나 말라이이나두 메이예

디파 다르샤나 탓투밤

잇타누베 나남 예누마디야이 닛타

---

1 바가반은 아루나찰라의 그림을 그렸고 그 밑에 2행으로 된 시를 적었다. '이것이' 아루나찰
   라 쉬밤이다.

1. 슈리 아루나찰라에 바치는 다섯 성가

단지 아루나찰라를 생각하는 사람들에게

해방을 주는 자비의 바다가 아루나찰라 쉬바입니다.

아루나찰라의 의미

브람마와 비슈누 그리고 나를 모르는 이들의 지극한 비통함 앞에 나타

난 안나말라이[2]의 현현은 스스로 빛나는 가슴의 중심(나)을 상징합니

다. 지성이나 자아는 그것을 찾기 위해서 어찌 할 바를 모릅니다.[3]

봉화의 의미significance

'나는 신체이다'라는 생각을 없애고

---

2   안나말라이는 아루나찰라의 또 다른 이름이다.
3   무루가나르가 지음

붓디 이다얏테 포룬디야하 녹칼

앗두비다 마메이 아하추달칸 가이부

맛디예눔 안나 말라이추달칸 메이예

마음을 내면으로 향하게 하여, 가슴 안에 잠겨

실재이며, 비이원의 나의 빛을 깨닫는 것이

우주의 중심인 안나말라이의 봉화를 보는 진정한 의미입니다.

2. 스리 아루나찰라 마하트미얌[2]

난디 박쿠

1.

아두베탈람 아루나찰람 탈람야빌룸 아디감

아두부미인 이다얌아리 아두베쉬바 니다야

파디야 루 마루맛탈람 파디얌마반 아딜레

바디바놀리 말라이야니담 아루나찰람 예나베

2.

아디아루나 찰랍펠 알부타링가 투룩콜

아디날 말가리일 아디라이얏 – 조디예룸

---

2 첫 번째 연과 세 번째 연은 비루탐의 운율로 되어 있으며, 두 번째 연은 벤바의 운율로 되어
   있다. 7번째 시의 4연에서는 베루로서 타밀어에서 특정적이지 않는 다양한 운율로 되어있
   고 편의에 따라 찬팅된다.

2. 슈리 아루나찰라의 영광

난디⁴가 말했습니다.

1.

아루나찰라는 헌신자들이 신성한 장소라고 부를 만한 곳입니다!

그곳은 모든 장소들 중 가장 훌륭한 곳입니다!

그곳이 지구의 가슴(중심)임을 아십시오.

그곳은 쉬바 신 자신입니다.

그곳은 가슴을 나타내는 비밀의 장소입니다.

쉬바 신은 항상 아루나찰라라는 영광스러운 산에 항상 머물고 계십니다!

2.

쉬바께서 아루나찰라라는 이름으로

위대하고도 경이로운 링가의 형상을 처음 취했던 날이 (타밀의 달) 말가

---

4   난디(황소)는 항상 쉬바의 앞에 있는 그의 가장 중요한 헌신자이다.

이샤나이말 문나마랄 엣티바리 팟타날

마시쉬바 랏티리야 맛트루

쉬바 바차남

3.

안기우루 바유몰리 망구 기리야가

탕갈아룰랄 올라간 탕구바달 칸드리

잉구라이반 싯단예나 옌드루메나 둘레

퐁기올리룸 구하이팔 보가모덴 드룰레

4.

옐라 울라군 타가이야브 비얄랄

폴라 비나이갈 루나맘 푸갈리

일라 다두밤 예두칸 누랄랄

옐랄 아루나 찰라맘 이두베

리 달의 아디라이[5]이다.

비슈누가 이끄는 데바들의 무리가 쉬바를 칭송하며 숭배하자,

그분께서 찬란한 빛으로 나타나셨던 날이 마시 달의 쉬바라트리[6]임을

아십시오.

쉬바께서 말씀하셨습니다.

3.

사실 불타오르지만,

내가 이곳에 광채 없는 산의 모습으로 있는 것은 세상을 유지하기 위

한 은총의 행위입니다.

나는 또한 싯다로서 여기에 있습니다.[7]

내 안에는 온갖 즐거움들로 가득 찬 영광스러운 동굴이 많이 있습니다.

이것을 아십시오.

4.

행위는 자연스럽게 온 세상(의 사람)을 묶습니다.

(그러한 속박으로부터) 피난처는 이 영광스러운 아루나찰라입니다.

보는 것만으로도 모든 불순물들을 제거하고

그를 (나로) 변화시키기에 충분합니다.

---

5 아디라이는 달이 아르드라 별자리와 함께 있는 날이다.
6 쉬바에게 바쳐진 밤
7 쉬바는 항상 보이지 않는 싯다의 형상으로 산의 북쪽 정상에 거주한다고 여겨진다.

5.

우룻테리 옐라이 웃트루칸 눗트랄

카룻티날 두라 카루디나 룸메

바룻타 무라두 바라다 베단타

아룻타 빈냐남 알쿰 운다메

6.

요자나이 문드람 잇탈라 바살쿠

아사루 딕샤이 아디인 드리유멘

파사밀 사웃지얌 파약쿰메

이사남 옌드란 아나이이나네

데비 우라이

7.

옌드루메 아라볼 안발 키룹피담 잇타란단

폰드루발 피랄킨 나분 푼마이얄 판노이 툰니

온드루라 도리윤 티욜 우란오루 가낫팅 강기

쿤드루루 아루나이 이산 코바벤 타랄 비라데

5.

큰 고통들이 없이 얻을 수 없는 것

즉 베단타의 참된 의미(즉, 나 깨달음)는

이 산을 바라보거나

멀리서 명상하는 사람이라면 누구나 얻을 수 있습니다.

6.

나, 즉 신은 이 곳(아루나찰라)의

반경 3 요자나[8] 안에 거주하는 사람들은

심지어 입문이 없더라도,

모든 속박을 제거하는 (지고자와의) 합일에 이를 것이라고 정합니다.

데비께서 말씀하셨습니다.

7.

이곳은 경건한 헌신자들의 거처입니다.

이곳에서 다른 사람들에게 악을 행하는 사람들은 오랜 고통 끝에 멸망
할 것입니다.

악인들은 눈 깜짝할 사이에 악을 행할 힘들을 완전히 잃을 것입니다.

불의 산의 모습을 취한 신, 아루나찰라의 분노의 타오르는 불길에 떨
어지지 마십시오.

---

8 1 요자나는 약 9마일이다.

3. 스리 아루나찰라 악샤라 마나 말라이

파이람(무루가나르의 서문 시)

타룸 악샤라 마나 마길말라이

테루나 디야티루 바디얄 테루마랄

텔리얍 파라부달 포루라가

카루나 카라무니 라마나 리야누바

가이이날 숄리야두 가티야가

아루나 찰람예나 아하메 아리보둠

알발 쉬바눌라 갈바레

캅푸(슈리 바가반의)

아루나찰라 바랄켓트라 악샤라 마나 말라이 삿트라

카루나가라 가나파티예 카람아룰리 캅파예

3. 신에게 드리는 편지 화환

무루가나르의 서문 시

떠오르는 태양의 햇살을 닮은 이 즐거운 문자로 엮은 결혼 화환은

그분의 은총을 구하는 헌신자들의 망상을 제거하기 위해

자비의 바다이신 고귀한 현자 라마나가 불렀습니다.

아루나찰라를 자신들의 유일의 피난처로 생각하는 이들은

자신 안에서 그들이 아루나찰라임을 깨닫고

쉬바의 세계를 되찾을 것입니다.

기도(슈리 바가반의)

자애로운 가나파티시여! 당신의 (사랑의) 손길로 제가 신랑,

슈리 아루나찰라에게 합당한 문자로 엮은 화환이 될 수 있도록 축복해

주세요.

팔라비

아루나찰라쉬바 아루나찰라쉬바

아루나찰라쉬바 아루나찰라

아루나찰라쉬바 아루나찰라쉬바

아루나찰라쉬바 아루나찰라

눌

1.

아루나찰라메나 아하메 니나입파발

아핫타이베 라룹파이 아루나찰라

2.

아라구순다람 폴 아하뭄 니유무

트라빈나마 이룹폼 아루나찰라

3.

아함푸군 딜툰 아하구하이 시라이야이

아말빗타 덴콜 아루나찰라

후렴

아루나찰라쉬바 아루나찰라쉬바

아루나찰라쉬바 아루나찰라

아루나찰라쉬바 아루나찰라쉬바

아루나찰라쉬바 아루나찰라

본문

1.

당신께서는 가슴에서 당신을 명상하는 사람들의 자아를 쫓아내십니다.

오, 아루나찰라!

2.

알라구와 순다라[9]처럼

당신과 제가 하나 되어 떨어질 수 없게 하소서. 오, 아루나찰라!

3.

당신께서는 제 집에 들어오시어 저를 유인하시고는,

어찌하여 당신의 가슴의 동굴에 가두셨나이까? 오, 아루나찰라!

---

9 타밀어인 알라구와 산스크리트인 순다라는 둘 다 '아름다움'을 의미한다. 알라구와 순다라
   는 또한 슈리 라마나의 어머니와 아버지의 이름이었다.

4.

아루 캅예나이 안다나이 야갓트리딜

아킬람 파릿티둠 아루나찰라

5.

입파리 탑푸나이 예니나입 핏타이

이니얄 비두발 아루나찰라

6.

인드리둠 안나일 페리다룰 푸리보이

이두보 우나다룰 아루나찰라

7.

우나이예 맛트리 오다 둘랏틴멜

우루디야 이룹파이 아루나찰라

4.

당신께서 저를 얻으신 것이 당신의 기쁨 때문입니까,

아니면 저를 위해서입니까?

이제 와서 당신께서 저를 버리신다면[10],

세상 사람들이 당신을 비난할 것입니다! 오, 아루나찰라!

5.

이 비난을 모면하소서! 당신께서는 저로 하여금 왜 당신을 생각하게

하셨나요?

이제 어떻게 당신을 떠날 수 있나요? 오, 아루나찰라!

6.

당신께서는 자신의 어머니보다 더 친절하십니다.

그러면 이것이 당신의 모든 친절입니까? 오, 아루나찰라!

7.

제 마음 속에 굳게 자리 잡으셔서

제 마음이 당신을 피하지 않도록 하소서! 오, 아루나찰라!

---

10 다시 이원의 상태로, 지바의 상태로

8.

울슈 트룰람비다 두나익칸 다당기다

운나라 가익캇 아루나찰라

9.

예나이야릿 팁포 데나익칼라 바비딜

이두보 안마이 아루나찰라

10.

예닌다 우락캄 예나이피라 리룩까

이두부나 카라고 아루나찰라

11.

아임불라 칼발 아갓티닐 푸굼보

다하티니 일라이요 아루나찰라

12.

오루바나 문나이 오릿테발 바루발

운수 데이두 아루나찰라

8.

변덕스러운 마음이 당신을 영원히 볼 수 있도록

당신의 아름다움을 보여 주시고 평안히 쉬게 하소서. 오, 아루나찰라!

9.

저를 납치하시고도 지금 저를 안아주지 않으신다면,

당신의 기사도는 어디에 있습니까? 오, 아루나찰라!

10.

제가 다른 사람들에 대해 분노할 때,

이렇게 잠을 자시나요? 오, 아루나찰라!

11.

오감의 도둑들이 제게 침입해도

당신께서는 여전히 제 가슴 속에 계시지 않으십니까? 오, 아루나찰라!

12.

당신께서는 둘이 없는 분이신데, 누가 감히 당신을 피하여 들어올 수
있으리요.

이것은 오직 당신의 요술일 뿐이십니다. 오, 아루나찰라!

13.

옹카랍 포룰 옵푸얄 빌로이

우나이얄 아리발 아루나찰라

14.

아우바이폴 예낙쿤 아룰라이 탄데나이

알루바 둔카단 아루나찰라

15.

칸눅쿠 칸나이 칸닌드리 칸우나이

칸우바 데발팔 아루나찰라

16.

칸담 이룸보폴 카반데나이 비다말

칼란데노 디룹파이 아루나찰라

17.

기리유루 바기야 키루바이 카달레

키루바이쿤 다룰루바이 아루나찰라

13.

타의 추종을 불허하는, 탁월한 옴의 의미!

누가 당신을 이해할 수 있으리요. 오, 아루나찰라!

14.

우주의 어머니로서 당신의 은총을 베푸시고

저를 구원하시는 것이 당신의 의무입니다. 오, 아루나찰라!

15.

누가 당신을 찾을 수 있으리요? 눈의 눈은 당신이시옵니다.

당신께서는 눈이 없이도 볼 수 있나이다. 오, 아루나찰라!

16.

자철광이 철을 끌어당겨 자성을 띠게 하여 단단히 붙잡는 것처럼,

당신께서도 저를 붙잡아 주옵소서. 오, 아루나찰라!

17.

움직이지 않는 산, 은총의 바다로 녹아내리시어,

제게 자비를 베푸시길 저는 기도합니다. 오, 아루나찰라!

18.

킬메 렝궁 킬라롤리 마니옌

킬마이야입 팔셰이 아루나찰라

19.

콧트라무 트라룻테나이 구나 마입 파닛탈

구루부루 바욜릴 아루나찰라

20.

쿨밧 칸니얄 코두마이일 파다 다룰

쿤데나이 셴다룰 아루나찰라

21.

켄지윰 반지야이 곤자뭄 이랑길라이

안잘렌 드레아룰 아루나찰라

22.

켈라 달릭쿠문 케딜 푸가라이

케두세이 야다룰 아루나찰라

18.

사방으로 빛나는 불타는 보석이시여,

당신께서 제 찌꺼기를 태워 버리소서. 오, 아루나찰라!

19.

저의 구루로서 빛나시어, 저를 결점들로부터 자유케 하시고,

당신의 은총에 합당하게 하소서. 오, 아루나찰라!

20.

잔인하고 속이는 올무에서 저를 구하시고

당신과의 연합으로 저를 존귀하게 하소서. 오, 아루나찰라!

21.

제가 간청해도 당신께서는 냉담하고 무시하십니다. 간구 하옵나이다!

제게 "두려워하지 말라"고 말씀하여 주소서. 오, 아루나찰라!

22.

당신께서는 청하지 않아도 주십니다. 이것이 당신의 불멸하는 명성이

십니다.

당신의 명성을 더럽히지 마소서. 오, 아루나찰라!

23.

카이이닐 카니윤 메이라상 콘두바

가이베리 콜라 바룰 아루나찰라

24.

코디이 타디야라이 콜루나이 캇티

콘뎅간 발벤 아루나찰라

25.

코바밀 구낫토이 쿠리야 예나익콜라

쿠라이엔 세이덴 아루나찰라

26.

가우타말 폿트룸 카루나이마 말라이예

카다이 카니 탈바이 아루나찰라

27.

사갈라뭄 비룽궁 카디롤리 이나마나

잘라자 말랄티인 아루나찰라

23.

달콤한 과일을 손에 쥔, 저를

당신의 정수의 희열에 취해 황홀경에 빠져들게 해줘요. 오, 아루나찰

라!

24.

당신께서는 당신의 헌신자들을 삼키시는 분으로 낙인찍혀 있습니다.

당신을 품은 제가 어찌 살아남을 수 있겠습니까? 오, 아루나찰라!

25.

분노에 휩쓸리지 않은 당신, 제가 어떤 범죄를 저질러서,

제 자아가 당신의 표적이 되게 하지 않았나요?[11] 오, 아루나찰라!

26.

고타마[12]가 찬미하는 영광스러운 사랑의 산이시여,

당신의 자비로운 시선으로 저를 다스리소서! 오, 아루나찰라!

27.

당신의 광선으로 온 우주를 삼키는 눈부신 태양이시여,

---

11   원문 해석: 오 아루나찰라여! 노여움에도 흔들리지 않는 당신이시여! 어떤 일로 인해 (당신의 분노에서) 저를 피하도록 하셨나요?

12   가우타마는 티루출리와 아루나찰라에 살았던 힌두 성자였다.

28.

샵파 둔나이 샨두나 바얀

샨타 마입 포반 아루나찰라

29.

싯탕 쿨리락카디 라스탐바이 타무다바

야잇티라 아룰마디 아루나찰라

30.

시라이 야릿투닐 바나마 세이다룰

시라이 야릿타룰 아루나찰라

31.

수각카달 풍가 숄루날 바당가

숨마 포룬디당 아루나찰라

제 가슴의 연꽃을 열어주소서. 오, 아루나찰라!

28.

당신의 먹이인 제가 당신께 항복하고 삼켜져

평화를 누리게 하소서. 오, 아루나찰라!

29.

오, 은총의 달이시여, 당신의 시원한 광선의 손으로

제 안에 있는 신성한 구멍을 열어주시어, 제 마음을 기쁘게 하소서.

오, 아루나찰라!

30.

이 옷들을 찢어 버리시고, 저를 벌거벗게 하시고,

당신의 사랑으로 저를 덮어 주소서. 오, 아루나찰라!

31.

가슴 속에서 조용히 쉬소서!

기쁨의 바다가 넘실거리고 말과 감정을 멈추게 하소서. 오, 아루나찰

라!

32.

수두세이 덴나이 쇼디야 디니윤

조티 우룩캇 아루나찰라

33.

셉파디 빗다이캇 립파디 마약쿠비

투룹파두 빗다이캇 아루나찰라

34.

셰라 예닌메이 니라 유루힉칸

니라 트라리벤 아루나찰라

35.

샤이예나 탈릴 셰이비나이 수두말랄

우이바가이 예두라이 아루나찰라

36.

숄라두 숄리니 숄라라 닐렌드루

숨마 이룬다이 아루나찰라

32.

더 이상 저를 속이고 시험하지 마소서.

대신에 당신의 초월적인 나를 보여 주소서. 오, 아루나찰라!

33.

영광스러운 원초적 지혜를 배우고 이 세상의 미혹을 피할 수 있도록

영원한 삶에 대한 지식을 허락하소서. 오, 아루나찰라!

34.

당신께서 저를 안아주지 않으신다면,

저는 고뇌의 눈물로 녹아 버릴 것입니다. 오, 아루나찰라!

35.

아아, 당신께 버림받으면 제게 남은 것은 프라랍다[13]의 고통뿐이옵니
다.

제게 무슨 희망이 있으리오? 오, 아루나찰라!

36.

침묵 속에서, 당신께서는 "침묵을 지키라"고 말씀하시고는,

---

13 프라랍다는 과거의 행위로 인해 생긴 운명으로 현생에서 열매를 맺는 카르마. 세 카르마
들 중의 하나. 셰이비나이(seivinai)는 '프라랍다'라고 의미하는 반면에, 이것은 직접적으
로 타인들에게 해로운 영향력으로 설명된다.

37.

숌비야이 숨마 수카문 두랑기딜

숄베 렌가티 아루나찰라

38.

사우리양 캇티나이 샤락캇트라 덴드레

샬리야 디룬다이 아루나찰라

39.

냐말리일 케다 나넨 누루디얄

나디닌 누루벤 아루나찰라

40.

냐나 밀라둔 아샤이야 트랄랄바라

냐난 테릿타룰 아루나찰라

당신 스스로도 침묵을 지키며 서 계십니다. 오, 아루나찰라!

37.

행복은 나 안에서 쉴 때 즐기는 평화로운 쉼에 있습니다. 나에 쉬는
당신의 능력은 정말이지 말 너머에 있습니다. 말 너머가 저의 상태입
니다. 오, 아루나찰라!

38.

태양이시여! 당신께서 나타나시니 환영의 포위가 끝났습니다.
그 후 당신께서는 홀로 움직이지 않고 빛나셨습니다. 오, 아루나찰라!

39.

주인의 냄새를 잃은 개보다 더 나쁜 제가 어떻게 당신의 집까지 추적
할 수 있겠습니까? 오 아루나찰라![14]

40.

영적 지식이 없이 당신을 사랑하여 생기는 피로가 사라지도록
저에게 선명한 영적 지식을 주소서. 오, 아루나찰라!

---

14 다른 번역.; 개는 주인의 냄새를 맡을 수 있으니, 내가 개보다 못한가요? 저는 굳건히 당
신을 찾아다닐 것이며 당신을 되찾을 것입니다.

41.

니미루포 니윰 말란딜라이 옌드레

넬닌 드라나이옌 아루나찰라

42.

탓투밤 테리야 닷타나이 웃트라이

탓투밤 이두벤 아루나찰라

43.

타네 타네 탓투밤 이다나이

타네 캇투바이 아루나찰라

44.

티룸비 야한다나이 디나마하 칸간

테리유멘 드라나이옌 아루나찰라

41.

(저를 열고 들어오지 않으시고) 벌처럼 제 앞에만 계시며

"너는 아직 피지 않았구나."라고 말씀하시니, 어찌 이러실 수 있습니

까?[15] 오, 아루나찰라!

42.

당신께서는 이렇게 말씀하십니다.

"진리를 모르고('네가 그것이다.'는 가르침을 듣지 않고도) 너는 진리에 이르렀다.

이것이 진리다." 오, 아루나찰라!

43.

각자는 그 자체로 실재 그 자체입니다.

당신께서 이 진리를 보여주소서. 오, 아루나찰라!

44.

"내면을 보라, 내면을 보는 눈으로 나(아트만)를 늘 찾으면 그것을 보게

될 것이다."

당신은 저에게 이렇게 가르치셨습니다. 오, 아루나찰라!

---

15 다른 번역 : 오 아루나찰라! (태양 빛 속에서 연꽃은 활짝 피어납니다), 그렇다면 태양 중
의 태양이신 당신은 '너는 아직 피어나지 못했구나.'라고 말씀하시며 꽃의 벌과 같이 저
앞을 맴돌고만 있으실 수 있나요?

45.

디라밀 아핫틸 테디윤 따나이얀

티룸바부 트렌아룰 아루나찰라

46.

툽파리 빌라 입피랍 펜파얀

옵피다 바옌 아루나찰라

47.

투이마나 모리얄 또유문 메이야한

토이야베 아룰렌 아루나찰라

48.

데이바멘 드룬나이 샤라베 옌나이

세라 보릿타이 아루나찰라

49.

테다 둣트라날 티루바룰 니디야하

티약칸 틸타룰 아루나찰라

45.

저의 노력은 약했습니다만 당신의 은총으로

저는 나를 찾았습니다. 아루나찰라!

46.

깨달음에서 오는 지식이 없다면 이번 탄생이 무슨 소용이 있겠습니까? 그것은 말할 가치도 없습니다. 오, 아루나찰라!

47.

마음과 말이 순수한 사람들만이 진정한 존재 속으로 합쳐집니다.

그러한 존재 속으로 저 역시 가라앉을 수 있도록 은총을 베풀어 주소서. 오, 아루나찰라!

48.

제가 저의 신이신 당신에게 피난처를 구하자,

당신께서는 저를 완전히 소멸시키셨습니다. 오, 아루나찰라!

49.

당신께서는 구하지 않았음에도 제게로 오신 신성한 은총의 보물이십니다.

방황하는 저의 마음을 진정시켜 주소서. 오, 아루나찰라!

50.

다이리야 모두문 메이야하 나다얀

탓타린 덴아룰 아루나찰라

51.

톳타룰 카이메이 캇티다 예닐리얀

나스타마 벤아룰 아루나찰라

52.

토다밀 니야하 토돈드리 옌드룬산

토다몬 드리다바룰 아루나찰라

53.

나가익키다 밀라이닌 나디야 예나이이아룰

나가이잇툽 파르니 아루나찰라

54.

나닐라이 나디나 나나 욘드리니

스타누바 닌드라나이 아루나찰라

50.

저는 용감하게 당신을 알고자 하였습니다. 그러나 아아 당신을 찾자

마자, 저의 배는 부서지고 말았습니다. 저에게 자비를 베풀어 주소서.

오, 아루나찰라!

51.

당신이 자비로 은총의 손을 뻗어 저를 껴안아 주지 않으신다면,

저는 길을 잃을 것입니다. 오, 아루나찰라!

52.

오, 오점이 없는 분이시여, 제 가슴 속에 머물러 주소서.

그러면 거기에 영원한 기쁨이 있을 것입니다. 오, 아루나찰라!

53.

당신의 보호를 찾아온 저를 비웃지 마소서!

당신의 은총으로 저를 치장해 주시고 난 뒤 저를 바라봐 주소서. 오,

아루나찰라!

54.

당신과 하나가 되기 위하여 당신을 찾았을 때 당신께서는 부끄러움도

없이 기둥처럼 서 계셨습니다. 오, 아루나찰라!

55.

닌네리 예릿테나이 니라 키두문

닌나룰 마라이포리 아루나찰라

56.

니나 나랍풀리 니당칼리 마야마

닌드리두 닐라이야아룰 아루나찰라

57.

눈누루 부나이얀 빈누루 난니다

옌날라이 이루멘드 아루나찰라

58.

눌라리 바리얍 페다이야 넨드란

말라리 바룻타룰 아루나찰라

59.

넥쿠넥 쿠루기얀 푹키다 우나입푸가

낙카나 닌드라나이 아루나찰라

55.

당신의 (영적) 지식(갸나)의 불이 저를 태워 재로 만들어 버리기 전에

당신의 은총의 비를 내려주소서. 오, 아루나찰라!

56.

저를 껴안아(연합하여) 주시어 '저와 당신'이라는 구별이 사라지게 하시

고 저에게 영원한 기쁨의 상태를 주소서. 오, 아루나찰라!

57.

언제쯤이면 제 생각의 파동들이 끝나고

가슴의 에테르(꽁)에 있는 당신의 미묘한 존재와 하나가 될 수 있을까

요?[16] 오, 아루나찰라!

58.

경전에 대한 배움조차 없는 바보 같은 저에게

저의 미혹을 파괴하는 은총을 내려 주소서. 오, 아루나찰라!

59.

강렬한 헌신으로 녹아 저의 피난처인 당신 안으로 들어갔을 때,

---

[16] 다른 번역: 오 아루나찰라! 언제쯤이면 생각의 파동들이 일어나는 것이 멈출까요? 언제
쯤 제가 에테르보다 더 미묘한 당신계 이를 수 있나요?

60.

네사밀 예낙쿤 아샤이야이 캇티니

모산 세이아다룰 아루나찰라

61.

나인다리 카니야 날라닐라이 파닷틸

나디웃 콜날람 아루나찰라

62.

논디다 둔드라나이 탄데나이 콘딜라이

안다가 니예낙 아루나찰라

63.

녹키예 카루디메이 탁키예 팍쿠밤

악키니 얀다룰 아루나찰라

당신께서는 (유명한 디감바라[17]처럼 있는) 벌거숭이로 서 계셨습니다. 오, 아루나찰라!

60.

사랑이 없던 제 안에 당신을 향한 사랑을 일으키셨으니,

제발 저를 저버리지 마소서. 오, 아루나찰라!

61.

너무 익은 과일은 맛이 없습니다.

(잘) 익은 과일을 즐기십시오. 오, 아루나찰라!

62.

간청하지 않았음에도 당신은 저를 취하시고 당신 자신을 제게 주시지 않으셨나요?

당신께서는 진실로 저에게 죽음의 신이십니다. 오, 아루나찰라!

63.

저를 보아주시고, 생각해 주시고 어루만져주소서[18]!

---

17 '딕'에서 온 디감바라: 공간의 방향과, '암바라': '옷을 입은' 혹은 '공간 혹은 공의 옷을 입은' 즉 벌거숭이로 있는 자

18 '저를 보아주세요! 저를 생각해 주세요! 저를 어루만져 주세요!'는 순서대로 바라봄, 생각, 접촉이라는 입문의 세 가지 방법을 설명한다.

64.

팟트리 비단탈라이 웃트리루 무남아룰

팟트리다 아룰푸리 아루나찰라

65.

팔타룰 말라랍 팔틸라이 예닌아룰

파루나 칼숄발 아루나찰라

66.

핏투비 투나이넬 핏타나 키나이아룰

핏탄 텔리마룬드 아루나찰라

67.

비디일 우나이샬 비디일 예나이셸

비디운 드라낙켄 아루나찰라

저를 무르익게 해주세요! 당신과 하나 되게 해주세요! 오, 아루나찰라!

64.

머리까지 올라와 저를 사로잡고 있는 마야의 독소가

저를 죽이기 전에 당신의 은총을 부어 주소서. 오, 아루나찰라!

65.

굽어보시고 은총을 내리시어 마야를 소멸시켜 주소서.

당신께서 스스로 은총을 내려 주지 않으시면, 대체 누가 그렇게 할 수

있을까요? 오, 아루나찰라!

66.

당신께서는 (감각들의 쾌락에, 혹은 세상에 대한) 저의 광기를 없애시고 곧바로

당신에게 미치게 만드셨습니다.

이제 당신의 은총으로 이 광기를 극복할 치료약을 주소서. 오, 아루나

찰라!

67.

두려움도 없이 저는 두려움 없는 당신에게 이르려 했습니다.

그런데 왜 당신은 (저와) 하나 됨을 두려워하시나요? 오, 아루나찰라!

68.

폴라리 베두라이 날라리 베두라이

폴리다 베야룰 아루나찰라

69.

푸마나 마마남 푸라나 마낭골라

푸라나 마남아룰 아루나찰라

70.

페얄니나이 티다베 피딧티루 타나이윤

페루마이얄 아리발 아루나찰라

71.

페잇타남 비다비답 페얍 피딧테나이

페야나 키나이옌 아루나찰라

68.

제가 당신과 하나 되는 축복을 받는다면,

(당신의) 지식에 대한 저의 무지가 어떻게 있겠습니까? 오, 아루나찰라!

69.

저의 마음은 이제 꽃처럼 피어났습니다. 당신의 향기로 저의 마음을

향기롭게 하시어, 마음을 완전하게 만들어주소서. 오, 아루나찰라!

70.

단지 제가 당신의 이름만 생각했음에도, 당신께서는 저를 당신에게 끌

어당겼습니다.

그 누가 당신의 위대함을 알 수 있을까요? 오, 아루나찰라!

71.

당신께서는 세상에 빠진 저급한 영을 끄집어내어 당신을 좋아하게 만

드셨나이다.

그리고 저를 당신에게 미치게 만들어서 제가 떠돌아다니는 유령이 되

지 않도록 하셨나이다. 오, 아루나찰라!

72.

파잉코디 야난 파트린드리 바다말

팟트룩코 다익캅 아루나찰라

73.

포디얀 마약키옌 보닷타입 파릿툰

보닷타이 캇티나이 아루나찰라

74.

폭쿰 바라부밀 포두벨리 이닐아룰

포라 탕갓 아루나찰라

75.

바우디카 마무달 팟트랏트루 날루문

바비수칸 두라바룰 아루나찰라

72.

지지대처럼 저를 보호하시어 지지대 없는 가녀린 덩굴식물처럼 시들

지 않게 하소서! 오, 아루나찰라!

73.

당신은 마법의 가루약[19]을 쓴 듯 저를 마비시켜 멍하게 만드시더니,

저의 지성을 앗아가시고 당신의 나 지식을 드러내셨나이다. 오, 아루

나찰라!

74.

오고 감이 없는 공간에서, 당신께서는 은총을 주려 하시고

저는 사양하는 다툼[20]을 보여 주소서. 오, 아루나찰라!

75.

다섯 원소들로 이루어진 이 몸에 대한 집착을 버리고,

늘 당신의 광휘로 바라보며 쉬게 하소서. 오, 아루나찰라!

---

19 '마법의 가루약'은 성스러운 재인 비부티를 의미한다. 방랑하는 금욕수행자는 아이들에게
비부티를 제공하여 아이들을 멍하게 만들어 포기의 삶으로 그들을 제자로 만든다고 전해
진다.

20 구약에 보면 온밤 동안 야곱이 신과 분투warfare하는 장면이 있다. 신이 그 자신을 I am
that I am으로 나타낼 때까지…

76.

말라이마룬 디다니 말라잇티다 보바룰

말라이마룬 다욜릴 아루나찰라

77.

마낭콘 두루바발 마낫타이 야릿타비

마나밀 라돌릴 아루나찰라

78.

민지딜 켄지둥 콘자 바리바니얀

반지야 다룰에나이 아루나찰라

79.

미가마 닐라만 마카 트랄라이갈람

아가말 캇타룰 아루나찰라

80.

무디야디 카나 무디비두 타나이넬

무디비다 카다닐라이 아루나찰라

76.

당신께서 미혹 치료제를 주시는데, 제가 왜 미혹에 (계속) 사로잡혀 있

겠나이까?

은혜로운 약산으로 눈부시게 빛나소서! 오, 아루나찰라!

77.

자만심 강한 이들의 자만심을 파괴하시고

당신께서는 자만심 없이 빛을 발하고 계십니다. 오, 아루나찰라!

78.

저는 난관에 부디 칠 때만 기도하는 바보입니다.

그러나 저를 실망시키지 마소서. 오, 아루나찰라!

79.

키잡이도 없이 폭풍우에 내맡겨진 배처럼 고생하지 않도록

저를 보호해 주소서. 오, 아루나찰라!

80.

시작도 끝도 찾아낼 수 없는 (환영에 속박시키는) 무지의 매듭을 어머니처

럼 풀어 주소서!

81.

묵킬란 문캇투 무구라마 가데나이

툭키 야나인다룰 아루나찰라

82.

메이야하 틴마나 멘말라 라나이일남

메이갈란 디다바룰 아루나찰라

83.

멘멜 탄디두 멜리얄 셴두니

멘마이유 트라나이옌 아루나찰라

84.

마이마야 닛타룰 마이이나 루나둔

마이바샤 막키나이 아루나찰라

저의 힘으로는 이 매듭을 풀 수 없습니다.[21] 오, 아루나찰라!

81.

코 없는 사람을 비추는 거울처럼 되지 마시고,

저의 비천함에서 저를 일으키시어 저를 품어주소서. 오, 아루나찰라!

82.

몸의 방 안에 있는

마음이라는 부드러운 꽃 침대 위에서 포옹합시다. 오, 아루나찰라!

83.

당신께서 어찌하여 가난하고 겸손한 자들과

끊임없이 연합하여 유명해지셨습니까? 오, 아루나찰라!

84.

당신께서는 당신의 은총으로 무지의 소경을 없애시고

저를 진정 당신의 것으로 만드셨나이다. 오, 아루나찰라!

---

21 사람을 환영에 속박시킨 매듭을 단절하는 것이 니르비칼파 사마디의 성취를 의미한다.
    과업의 완성은 사하자 사마디의 상태를 가리킨다.

85.

못타이 야디잇테나이 벳타 벨리일니

낫타마 디나이옌 아루나찰라

86.

모한 타빌툰 모하마 바잇투멘

모한티라옌 아루나찰라

87.

마우니야이 칼폴 말라라 디룬달

마우나미 다모 아루나찰라

88.

야바녠 바인 만니나이 얏티

옌피라입 포릿타 아루나찰라

85.

당신께서는 저의 머리를 깨끗이 삭발하셔서 그래서 (세상을 잊게 하시고),
(제 가슴의) 드넓은 공간에서 춤을 추셨습니다. 이 얼마나 경이로운 일인
지요! 오, 아루나찰라!

86.

당신께서 저를 오류의 안개에서 풀어 주시고 당신에게 미치게 하셨지
만,
그럼에도 불구하고 아직 저를 환영에서 해방시키지 않으셨나이다. 오,
아루나찰라!

87.

돌처럼 무감각하고 팽창하지 않고 있다고 해서 이것이 침묵일까요?
진정한 침묵은 걷고, 말하고, 일을 하는 중에도 사하자에 머무르는 것
입니다. 오, 아루나찰라!

88.

저의 입에 진흙을 넣으시고[22]
저의 생계를 앗아간 분이 누구였나이까? 오, 아루나찰라!

---

22 '저의 입에 진흙을 넣고'라는 말은 '저를 파멸에 이르게 하시곤'을 의미하는 표현이다. 여
기에 음식을 맛보는 감각들을 빼앗아 감을 의미한다. 다시 말하면 '저의 자아를 소멸시키
고는 환영의 존재에서 저를 자유롭게 하셨습니다.'라는 말이다.

89.

야루마리 야뎬 마디이나이 마룻티

예발콜라이 콘다 아루나찰라

90.

라마나넨 드루라잇텐 로상 콜라데나이

라밋티다 세야바 아루나찰라

91.

랍파하 릴라 베루벨리 빗틸

라미티두 봄바 아루나찰라

92.

락쉬얌 바잇타룰 아스티람 빗테나이

박숯타이 프라나놋 아루나찰라

89.

아무도 모르게 저의 마음을 마비시켜

저를 황홀케 한 자가 누구였나이까? 오, 아루나찰라!

90.

당신께서는 저의 매혹적인 주인이시므로 저는 이 모든 것을 말했습니다.

조금도 성내지 마시고, 제게 오시어 저를 행복하게 해주소서! 오, 아루나찰라!

91.

오소서, 이제 밤도 낮도 없는

순수한 공간의 집(가슴의 에테르)에서 함께 즐깁시다. 오, 아루나찰라!

92.

당신께서는 저를 과녁으로 삼아 은총의 화살을 쏘시고

저를 산 채로 드셨습니다.[23] 오, 아루나찰라!

---

23 지반묵티

93.

라바니 이하파라 라바미 레나이웃투루

라바멘 눗트라나이 아루나찰라

94.

바룸바디 솔릴라이 반덴 파디얄라

바룬디둔 탈라이비디 아루나찰라

95.

바벤 드라함푹쿤 발바룰 안드레옌

발비란 덴아룰 아루나찰라

96.

빗티딜 카쉬타맘 빗티다 두나이유일

빗티다 아룰푸리 아루나찰라

93.

당신께서는 근원의^{primal} 존재이십니다. 지상에도 천상에도

아무런 이익이 되지 않는 저를 받아들임으로써 당신께서 무엇을 얻으

셨나요? 오, 아루나찰라!

94.

당신께서 저에게 오라고 하지 않으셨나요? 제가 왔나이다.

이제 당신께서는 (저의 생계를) 책임지셔야 합니다. 힘들어도 그것은 당

신의 운명입니다. 오, 아루나찰라!

95.

당신께서 저의 가슴으로 들어와 당신의 삶²⁴을 살라 하셨나이다.

그 순간 저는 옛날의 삶²⁵을 잃었습니다. 오, 아루나찰라!

96.

제가 (죽을 때 당신에 대한 기억을) 놓친다면, 저는 괴로움을 겪을 것이며(다시

태어나게 될 것입니다),

제가 (당신에 대한 기억을) 놓치지 않고 죽을 수 있도록 은총을 내려주소서.

---

24 쉬바의
25 개별적 존재의

97.

비두비 틸툴라 비두푹쿱 파이야분

비두카 티나이야룰 아루나찰라

98.

벨리빗텐 운세얄 베룻티다 둔나룰

벨리비 테나익카 아루나찰라

99.

베단 탓테 베라라 빌랑굼

베답 포룰아룰 아루나찰라

100.

바이달라이 발타 바잇타룰 쿠디야

오, 아루나찰라!

97.

당신께서는 저를 저의 집(자아) 밖으로 끌어내어 가슴의 집으로 들어가게 하셨으며,

가슴이 곧 당신의 집임을 서서히 보여주셨나이다. 당신의 은총은 그러하십니다. 오, 아루나찰라!

98.

저는 당신이 행하신 바를 사람들에게 알렸습니다. 이 때문에 저를 미워하지 마소서.

그 대신에 당신의 공간(은총)안으로 저를 받아들이시어 저를 구하소서!
오, 아루나찰라!

99.

베단타 안에서 빛나는 베다들의 정수인

비이원(둘이 없는 하나)을 제게 허락하소서. 오, 아루나찰라!

100.

저의 비방조차도 찬사로 여기시어 저를 물리치지 마시고,

바잇테나이 비다다룰 아루나찰라

101.

암부빌 알리폴 안부루 부닐예나이

안바 카라잇타룰 아루나찰라

102.

아루나이옌 드렌나얀 아룰칸니 팟테눈

아룰발라이 탑푸모 아루나찰라

103.

신디 타룰 파다 실란디볼 캇티

시라이이 툰다나이 아루나찰라

104.

안보둔 나망겔 안발담 안바루

칸바나 이다바룰 아루나찰라

저를 당신 자신으로 여겨 저를 보호하소서. 오, 아루나찰라!

101.

사랑 자체이신 당신 안에 저를 사랑으로
물속의 눈처럼 녹여 주소서. 오, 아루나찰라!

102.

당신을 아루나찰라로 생각하는 순간, 저는 은총의 그물에 걸려 버렸나
이다.
당신이 은총의 그물에 걸린 이를 놓치겠습니까? 오, 아루나찰라!

103.

제가 당신을 생각하다 은총에 사로잡혔을 때,
당신은 거미처럼 저를 꽁꽁 묶어 가두고서 다 드셔나이다. 오, 아루나
찰라!

104.

당신의 이름을 사랑으로 듣는 숭배자들이
당신의 사랑스러운 하인이 되게 하여 주소서. 오, 아루나찰라!

105.

옌폴룬 디나라이 인부라 캇투니

옌날룸 반다룰 아루나찰라

106.

옌부루 칸발탐 인솔콜 셰비유멘

푼모리 콜라바룰 아루나찰라

107.

포루마이얌 부다라 푼솔라이 난솔라

포룻타루 리슈탐빈 아루나찰라

108.

말라이 야릿타루 나찰라 라마나옌

말라이 야닌다룰 아루나찰라

팔라비

아루나 찰라 쉬바 아루나 찰라 쉬바

아루나 찰라 쉬바 아루나 찰라!

105.

저와 같은 무기력한 탄원자들의 호소를 듣는 다정한 구원자로

당신께서 영원히 빛나소서. 오, 아루나찰라!

106.

당신 귀에 익숙한 것은 당신에 대한 사랑으로 뼛속까지 녹는 헌신자들

의 달콤한 노래이시겠지만,

저의 보잘것없는 선율 또한 받아주소서. 오, 아루나찰라!

107.

인내의 산이시여! 저의 보잘것없는 노래를 아름다운 노래로 여기시어

너그럽게 들어 주소서.

당신의 뜻이 이루어지이다! 오, 아루나찰라!

108.

저의 사랑하는 신이시여! 당신의 화환을 제 어깨에 주시고,

제가 드리는 이 화환을 걸치소서. 오, 아루나찰라!

후렴

아루나찰라 쉬바! 아루나찰라 쉬바!

아루나찰라 쉬바! 아루나찰라!

아루나 찰라 쉬바 아루나 찰라 쉬바

아루나 찰라 쉬바 아루나찰라!

바리

아루나 찰람 바리

안발 갈룸 바리

악샤라 마나 말라이 바리

아루나찰라 쉬바! 아루나찰라 쉬바!

아루나찰라 쉬바! 아루나찰라!

축복

아루나찰라, 영원하소서!

그의 헌신자들이여, 영원하소서!

이 편지 화환이여, 영원하소서!

4. 스리 아루나찰라 나바 마니 말라이

1.

아찰라네 아이눔 앗차바이 탄 닐

아찰라이얌 암마이예디 라둠 – 아찰라

우루빌 앗샥티 오둥기다 봉굼

아루나 찰라멘 드라리

2.

삿티야 싯수캄 안드립 파라 부일 사라익 캄³

알타바 탓트밤 아시 아루납 포룰람 아찰랏투

알탕 가나마두 바군셉 바다카 아롤리얌

묵티 니나익카 아룰아루나 찰람 문니다베

---

3   2절과 49절은 비특정적인 운율이고 만약 그렇지 않다면 벤바와 비루탐이다.

4. 슈리 아루나찰라의 아홉 보석 목걸이

1.

쉬바는 본래 움직임이 없이 계시지만,

(치담바람의) 뜰에 움직임이 없이still 있는 어머니(샥티) 앞에서는 춤을 추

십니다.

그러나 쉬바는 아루나찰라에서 우뚝 솟은 영광 안에 계시며,

샥티는 그곳에서 쉬바의 움직이지 않는 나 안으로 물러난다는 것을 아

십시오.

2.

불처럼 붉고 밝으며(갸나아그니, 지식 지혜의 불), 해방을 선사하는 아루나찰

라의 의미를 탐구한다면,

아루나의 A는 삿(Sat, 존재)을, Ru는 칫(Chit, 의식)을, Na는 아난다(Ananda,

희열) 즉 tat tvam asi 즉 '그대가 그것이다.'라는 것을 의미하고

'아찰라'는 움직임이 없는 즉 완성을 의미한다는 것을 알게 됩니다.

3.

아루나 찰랏티루루 카루나 카랍 파라 만

아루나라 빈다 파다메

포루나두 수트라 모두 바루나디 팟트리율라

마루나다 랏트루 니다문

테루나 둘랏티니날 아룰나디 닐쿠마발

이루나사 뭇트루 푸비멜

타루나 루낙카디린 아룰날루 무트루수카

바루날라 얏티 리리발

4.

안나 말라이유나이 옌난 예나예나이 안난 뎅기다 옌나데

만나 말라부다 렌나 바하메나 만나 마인디다 본나데

탄날 알리셰리 칸나 도루키리 판나 덴니루 칸날라

펜난 알리유루 난나 올리유루 반날 옌나가 난나예

3.

마음은 부, 땅, 친척들, 카스트 및 그와 같은 것들[26]에 대한 애착으로
부터 자유로우며,

마음이 순수하여 아루나찰라에 거주하시는[27]

신의 연꽃 같은 발에서 떨어지는 자애로운 은총을 구하는 사람들은

그들 자신의 무지를 제거하여, 떠오르는 태양의 빛처럼 빛나는 은총을

그들은 얻을 것입니다.

그래서 그들은 희열의 바다에 잠기어 행복하게 살 것입니다.

4.

안나말라이시여! 제 눈의 기쁨이시여! 남성, 여성, 중성의 차이들을 너
머, 의식 자체로 계시는 신이시여!

제가 좌절하여 수척해가는 것을 당신에게 무관심한 것이라 여기지 마
십시오.

불결한 몸을 나로 오해하게 하는 무지를 제가 없애야 한다고 여기게
된 것은 당신의 은총이 아닌가요?

그러므로 어떤 식으로든 저를 속이지 마시고,

당신의 넘쳐나는 생기 있는 눈길을 저에게로 보내주세요. 제 가슴에
항상 머무소서.

---

26 '그 비슷한 것들'은 삶의 네 단계(아쉬마라마들)
27 또는 아루나찰라로 계시는

5.

시라나 쇼나 기리 시락카 바룸

실소루파 남이라이예 시리야 넨드란

페라나 피라이옐람 포룻투 캇투

핀누미반 파리 다닐 비라 반남

카라나 카루나이비리 코둡파 인드렐

카둠바밧티 닌드루카라이 예라 맛텐

네라나 둔도타이 시수북 캇트루

니가라트라 날라눅쿠 니갈투 바예

6.

카마리 옌드루니 안바랄 옌드루메 가딧티답 파두긴드라이

아마메 우낙키두 바마벤 드라이유룸 아루나 찰레스와라네

아마인 예가난 디라네 수라네 아이눔 발라낭간

카마리 야구문 칼라란 사란부쿠 카룻티눌 푸가발라네

5.

저명한 소나기리[28]를 다스리시는 의식 자체이신 신이시여!

이 불쌍한 자아의 모든 잘못들을 용서하여 주시고,

비와 구름 같은 상냥한 당신의 자비로운 응시로 이 황량한 황무지에서

한 번이라도 길을 잃어버리지 않도록 저를 구하여주소서.

만약 그렇게 하지 않으신다면, 저는 탄생과 죽음의 끔찍한 바다를 건

널 수 없습니다.

무엇이 자식에 대한 어머니의 보살핌과 견줄 수 있겠습니까?

어머니와 같은 사랑으로 저를 돌보소서!

6.

'카마의 살해자[29]'시여, 당신의 숭배자들은 항상 당신을 그렇게 부릅니

다.

예, 그것은 사실이십니다. 그러나 아루나찰라의 신이시여!

저는 이 이름이 당신에게 적합한지 의심스럽습니다.

만약 그것이 적합하다면, 힘 있고 보이지 않는 자인 카마가 아무리 용

감하고 씩씩하다 할지라도,

그가 카마의 살해자인 당신의 발아래에

안식처를 두는 마음에 어떻게 감히 다가갈 수 있겠습니까?

---

28 아루나찰라
29 카마는 큐피드이고 '카마의 살해자'는 쉬바 그 자신이다. 타파스를 하고 있던 쉬바를 유혹
    하려 할 때, 쉬바가 분노하여 바라보니, 그가 재로 변하게 되어 끝을 맺는다.

7.

안나 말라이야이 아디예나이 안다 반드레 아비유달

콘다이 예낙콜 쿠라이윤도 쿠라이융 구나뭄 니얄랄

옌넨 이밧트라이 옌누이레 옌남 예두보 아두세이바이

칸네 운드란 카랄리나이일 카달 페룩케 타루바예

8.

부빅쿳 퐁기둠 부비촐 퐁가반

푸릭쿳 푼니얀 수릭쿳 순다란

따발쿠 순다람 사딕쿨 판나난

타랏틸 푼풀란 샤락킬 툰부룬

타빅쿠 툰지둠 프딕쿠 탄눌람

타라익카 탄파담 예낙쿠 탄다난

시박카 신마얌 셰릭카 탄마얌

제갓틸 툰누솀 포룹푸 솀말레

7.

안나말라이시여! 당신이 저를 부르자마자 저의 몸과 영혼은 당신의 것이 되었습니다.

그때 제가 어떤 것이 부족할 수 있겠습니까?

득과 실을 생각하지 않고 (그 이후로) 저는 오직 당신만을 생각합니다.

오, 저의 생명이시여! 저의 연인이시여! 당신께서 저를 시들게 하시고, 그다음에 저에게는 당신의 (사랑하는) 발을 향한 영원한 사랑만을 주소서.

8.

세상에서 유명한 부미나테스와라가 있는 곳인 성스러운 티루출리에서,

덕스러운 순다라와 헌신적인 아내 순다리[30] 사이에서 저는 태어났습니다.

절대 의식인 쉬바가 빛나기 위하여, 나가 번영토록,

세상적인 불행과 비열한 감각들의 덫으로부터 저를 구하기 위하여,

붉은 산(아루나찰라)의 신께서 당신의 상태로 저를 들어 올리셨습니다.

---

30 순다리는 '아름다움'을 의미하고 바가반의 어머니인 알라가마를 가리킨다.

9.

암마윰 압파눔 아예나이 부미일 악키얄릿투

암마히 마야이옌 알카달 빈두얀 알디두문

옌친마나 만니 이룻툰 파닷틸 이룻티나이얄

신마야남 아루나찰라 닌나룻 시트라 멘네

9.

저의 아버지와 어머니의 형상으로 이 세상에 저를 낳으시고,

길러 주신 당신은 저의 가슴에 들어오셔서

제가 마하마야로 불리는 깊은 바다에 빠져 물에 잠기기 전에,

저를 당신에게로 이끌어, 당신의 발아래 있게 하셨습니다.

오, 의식 자체이신 아루나찰라시여!

어떻게 제가 당신의 경이로운 은총을 말로 표현할 수 있겠습니까?

5. 스리 아루나찰라 파디감[4]

1.

카루나이얄 옌나이 안다니 예낙쿤

캇치단 다룰일라이 옌드랄

이룰날리 울라길 엥기예 파다이티브

우달비딜 엥가디 옌남

아루나나이 카나 달라루모 카말람

아루나누 카루나나 만니

아룰나니 수란당 아루비야입 페루굼

아루나마 말라이예눔 안베

2.

안부루 아루나 찰라바란 메루가이

아핫투나이 니나인두나인 두루굼

---

4 Ezhu seer viruttam (일곱 단어의 운율): 첫 번째 행에서는 네 개의 단어와 두 번째 행에서
   는 세 개의 단어를 가진 2행 연구로 된 8행의 시이다.

5. 슈리 아루나찰라에 바치는 11연[31]

1.

오, 아루나찰라의 형상을 하신 사랑이시여!

당신의 은총으로 당신께서 저를 이제 당신의 것이라 하셨으니,

당신께서 만약 저에게 당신 자신을 드러내지 않으신다면,

저는 어떻게 되겠습니까?

당신을 애타게 그리워하면서도 세상의 어둠의 미혹에 괴롭힘을 당하

다가 저는 죽는 것입니까?

연꽃이 (어떻게) 태양을 보지 않고 꽃을 피울 수 있겠습니까?

당신께서는 태양들 중의 태양이십니다.

당신의 은총은 한껏 차올라서 시냇물처럼 저에게 퍼부어지도록 하십

니다!

2.

오, 아루나찰라시여! 사랑의 형상을 하신 당신이시여!

저는 사랑이 없고 당신을 생각하지 않았는데도

---

31 파디감은 '열 개의 스탄자'를 의미하지만, 마지막 이 찬가는 총 11개의 연이 되었다.

안빌리 예낙쿤 안비나이 아룰라

단데나이 아릿티달 아라고

안비닐 빌라이윰 인바메 안발

아핫티닐 우루말 아무데

옌부가 리다닌 니쉬타멘 니쉬탐

인바달 켄누일 이라이예

3.

이라이유나이 니나이윰 옌나메 난나

예나이유나 다룰카잇트랄 일투

이라이유일 인드리 콘드리다 닌드라이

옌쿠라이 이얏트리난 예라이

이라이이니 쿠라이옌 쿳트루일 악키

예나이바다이 티달레달 킹간

이라이바남 아루나 찰라예남 우딧테

예카나 바리니 두리

지금은 불 위에 놓인 밀랍처럼 당신에 대한 사랑으로 녹고 있습니다.

당신께서 저를 원하셨다면 제 안에서 그러한 사랑을 만들어 내지 않으시고

저를 그러한 모습으로 타버리게 내버려두시는 것이 당신에게 어울리는 것입니까?

오, 사랑에서 피어나는 희열이시여! 헌신자들의 가슴안에서 솟아나는 넥타시여!

저의 피난처시여! 당신의 즐거움은 저의 즐거움입니다.

그것은 또한 저의 기쁨입니다. 오, 제 생명의 신이시여!

3.

신, 아루나찰라시여! 비록 제가 당신을 어렴풋하게라도 생각하지 않았는데도,

당신께서는 당신의 은총의 끈으로 저를 끌어당기시어, 저를 단숨에 죽이기로 결심하셨습니다.

그런데 어떻게 제가, 부족한 제가 당신의 기분을 상하게 하였기에,

당신께서는 그 일을 완수하지 않으신 채 내버려두고 계십니까?

왜 당신께서는 이렇게 저를 삶과 죽음 사이에서 오도 가도 못하게 내버려두시어 저를 고문하는 것입니까?

당신의 소원을 성취하시고, 홀로 저보다도 오래 사소서. 오, 신이시여!

4.

우리일 바룸 막칼릴 옌팔

우디얌 야두니 펫트라이

파리닐 비라 데라이야이 캇툰

파닷티닐 이룻티바이 타나이예

아리양 카루나이 안날레 옌나

아함이가 나나난 니두말

바리니 아루나 찰라우나이 바룻티

발티다 탈투멘 탈라예.

5.

탈라이바니 옌나이 칼라비닐 코난둔

탈리린 날바라이 바잇타이

탈라이바닌 탄마이 옌나옌 발쿠

탈라이구니 실라이예나 바잇타이

탈라이바난 발라이만 타나이니가 라덴

탈랄비누 카리부나 디두바이

탈라이바남 아루나 찰라불람 예도

타미야날 타나이유날 달케

4.

세상에 살고 있는 모든 존재들 중에서 하필 저를 선택하시어

저의 불쌍한 자아가 (삼사라의) 음울한 황무지 속에 빠진 저를 구해내시어

당신의 발밑에 붙들어 두시는 것이 당신에게 무슨 이득이 있어 십니까?

자비의 바다의 신이시여!

당신을 생각하기만 해도 저는 부끄럽습니다. 아루나찰라시여,

(오래) 사소서! 저는 당신께 머리를 숙여 경배하며 당신을 찬양하나이다.

5.

신이시여! 당신께서는 저를 살그머니 여기로 데려와, 지금까지 저를 당신의 발에 붙들어두셨습니다.

신이시여! 제가 당신의 성품이 무엇인지 물었을 때 당신께서는 신상처럼 (말이 없으신 채) 계셔서,

저로 하여금 많은 시간 동안 (서 있게) 만드셨습니다!

신 아루나찰라시여! 덫에 걸린 사슴처럼 몸부림치고 있는 저의 지루함을 덜어주소서.

신 아루나찰라시여! 당신의 뜻은 무엇이십니까?

(그런데도) 당신을 이해하려는 저는 누구입니까?

6.

탈파라 날룸 탈리닐 탕기

탄달랄 만두캄 아넨

실파다 낫트렌 운말랄 알리야

셰이디딜 우이디운 둔드란

날파답 포딜 난우일 빗탈

낫타툰 아구문 파리예

벨푸루 아루나 비리카딜 올리예

빈니눈 운나룰 벨리예

7.

벨리발리 티닐 만팔라 우이라이

비리부루 부타바우 티강갈

벨리욜리 운나이 안드리인 드렌닌

베루얀 아룰란 비말라

벨리야다 율랏투 베라라 빌란긴

베레나 벨리바루 베날

벨리바라이 아루나 찰라바반 탈라이일

비리말랄 파닷티나이 바잇테.

6.

저의 생명의 신이시여!

저는 연꽃 줄기에 매달려 있는 개구리처럼 언제나 당신의 발에 있습니다.

그러지 말고 저를 가슴의 꽃으로부터 순수 의식의 달콤한 꿀을 빠는 꿀벌이 되게 하소서.

그러면 제가 해방을 얻을 것입니다.

만약 제가 당신의 연꽃 발에 매달려 있다가 제 생명을 잃는다면,

그것은 당신으로 하여금 불명예의 기둥이 되게 할 것입니다.

오, 붉은 빛을 퍼뜨리는 타오르는 빛의 산이시여!,

에테르보다 더 미묘하신 오, 광대한 은총의 공간이시여!

7.

오, 순수한 분이시여!

만약 에테르, 공기, 불, 물, 흙으로 이루어진 다섯 원소들과

수많은 살아있는 존재들과 모든 드러난 사물들이 바로 당신이신 순수 의식일 뿐이라면,

어떻게 제 홀로만 당신으로부터 떨어져 있을 수 있겠습니까?

당신께서는 이원이 없이 하나의 광대한 확장으로 가슴속에서 빛나시는데, 어떻게 제가 별개의 존재로 나타날 수 있겠습니까?

자아가 머리를 치켜들 때마다 당신의 연꽃 발을 그 위에 얹으시고는

8.

바잇타나이 발라 바이야하 투이윰

바리야리 마티야리 팅간

바잇티딜 알쿰 인빌라이 툰베

발비딜 샤바데 만밤

파잇티얌 팟트립 파얀아룸 예낙쿤

파다무룸 아루마룬 다룰바이

파잇티야 마룬답 파롤릴 아루나

파룹파다 우룹페루 파라네

9.

파라마닌 파담 팟트라랍 팟트룸

파라바리 바리야릴 파라만

파라무나 케나벤 파니야랍 파니야이

바릿티둠 우낙케두 바람

파라마닐 피린디브 울라기나이 탈라이일

팟트리얀 펫트라두 포둠

파라마남 아루나 찰라베나이 이니윤

당신을 저에게 드러내소서. 오, 아루나찰라시여!

8.

당신께서는 세상에서 성공하는 저의 능력을 파괴하시고는

저를 게으른 낭비자로 만드셨습니다.

이 상태는 비참하며 그 누구도 행복하지 않습니다.

이렇게 사느니 차라리 죽는 것이 더 낫습니다.

세상에 대한 광기의 치료약으로 빛나시는, 산의 형상을 하신 오, 초월

의 나이시여!

감히 당신을 열렬히 사랑하는 저에게

당신의 발에 매달리는 최고의 영약을 하사해 주소서!

9.

오, 초월의 존재시여!

저는 집착으로부터 해방되어 당신의 발을 움켜쥐는

지고의 지혜를 가지지 못한 자 중의 첫 번째입니다.

저의 짐이 당신에게로 넘겨지고 저의 자유의지가 소멸되도록 명하소

서.

우주를 유지하는 분께 진정 무엇이 짐이 될 수 있겠습니까?

지고의 신이시여!

저는 당신으로부터 떨어져

파닷티닌 드로둑쿠랍 파렐

10.

팔타난 푸두마이 우일발리 칸타

파루바담 오루다람 이다나이

올티둠 우이린 세쉬타이야이 오둑키

오루다나 다비무카 마가

일타다이 탄폴 아찰라마 셰이답

인누일 발리콜룸 잇덴

올투이민 우일갈 울라마딜 올리립

우일콜리 아루나마 기리예

11.

기리이두 파라마 카루디야 옌폴

이 세상의 짐을 저의 머리에 이고 감으로써 생기는 결실을 충분히 받았습니다.

아루나찰라시여! 지고의 존재시여!

저를 더 이상 당신의 발에서 떨어지게 할 생각을 하지 마소서!

10.

저는 새로운 사실을 발견했습니다!

생명들을 끌어당기는 자석인 이 산은

이 산을 생각하는 만큼 그 사람의 움직임들을 억제하여 그 사람을 자신과 대면하게 합니다.

그리고는 그 사람을 자신에게로 끌어당겨 움직임이 없도록 하십니다.

그렇게 함으로 그 영혼은 더욱 살찌워져 성숙해집니다.

이 얼마나 경이로운 현상입니까?

오, 영혼들이여! 그것을 알고 살아가시라!

그런 인간의 삶들의 파괴자가 이 아루나찰라이시다.

이 산은 그대의 가슴 안에서 빛나고 있다네.

11.

이 산을 지고자로 여김으로써 저처럼 파괴된 이들이 얼마나 많습니까?

켓타발 옛타나이 콜로

비리투얄 알립 피라입피닐 비라이부

빗투달 빗티다 비라구

카루디예 티리빌 카룻티눌 오루칼

카루디다 콜라말레 콜룸

아루마룬 돈드룬 다바니일 아두탄

아루나마 티라메나 아리빌.

오, 이 극심한 불행으로 삶에 염증을 느낀 사람들이여!

그대들은 신체를 포기할 방법을 찾고 있습니다.

그대를 실제로 죽이지 않고

그대가 생각하는 것만큼 그 사람을 소멸시킬 수 있는

보기 드문 약이 이 지상에 있습니다.

그것은 다름 아닌 이 아루나찰라입니다.

6. 스리 아루나찰라 아슈타캄[5]

1.

아리바루 기리예나 아말다룸 암마

아디사이암 이단셰얄 아리바리 달쿰

아리바루 시루바야 다두무달 아루나

찰라미갑 페리데나 아리비니 랑가

아리길란 아단포룰 아두티루 반나

말라이예나 오루바랄 아리부랍 펫트룸

아리비나이 마룰루루 타루기니 릴카

아루구룸 아마야미 다찰라마 칸덴.

---

5   Yen seer viruttam (8개의 말 음악적인 음률) : 8개의 행은 각각 네 개의 연으로 나뉜다.

6. 슈리 아루나찰라에 바치는 8연

1.

아! 얼마나 경이로운지요!

그것은 지각이 없는[32] 산과도 같이 서 있습니다.

그것의 행위는 인간의 이해를 넘어서며 신비롭습니다.

그것에 대한 경험이 없던 시절부터 내 마음 속에

아루나찰라는 너무나 빼어난 장관[33]으로 빛나고 있었습니다.

다른 사람을 통해서 그것이 티루반나말라이와 같다는 것을 알았을 때

조차도,

나는 그것의 의미를 알지 못했습니다.

그것이 나를 자신에게로 끌어당겼을 때,

내 마음은 고요해지고, 나는 끝이 나고,

그것이 움직이지 않고 서 있는 것을 보았습니다.

---

32 형용사는 또한 '(객관적인) 지식을 근절시키는'이라는 의미를 지닌다.

33 '치담바람을 보는 것, 티르발루르에서 태어나는 것, 바라나시에서 죽는 것, 또는 거저 아
루나찰라를 생각해도 해방을 보장받는다.' 이 2행 연구는 특히 남인도에서 아주 유명하
다.

2.

칸다반 예반에나 카룻티눌 나다

칸다반 인드리다 닌드라두 칸덴

칸다난 옌드리다 카룻테라 빌라이

칸딜란 옌드리다 카룻테루 마렌

빈디두 빌락키두 비랄루루 보날

빈딜라이 판두니 빌락키나이 옌드랄

빈디다 둔닐라이 빌락키다 벤드레

빈달람 아찰라마 빌랑기다 닌드라이.

3.

닌나이얏 우루베나 옌니예 난나

닐라미사이 말라이예눔 닐라이이나이 니단

운누루 아루베나 분니딘 빈노

쿠라불라 갈라이다룸 오루바나이 욕쿰

운누루 부날라라 분니다 문닐

우루사루 카라이유루 예나부루 보윰

옌나이얏 아리부라 옌누루 베레

디룬다나이 아루나반 기리예나 이룬도이.

2.

'보는 자는 누구인가?'를 내면에서 찾아보았을 때,

보는 자[34]는 사라지고, 그 뒤에 남아 있는 것을 나는 보았습니다.

'나는 보았다'라는 생각은 전혀 일어나지 않았습니다.

그런데도 어떻게 '나는 보지 않았다'라는 생각이 생겨날 수 있습니까?

옛날 (닥쉬나무르티로 나타나신) 당신께서 오직 침묵으로만 그렇게 하셨습니다.

이것을 말로 전할 수 있는 능력을 가진 이가 누가 있겠습니까?

당신의 (초월적인) 상태를 침묵으로 전달하시려고,

당신께서는 하늘에서부터 땅까지 빛나시는 산으로서 서 계십니다.

3.

당신이 형상을 갖고 있다고 여겨 제가 당신에게 다가갈 때면,

당신은 땅 위의 산으로 서 계십니다.

만약, 마음으로, 구도자가 형상이 없는 당신의 (본질적인) 형상을 찾는다면

그는 (영원히 존재하는) 에테르를 보기 위해 땅에서 여행하는 자와 같습니다.

생각 없이 당신의 (무한한) 성품으로 머무르는 것이

마치 설탕 인형이 큰 바다와 접촉할 때처럼, 자신의 (분리된) 정체성을

---

34 즉, 진정한 자신

4.

이룬돌릴 우나이비두 타듯티달 데이밤

이룻티나이 빌락케두 타듯티다 레칸

이룬돌릴 우나이아리 부룻티달 켄드레

이룬다나이 마단도룸 비다비다 부루바이

이룬돌릴 우나이야리 길라레니 란놀

이라비인 아리바루 쿠루다레 야발

이룬돌릴 이란다라 예나둘라 톤드라이

이나이아룸 아루나마 말라이예누 마니예.

5.

마니갈릴 사라데나 우일도루 나나

마단도룸 오루바나 마루비나이 니단

마니카다인 데나마나 마남에눙 칼린

마루바라 카다이야닌 아룰롤리 메붐

마니욜리 예납피리 도루포룰 팟트룸

잃어버리는 것입니다.

그리고 제가 누구인지를 깨닫게 될 때, '나'라는 정체성은 (당신 이외에) 그

밖에 무엇이겠습니까?

오, 우뚝 솟아있는 아루나 산으로 계시는 당신이시여!

4.

존재이자 의식이신 당신을 무시하고 신을 찾는 것은,

어둠을 찾으려고 등불을 들고 다니는 것과 같습니다.

오직 당신 자신을 존재이자 의식으로 알리시기 위해,

당신께서는 여러 종교들 안에 여러 이름들과 형상들로 살고 계십니다.

그런데도 만약 사람들이 아직 당신을 알지 못한다면,

그들은 정말로 태양을 알지 모르는 장님과 같습니다.

오, 위대한 아루나찰라시여! 비할 바 없는 보석이신 당신께서는

둘이 없는 하나인 저의 나로 계시면서 빛나소서!

5.

보석목걸이를 만들기 위한 실처럼,

온갖 다양한 존재들과 종교들에 하나로 관통하시는 분은 당신이십니
다.

보석을 깎고 다듬어 광을 내듯이, 불순한 마음을 순수한 마음의 숫돌
에 갈아 흠집을 없앤다면

마루부라 릴라이니랄 파디타하 틴빈

마니욜리 파다니랄 파디유모 운닌

마루포룰 아루나날 올리말라이 윤도.

6.

운도루 포룰라리 볼리욜라 메니

울라두닐 알라딜라 아디사야 샥티

닌드라누 니랄니라이 니나이바리 보데

니갈비나이 슈라릴란 니나이볼리 야디

칸다나 니랄자가 비칫티라 물룽

칸무달 포리바리 푸랏투몰 실라

닌드리두 니랄파다 니가라룻 쿤드레

닌드리다 셴드리다 니나이비다 빈드레.

그것은 당신의 은총의 빛을 받아 루비처럼 빛날 것입니다.

그 빛은 어떤 외부의 대상으로도 영향을 받지 않을 것입니다.

사진의 필름이 한번이라도 태양에 노출되고 나면,

그것이 외부의 인상들을 더 이상 받아들일 수 있겠습니까?

오, 자애롭고 눈부신 아루나 산이시여!

당신 외의 무엇이 어디에 있겠습니까?

6.

당신께서는 유일한 존재이시며,

스스로 빛나는 가슴으로서 항상 당신 자신을 자각하고 계십니다.

당신 안에는 신비한 능력(샥티)이 있으십니다.

그것으로부터 잠재적인 미세하고 어두운 안개를 내뿜는 마음의 환영

이 나옵니다.

그것들은 자신들에게 투사된 당신의 빛을 받아 빛을 내고

프라랍다의 소용돌이 안에서 빙글빙글 도는 것처럼 보입니다.

나중에 물질적 세계로 발전됩니다.

그것들은 바깥에서 물질적 세계로서 투사되어 바깥으로 향하는 감각

들에 의해 확대됩니다.

그래서 영화의 화면에 보이는 구체적 물질로 바뀌어 움직입니다.

눈에 보이든 보이지 않은 그것들은

당신이 없으시면 아무 것도 아닙니다. 오, 은총의 산이시여!

7.

인드라함 예누니나이 베닐피라 본드룸

인드라두 바라이피라 니나이베릴 알켈

콘드라함 우디탈람 예두베나 불란

둘랏타비 수리노루 쿠다이니랄 코베

인드라함 푸라미루 비나이이랄 잔맘

인부툰 비룰롤리 예눙가나 이다야

만드라함 아찰라마 나다미둠 아루나

말라이예눔 옐라이야룸 아룰롤리 카달레.

8.

카달레룸 예릴리얄 포리다루 닐단

카달닐나이 야다이바라이 타다이세이 닐라

두달우일 우닐예룸 우나이유루 바라이일

우루팔라 바리갈릴 우랄리누 닐라

디다벨리 알라이이누 닐라이일라이 풀루

7.

나라는 생각이 없을 때는, 아무런 다른 생각이 없습니다.

다른 생각들이 일어나면, '누구에게?'라고 묻습니다.

그러면 '나에게'라는 답이 나올 것입니다.

'나의 기원은 무엇인가?'라고 열심히 질문하여

가슴 안에 있는 마음의 자리에 도달하면 그는 우주를 통치하는 신이

됩니다.

오, 가슴의 궁정 안에서

움직임 없이 춤을 추고 계시는 가없는 은총과 찬란함으로 무한히 빛나

시는, 아루나찰라시여!

거기에는 안과 밖, 옳고 그름, 탄생과 죽음, 쾌락과 고통, 빛과 어둠 같

은

그런 이원성의 꿈은 더 이상 없습니다.

8.

물은 바다에서 일어나 구름이 되고,

다시 비로 내리면 강이 되어 바다로 다시 달려갑니다.

어떤 것도 자신의 근원으로 돌아가는 것을 막을 수 없습니다.

마찬가지로 당신으로부터 생겨난 영혼이,

비록 도중에 여러 번 벗어난다 할지라도,

다시 당신에게로 합쳐지는 것을 막을 수 없습니다.

키다닐라 말라딜라이 바루바리 셸라

카다누일 바루바리 센드리다 인바

카다루나이 마루비둠 아루나부 다라네.

땅으로부터 날아올라 창공으로 솟아오르는 새는 땅이 아니고는 쉴 곳을 찾을 수 없습니다.

그러므로 모든 것은 진정 그들이 온 곳으로 되돌아가야만 합니다.

영혼이 그 근원으로 되돌아가는 길을 찾으면,

그는 당신 속으로 가라앉아 당신과 하나가 될 것입니다.

오, 아루나찰라시여! 당신께서는 희열의 바다이십니다.

7. 스리 아루나찰라 판차라트남[6]

1.

아룰니라이 바나 아무다 카달레

비리카디랄 야붐 비룽굼 — 아루나

기리파라만 마베 킬랄 울랍푸 난드라이

비리파리디 야가 빌랑구

2.

싯티라맘 잇델람 셈말라이예 닌팔레

웃티다마이 닌드레 오둥기두말 — 닛티야뭄

나넨 드리다얌 나딧티두바이 알룬펠

타니다얌 옌드리두발 탐

---

6 벤바 음률

7. 슈리 아루나찰라에 바치는 5연

1.

당신의 찬란한 빛으로 우주를 삼켜버리는

은총으로 가득 찬 감로의 바다시여!

지고자 자체이신, 오 아루나찰라시여!

당신이 태양이 되시어 제 가슴의 연꽃을

희열로 피어나게 하소서!

2.

오, 아루나찰라시여, 당신 안에서 우주의 그림이 생겨나

머물다 사라집니다.

이것은 장엄한 진리입니다.

당신은 나라는 가슴에서 춤을 추는 내면의 나이십니다.

'가슴'이 당신의 이름입니다. 오, 신이시여!

3.

아하무카마 란다 아말라마디 탄날

아함이두탄 엥게루멘 드라인데 — 아하부루바이

난가린두 문닐 나디폴룸 오유메

운칸아루나 찰라네 욜.

4.

벨리비다얌 빗투 빌란굼 아루네사

발리야닥카 닐쿠 마낫탈 — 올라마다닐

운나이 디야닛투 요기 올리카눔

운닐 우얄 부루미 둔

5.

운니닷틸 옵푸빗타 울랏탈 옙포루둠

운나익칸 델라뭄 운누루바이 — 안니야밀

안부셰윰 안논 아루나찰라 벨굼

인부루밤 운닐 안데

아루나 기리라마난 아리얏틸 칸다

아루마라이얀 닥카룻테 야굼 — 아루나

찰라 판차카마니야이 탄다밀벤 바발

3.

안으로 향하는 고요한 마음으로

'나'라는 의식이 일어나는 곳을 찾는 이는

바다와 하나가 된 강처럼 나를 깨달아

당신 안으로 사라집니다. 오, 아루나찰라시여!

4.

바깥의 세상을 포기하고 마음과 호흡을 조절하여

안에 있는 당신을 명상하는 요기는

당신의 빛을 봅니다, 오, 아루나찰라시여!

그리하여 당신 안에서 기쁨을 발견합니다.

5.

당신에게 마음을 바치고,

당신을 보면서 항상 우주를 당신의 형상으로 여기는 이,

언제나 당신을 찬양하고 다름 아닌 나로서 당신을 사랑하는 이,

그는 당신과 하나가 되어,

당신의 희열 안으로 사라집니다. 오, 아루나찰라시여!

이 세상의 이익을 위하여 아루나기리 라마나는

기쁨으로 달콤한 타밀어의 벤바들로 된

울라구 칼릿탄 우반두

아리야디 이다라 지바라 다하바리자 구하이일

아리바이라미 파람아투만 아루나찰라 라마난

파리발울라 무루가날라 파라난디두 구하이 얀두

아리밤비리 티라바니잠 아리바야두 벨리얌[7]

발가 반 아루나찰라 반페얄

발가 압페얄 바이스투디 판차캄

발가 바이말랄 마라마난 파담

발가 압파담 만누날 안바레.   (이 시는 월요일에만 찬팅합니다.)

베단타의 지혜의 정수인 아루나찰라 판차라트남을 내려주셨다.

그분께서 그것을 산스크리트로 최초로 표현한 것입니다.[35]

비슈누로 시작되는 모든 이의 연꽃 모양을 한 가슴에 이를 때

아루나찰라 라마나와 똑같은 순수한 지성(절대적인 의식)인 파람아트만이

그곳에서 빛납니다.

마음이 그분에 대한 사랑으로 녹고, 그분이 연인으로서 살고 있는 가

슴의 깊은 곳에 이르면,

순수한 지성의 미묘한 눈이 뜨이고, 그분은 순수한 의식으로서 자신을

드러냅니다.

아낌없이 은총을 부여하시는

강력한 아루나찰라의 이름이여 영원하소서!

그분의 이름을 딴 다섯 시편이여 영원하소서!

라마나의 혀로 꽃피어진

다섯 찬가들이 꽃을 피운 혀를 가진 라마나의 발이여 영원하소서!

그분의 두 발에 고정된

미덕의 헌신자들이여 영원하소서!(이 시는 월요일에만 찬팅합니다.)

---

35 마지막 세 편의 시중에 첫 번째 연은 다이바라타가 산스크리트로 썼고, 바가반이 타밀어
로 번역을 하였다. 두 번째 연은 '라마나'의 의미에 관한 헌신자의 질문에 응답하여 바가
반이 저작하였다. 마지막 연은 무르가나르가 저작하였다.

바리 바리 라마나 마하 구루

바리 바리 아루나 마하 기리

바리 벤카탄 바이솔룸 파달갈

바리 우리돌 안발갈 바리예.[8]   (이 시는 화요일~금요일에 찬팅합니다.)

---

8 이 시는 화요일과 금요일 파라나야에서 이전 시를 대신한다.

위대한 구루 라마나시여 영원하소서!

위대한 산 아루나여 영원하소서!

스승의 말씀과 노래여 영원하소서!

그의 진지한 헌신자들이여 영원하소서!(이 시는 화요일~금요일에 찬팅합니다.)

화요일: 가르침

1. 우파데샤 운디야르(가르침의 정수)

1927년에 무루가나르는 모든 화신들을 슈리 바가반으로 여기는 몇 편의 시들을 지었다. 그 시들 중에는 초자연적인 힘들을 얻기 위하여 의식들을 수련하던 다루카 숲의 리쉬들의 이야기가 쉬바 프라남[36]에 있다.

쉬바 신은 리쉬들을 겸손하게 하고 또 그들이 초자연적 힘들이 해방을 얻기에 아무런 소용이 없다는 것을 이해하도록 하기 위해, 그들 앞에 외모가 수려한 방랑 사두로 나타났다. 비슈누는 아름다운 여인의 모습으로 나타나 그의 뒤를 따랐다.

리쉬들은 이 아름다운 여인의 매력에 유혹되어 자신들이 하고 있던 의식들을 소홀히 했다. 잘 생기고 신비스러운 사두를 본 그들의 아내들도 순간적인 사랑에 매료되어 남편과 가족에 대한 집안일을 등한시하게 되었다. 리쉬들은 그들 부인들이 그 고행자에게 매료된 것에 격

---

[36] 이 이야기는 슈리 라마나 산니디 무라리라는 그의 시에서 티루 운디야르라는 긴 시를 슈리 무르가나르가 다시 언급하였다.

분하여, 그들의 마술적인 힘을 이용하여, 낯선 두 사람에게 코끼리와 호랑이를 보냈다. 쉬바는 두 동물을 곧바로 죽여 코끼리 가죽으로 덮개를 만들고 호랑이의 가죽으로는 숄을 만들었다. 그제야 리쉬들은 자기들이 상대하고 있는 이 사두들이 평범한 사람이 아니라는 것을 깨달았다. 그들은 신에게 절하고 가르침을 간청했다.

무루가나르는 이 주제에 관한 100연의 시를 쓰고 싶었다. 70연 이상은 쉽게 써지지가 않았다. 이 이야기의 중요한 요점은 다루카 숲의 현자들에게 '우파데사'를 준 분이 원래 바가반 라마나였기 때문에, 슈리 라마나만이 이 가르침을 전하기에 적임자라는 생각이 들었다.

무르가나르의 요청으로 바가반은 운디야르 운율[37]로 3행으로 된 30연의 시를 지었다. 첫 번째 15연의 시는 전통적인 방법과 수행법에 대하여 설명하였고, 그다음 15연의 시는 나 지식으로 인도하는 방법에 대하여 설명하였다. 지고의 목적을 성취하는 방법에는 포기밖에 없으며, 해방의 다양한 길 중에서 자아 탐구가 최상이라고 설명하였다. 또한 요기 라마이하의 간청으로 바가반은 아누부티 사람(정수)이라는 이름으로 경전을 텔루구어로 옮겼다. 나중에는 쿤주 스와미의 요청에 따라 말라얄람어, 가나파티 무니의 요구에 따라 산스크리트로도 옮겼다. 타밀 원문은 우파데사 운디야르라는 제목이 붙여졌다.

현재의 모든 버전들은 통상적으로 산스크리트 제목인 우파데사 사

---

[37] 운디야르 운율은 고전적인 타밀시의 형식에서 강요되는 운율의 형식이다. 3행 연구는 함께 운을 맞게 하거나 각운에 의해 연결된 3행으로 된 시의 한 쌍이다.

람 즉 '가르침의 정수'로 불린다. 바가반의 시대에 산스크리트 버전은 베다와 함께 매일 그의 앞에서 성가 되었다. 이 수련은 오늘날에도 사마디 홀에서 계속되고 있다.

2, 3 울라두 나르파두(실재에 대한 40연의 시)와 울라두 나르파두: 아누반담(실재 40연의 추가 40연)

바가반은 그의 가르침의 핵심을 담고 있는 20연을 타밀어로 지었다. 무루가나르는 시를 지을 때 40연의 시를 맞추어 짓던 관습에 따라 바가반에게 20연의 시를 더 지어 주기를 간청하였다. 카비야칸타 가나파티 무니는 이 40연 중에서 2연을 기도의 스탄자로 선택했다. 그래서 바가반은 40연을 되도록 하기 위해 2연의 시를 추가로 더 지었다.

바가반은 이 시들의 출처에 대해서는 관심을 두지 않았지만, 진정한 나의 실재에 관한 이야기에 관심을 쏟았기 때문에

산스크리트 아드바이타 경전들에서 시를 발췌하여, 그것들을 타밀어로 번역하고 모음집으로 번안하였다.

그러나 헌신자들은 40연의 시들을 모두 바가반이 지어 주시기를 원했다. 그래서 모방한 시들은 삭제되고 그 자리에서 새로운 시들을 지었다. 후에, 40연의 시들로 이루어진 보충판이 추가되었다. 여기에는 원래의 40연[38]에서 추려낸 시들을 포함하고 있다[39].

---

38 바가반이 다른 자료로부터 가져온 시들에 대한 참조는 각 부분의 끝에 있다.
39 바가반이 다른 경전에서 발췌한 시에 대한 언급은 각 시의 번역의 마지막에 설명하였다.

그의 저술 작업에서, 이 80수의 시들은 바가반의 가르침의 가장 포괄적인 설명이다. 그 시들에 대한 많은 번역서들과, 그것에 대한 다양한 주석서들이 쓰여졌다. 그것들은 울라두 나르파두, 사드 비디야, 즉 드러나는 진리라는 별개의 제목의 책으로 출판되었다. 바가반은 또한 이 시들을 운나디 나루바디라는 제목의 텔루구어 산문과 사드 다르사남이라는 제목의 말라얄람어로도 옮겼다.

1. 우파데샤 운디야르

우포드가탐

1.

다루 바낫틸 타밤셰이 디룬다발

푸루바 칸맛탈 운디파라[9]

폭카라이 포이날 운디파라.

2.

칸맛타이 얀드리 카다불일라이 예눔

반맛타 라이날 운디파라

반자 셰룩키날 운디파라.

3.

칸마 팔란다룽 칼탈 파릿투셰이

칸마 팔랑칸달 운디파라

---

9 각 시의 두 번째 연은 두 번 찬팅한다.

1. 가르침의 정수

서문 시

1.

과거 카르마(행위)의 결과로 다루카 숲에서

고행들을 행하든 리쉬들은

특별한 힘들을 구하다 길을 잃었습니다.

2.

카르마 외에는 신이 없다고 확신한

리쉬들의 자존심은 부풀어 올랐고,

그들은 신으로부터 멀어졌습니다.

3.

신을 무시한 결과를 인식하고

카르마의 결실을 부여하는 분이

신이라는 것을 이해한 리쉬들의 자존심은 사라졌습니다.

갈밤 아간드라날 운디파라.

4.

캇타룰 옌드루 키라이 야 카루나익칸

셀타룰 세이다난 운디 파라

쉬반우바 데샤미 둔디 파라

5.

웃곤 도루가 우파데샤 사랏타이

웃콘드 데룬수감 운디 파라

웃툰 포린디둠 운디 파라

6.

사라 우파데샤 사라뭇 사라베

셰라 칼리셰라 운디 파라

티라 투얄티라 운디 파라

눌

1.

칸맘 파얀타랄 칼타나 다나이얄

4.

지혜를 되찾은 리쉬들은

자신들을 안내해달라고 신 앞에서 기도했습니다.

쉬바 신은 은총의 눈길을 보내주었습니다.

다음의 시들은 리쉬들에게 준 시의 가르침입니다.

5.

'우파데사 사람'을 익히고 받아들이는

이들의 내면에서는

희열이 피어날 것입니다.

6.

이 우파데사 사람을 고수하십시오.

그 결과는 비할 데 없는 행복이 될 것이며

모든 슬픔들은 완전히 사라질 것입니다.

본문

1.

카르마(행위)는 열매를 맺습니다.

신이 그렇게 정하셨기 때문입니다.

카르마가 신과 동등할 수 있을까요?

칸만 카다불로 운디파라[10]

칸만 자다마달 운디파라.

2.

비나이인 빌라이부 빌리붓트루 빗타이

비나익카달 빌티둠 운디파라

비두 타라릴라이 운디파라.

3.

카룻타누 칵쿠니쉬 카미야 칸만

카룻타이 티룻티얌 둔디파라

가티바리 칸빅쿰 운디파라.

4.

디다미두 푸자이 제파문 디야남

우달바 쿨랏토릴 운디파라

우얄바굼 온드리론 드룬디 파라.

5.

옌누루 야붐 이라이유루 바메나

---

10 각 시의 두 번째 줄은 두 번씩 찬팅 한다.

그것은 감각이 없습니다.

2.

행위는 지나갑니다.

그러나 행위는 또 다른 행위의 씨앗을 남겨 끝없는 행위의 바다로 이

어지게 합니다.

그것은 해방으로 가는 길이 아닙니다.

3.

신에게 복종한 무심한 행위는 마음을 순수하게 하며,

해방으로 가는 길을 열어줍니다.

4.

이것은 확실합니다.

몸, 말, 마음으로 하는 것이 숭배, 찬가, 명상입니다.

그 순서에서 나중의 것이 앞의 것보다 더 낫습니다.

5.

여덟 가지 형태들 즉 공간, 공기, 불, 물, 땅, 태양, 달, 그리고 살아 있

는 존재들을

신의 몸으로 여기고 숭배할 수 있습니다.

옌니 바리파달 운디파라

이샤날 푸사나이 운디파라.

6.

바룻탈릴 박쿠차 바익쿳 제팟틸

비룹파마 마나담 운디파라

빌람분 디야나미 둔디파라.

7.

빗투 카루달린 아루네이 빌치폴

빗티다 둔날레 운디파라

비세다맘 운나베 운디파라.

8.

아니야 바밧틴 아반아하 마굼

아나니야 바바메 운디파라

아나잇티눔 웃타맘 운디파라.

이것은 신에 대한 완전한 숭배입니다.[40]

6.

찬양의 노래들을 부르는 것보다는

신의 이름을 반복하는 것이 더 좋습니다.

신의 이름을 큰 소리로 반복하는 것 보다는

낮은 소리로 반복하는 것이 더 좋습니다.

무엇보다도 가장 좋은 것은

마음으로 반복하거나 명상하는 것입니다. [41]

7.

끊어졌다가 이어지는 명상보다는

쉼 없이 흘러가는 물줄기처럼, 혹은 아래로 흐르는 기름처럼,

꾸준하고 지속적인 흐름의 명상이 더 좋습니다.

8.

신을 자신 이외의

다른 분으로 보는 것보다

---

40 원문 번역에는 이렇게 적혀있다. 에테르, 불, 공기, 물, 흙, 태양, 달 그리고 살아있는 존재들, 이 모두를 그의 형상으로 생각하고 숭배하는 것이 신에 대한 완벽한 숭배입니다.

41 원문 번역에는 이렇게 적혀있다. 찬양의 찬가보다는 이름의 반복이 더 낫다. 낮게 소리 내는 것이 크게 소리 내는 것보다 더 낫다. 하지만 모두 중의 으뜸은 마음으로서의 명상이다.

9.

바바 발랏티날 바바나티타 삿

(삿)**11** 바바 티룻탈레 운디파라

파라박티 탓투밤 운디파라.

10.

우딧타 이닷틸 오둥기 이룻탈

아두칸맘 박티윰 운디파라

아두요가 냐나뭄 운디파라.

11.

발리율 라닥카 발라이파두 풋폴

울라뭄 오둥구룸 운디파라

오둑카 우파야미 둔디파라.

12.

울라뭄 우이룸 우날분 셰얄룸

울라반 킬라이이란 둔디파라

---

11 괄호에 9연, 20연, 25연, 30연들은 행을 반복할 때만 찬팅한다.

그분을 내면의 나로 보는 것이 더 낫습니다.

9.

순수한 존재에 머무르며

강렬한 사랑으로 생각을 초월하는 것,

이것만으로도 최고의 헌신의 진리입니다.

10.

우리가 나온 곳인 존재의 가슴에 머무는 것이

카르마(행위), 박티(헌신), 요가(합일),

갸나(지식)의 길이 가르치고자 하는 것입니다.

11.

숨을 참는 것holding은 그물에 걸린 새처럼

마음을 통제합니다.

호흡의 통제는 가슴으로 흡수되는 것을 돕습니다.

12.

(생각과 행위처럼) 마음과 호흡은

뻗어 나온 두 가지처럼 보입니다.

그러나 그 둘은 같은 뿌리에서 시작되었습니다.

온드라 밧트린 물람 운디파라.

13.
일라야무 나샴 이란담 오둑캄
일라이 툴라데룸 운디파라
예라두루 마인다델 운디파라.

14.
오둑카 발리야이 오둥굼 울랏타이
비둑카베 올바리 운디파라
비윰 아다누루 운디파라.

15.
마나부루 마야메이 만누마 요기
타낙콜 세얄릴라이 운디파라
탄니얄 산다난 운디파라.

16.
벨리비다 양갈라이 빗투 마난탄
올리유루 올달레 운디파라

13.

잠김/흡수^{absorption}에는 가라앉음과 파괴라는 두 가지 종류가 있습니다.

가라앉는 마음은 다시 일어나고,

죽은 마음은 다시 살아나지 못합니다.

14.

호흡을 통제하고 생각을 억제하면서,

마음을 안이라는 한 방향으로 향하게 하면

마음은 사라지고 죽습니다.

15.

마음이 사라지면 강력한 현자는

자신의 자연스러운 존재로 돌아가며

더 이상의 행할 행위가 없습니다.

16.

마음이 외부 대상들로부터 눈을 돌려

자신의 빛나는 모습을 바라보는 것이

운마이 우날시얌 운디파라.

17.

마낫틴 우루바이 마라바 두사바

마나메나 온드릴라이 운디파라

말감 네랄쿠미 둔디파라.

18.

옌낭갈레 마남 야비눔 나네눔

옌나메 물라맘 운디파라

야나 마나메날 운디파라.

19.

나넨 드레루미담 예데나 나다불

난탈라이 사인티둠 운디파라

냐나 비차라미 둔디파라.

20.

난온드루 스타낫투 나나넨 드론드라두

(아두) 타나가 톤드루메 운디파라

타나두 푼드라맘 운디파라.

참된 지혜입니다.

17.

마음이 끊임없이 자신의 형태를 면밀히 살펴보면

마음이라는 것이 존재하지 않는다는 것을 알게 될 것입니다.

이것이 모든 사람에게 열려 있는 직접적인 길입니다.[42]

18.

생각들만이 마음을 구성합니다.

모든 생각들 중에서 '나'-생각이 뿌리입니다.

마음이라고 불리는 것은 단지 '나' 관념일 뿐입니다.

19.

사람이 내면을 바라보고

이 '나'라는 생각이 어디서 생겨나는지 찾으면

'나' 생각은 사라지고 지혜의 탐구가 시작됩니다.

20.

이 '나'라는 개념이 사라지는 곳에

---

42 원문 번역에는 이렇게 적혀있다. 마음이 끊임없이 그 원래 형체를 살펴보면, 그런 것은
    없다. 모든 사람들에게 이 방향의 길은 열려 있다.

21.

난엔눈 숄포룰 아마두 날루메

나낫트라 툭캇툼 운디파라

나마딘마이 닉캇탈 운디파라.

22.

우달 포리울람 우일이룰 옐란

자담아샷 타나달 운디파라

샷타나 나날라 운디파라.

23.

울라두나라 우날부 베린마이인

울라두 날바굼 운디파라

우날베 나마율람 운디파라.

24.

이룩쿰 이얄카이얄 이사 지발갈

오루포룰레 야발 운디파라

'나–나'가 그 자체로 나타납니다.

하나, 나, 무한자'

21.

'나'라는 용어의 영구적인 의미는

우리가 '나'에 대한 감각이 없는 깊은 잠 속에서도

우리가 존재하기를 멈추지 않는다는 것입니다.

22.

신체, 감각들, 마음, 호흡, 수면은

모두 무감각하고 비실재합니다.

그것은 실재인 나가 될 수 없습니다.

23.

절대적 존재(실재, which is)를 알 수 있는 다른 존재가 있을 수 없습니다.

따라서 절대적 존재는 절대적 자각(의식)입니다.

우리 모두는 절대적 자각(의식)입니다.

24.

그들 존재의 성품상

피조물(영혼들)과 창조자(신)는 본질적으로 하나입니다.

우파디 우날베벨 운디파라.

25.

탄나이 우파디 빗톨바두 탄이산

(이산) 탄나이 우날바담 운디파라

타나이 올릴바달 운디파라.

26.

타나이 이룻탈레 탄나이 야리달란

타니란 닷트라달 운디파라

탄마야 니스타이이 둔디파라.

27.

아리바리 야마이윰 앗트라 아리베

아리바굼 운마이이 둔디파라

아리바달 콘드릴라이 운디파라.

28.

타나디얄 야데나 탄테리 힐핀

아나디 아난타샷 운디파라

아칸다 시타난담 운디파라.

그들은 속성(구나)들에서만 다릅니다.

25.

왜냐하면 그는 순수한 나로 빛을 발하시므로,

모든 속성들에서 자유로워진 자신을 보는 것이

신을 보는 것입니다.

26.

나를 아는 것은 나가 되는 것입니다.

왜냐하면 그것은 둘이 아니기 때문입니다.

그러한 지식을 지닌 사람은 그것으로 머물러 있습니다.

27.

진정한 지식은 지식과 무지를 모두 초월하는 것입니다.

왜냐하면 순수한 지식에서는

알 수 있는 대상이 없기 때문입니다.

28.

자신의 성품을 알고 나면,

그는 시작도 끝도 없는, 끊어짐이 없는

의식과 희열로 있는 절대적 존재 안에 삽니다.

29.

반다 비닷트라 파라수캄 웃트라발

인다 닐라이닛트랄 운디파라

이라이파니 닛트랄람 운디파라.

30.

야나 트리얄바두 테린 예두바두

(아두) 타나 트라바 멘드란 운디파라

타남 라마네산 운디파라.

발투

1.

이루디갈 옐람 이라이바 나디야이

바루디 바낭기날 운디파라

발투 물앙기날 운디파라.

2.

웃트랄 쿠루디 우파데사 운디얄

숏트라 구루파란 운디파라

수망갈라 벤카탄 운디파라.

29.

속박과 해방을 초월한

이러한 행복의 상태에 머무르는 것이

신을 섬기고 있는 것입니다.

30.

모든 자아를 버리고, 그것으로 살아가는 것,

그것이 바로 위대한 타파스라고

나이신 신 라마나는 이렇게 노래합니다.

끝맺음의 찬양 사[43]

1.

(다루카 숲의) 모든 리쉬들은 신의 영광을 찬양하며

그분의 신성한 발을 어루만짐으로

경의를 표했습니다.

2.

'우파데사 사람'은 위대한 구루이시며,

행운을 가져다주시는 벤카타 라마나께서

---

43 이 다섯 개의 끝맺음 시들과 여섯 개의 서문 시들은 무르가나르의 슈리 라마나 산니디 무
라이에서 가져온 것이다.

3.

팔란두 팔란두 팔판누 라이람

팔란두 팔란둠 운디파라

팔미사이 발가베 운디파라.

4.

이사이 예둡 포룸 세비마둡 포룸

바사이아라 텔보룸 운디파라

바리 팔라부리 운디파라.

5.

칼쿠 마발갈룽 캇트루난 당굿탐

닐쿠 마발갈룸 운디파라

니두리 바리예 운디파라.

성숙한 제자를 위해 설명하신 길입니다.

3.

이 가르침이 수천 년 동안 영원하소서[44]!
라마나의 이름이여 영원하소서!
지상의 모든 그분의 헌신자들이 영원하소서!

4.

이 가르침을 노래하고, 그것을 경청하며
그 의미를 받아들이는 이들이
수백만 년을 살게 하소서!

5.

이 가르침을 공부하고
실천하는 이들이
수백만 년을 살아가게 하소서!

---

[44] 이 시의 번역은 자의적이 아니라 앞의 시들로부터 추론한 것이다.

2. 울라두 나르파두[12]

만갈람

울라달라 둘라부날 울라도 불라포룰

울랄라라 불랏테 울라달 — 울라메눔

울라포룰 울라레반 울랏테 울라파디

울라데 울랄 우날바예 — 울레.[13]

마라나바야 믹쿨라밤 막칼라라 나가

마라나바바 밀람 아게산 — 샤라나메

살발탄 살보두탄 사붓트랄 사벤난

살바로 사바 다발닛탈 — 팔바이셀.

---

12 칼리벤바 음율에서
13 각 연의 두 번째와 네 번째 행의 마지막 단어는 긴 대시로 구두점을 찍는다. 이것은 칼리
    벤바의 음율에 따라 쉼을 의미한다.

2. 실재 40연

기도

실재가 존재하지 않는다면, 어떻게 실재에 대한 생각이 일어날 수 있습니까?

실재는 생각이 없는 가슴속에 있습니다.

그렇다면 가슴이라는 그러한 실재를 어떻게 알 수 있습니까?

실재를 아는 것은 단순히 가슴 속에 있는 것일 뿐입니다.[45]

죽음을 두려워하는 이들이

죽음도 없고 태어남도 없는 지고한 신의 발아래 피난처를 찾을 때,

그들의 자아와 집착들은 죽습니다.

이제 죽음이 없으므로 그들은 더 이상 죽음을 생각하지 않습니다.

---

45 원문 해석: 실재가 존재하지 않는다면, 실재에 대한 생각이 일어날 수 있겠습니까? 생각의 텅 빔이라는 실재는 가슴으로서 내면에 존재합니다. 실재를 알기 위해 우리는 가슴을 어떻게 불러야 할까요? 그것을 아는 것은 단지 가슴속에 그것으로 있는 것입니다.

눌

1.

나물라강 칸달랄 나나반 샥티울라

올무달라이 옵팔 오루탈라이예 — 나마부루

싯티라뭄 팔파눔 셸파다뭄 아롤리윰

앗타나이윤 타남 아반울라구 — 칼타누일

2.

뭄무달라이 옘마다무 물콜룸 올무달레

뭄무달라이 닐쿠멘드루 뭄무달룸 — 뭄무달레

옌날아항카람 이룩쿠맛테 얀켓투

탄닐라이일 닛트랄 탈라이야군 — 콘네.

3.

울라구메이포이 톳트람 울라가리밤 안드렌드루

울라구수캄 안드렌 드루라잇텐 — 울라구빗투

탄나이욘 돈드리란두 타낫트루 나낫트라

안닐라이옐 랄쿰 옵파무네 — 툰눔

본문

1.

우리가 세상을 지각하기 때문에, 우리는 하나의 공통된 근원을 인정해야 하지만,

다수처럼 보이는 힘도 인정해야 합니다.

이름들과 형태들의 그림, 구경꾼, 화면, 화면을 밝히는 빛,

이 모든 것들은 진정으로 그분입니다.

2.

모든 신조creed는 개인, 신, 세상이라는 세 가지 실체를 기반으로 합니다.

'하나는 셋이 된다.', '항상 셋은 하나다.'라는 말은

자아가 지속될 때만 말합니다.

자아를 잃고 나 안에 머무는 것이 최고의 상태입니다.

3.

'세상은 진짜이다!' – '아니, 그것은 거짓된 모습이다.'

'세상은 마음이다' – '아니, 그렇지 않다.' '세상은 즐겁다' – '그렇지 않다'.

그런 말들이 무슨 소용이 있습니까? 세상을 내버려 두고 나를 아는 것,

4.

우루반탄 아인 울라구파라 맛트람

우루반탄 안드렐 우밧트린 — 우루밧타이

칸누루달 야바네반 칸날랄 캇치윤도

칸나두탄 안다밀라 칸나메 — 옌닐

5.

우달판차코사 우루바다날 아인둠

우달옌눔 숄릴 오둥굼 — 우달안드리

운도 울라감 우달비 툴라갓타이

칸달 울라로 카라루바이 — 칸다

6.

울라가임 풀란갈 우루베란 드랍바임

풀라나임 포릭쿱 풀라남 — 울라가이마남

온드라임 포리바얄 온디두다 란마낫타이

안드리 울라군도 아라이네레 — 닌드라

하나와 둘이라는 모든 생각들을 넘어서는 것,

이 무아의 상태가 모두의 공통 목표입니다.

4.

우리에게 형상이 있다면 세상과 신도 마찬가지로 형상이 있습니다.

우리에게 형상이 없다면 세상과 신의 형상은 누구에 의해 어떻게 볼

수 있습니까?

눈 없이, 시력이나 광경이 있을 수 있습니까?

진정한 눈인 나는 무한합니다.

5.

신체는 다섯 덮개들로 되어있습니다.

신체라는 말 안에 다섯이 모두 포함됩니다.

신체가 없으면 세상도 없습니다.

신체가 없는 사람이 세상을 본 적이 있습니까?

6.

세상은 다섯 감각의 지각들로 이루어져 있습니다. 그 외 아무것도 아

닙니다.

그리고 그 감각 지각들은 다섯 감각들에 의해 대상으로 느껴집니다.

감각들을 통해 마음이 오로지 세상을 지각합니다.

7.

울라가리붐 온드라이 우딧토둥구 메눔

울라가리부 탄날 올리룸 — 울라가리부

톤드리마라이 달키타나이 톤드리마라이 야돌리룸

푼드라맘 앗데 포루라말 — 옌드라담

8.

옙파야리 텝부루빌 옛티누말 펠우루빌

압포룰라이 칸바리야 다이누맘 — 메입포룰린

운마이일탄 운마이이나이 온도둥기 온드루달레

운마이일 카날 우난디두가 — 빈마이

9.

이랏타이갈 뭄푸디갈 옌드룸온드루 팟트리

이룹파밤 압본드레 덴드루 — 카룻티눌

칸달 카랄루마바이 칸다바레 운마이

칸달 칼랑가레 카니룰폰 — 만둠

세상이 마음이 아니고 무엇이겠습니까?

7.

우리 앞에 있는 세상이 마음과 더불어 생겨났다 가라앉는다 할지라도,

세상은 마음의 빛을 받아서 빛납니다.

세상과 마음이라는 둘이 나타났다 사라지는 것처럼,

나타나지도 사라지지도 않고 빛나는 완벽함이 바로 실재[46]입니다.

8.

우리가 그것을 어떤 이름들과 형상들로 숭배한다 해도,

그 숭배는 우리를 이름도 없고 형상도 없는

절대에 대한 지식에 이르게 합니다.

그러나 절대 안에서 진정한 나를 보는 것, 그것 안으로 가라앉아 그것

과 하나가 되는 것,

이것이 진리에 대한 참된 지식입니다.

9.

'둘'과 '셋'[47]은

---

46 원문 번역에는 이렇게 적혀있다: 세상과 마음이 일어나서 사라진다 할지라도, 세상은 마음의 빛에 의해 빛난다. 세상과 마음이 그곳에서 생겨나고, 그곳에서 지는 기반, 그 완성은 떠오르지도 지지도 않고 영원히 빛난다. 그것이 실재이다.

47 "둘들"은 쾌락-고통, 지식-무지와 같은 한 쌍의 것이고, "셋들"은 아는 자, 앎, 아는 대상과 같은 3개로 된 쌍이다.

10.

아리야마이 빗타리빈 드람아리부 빗타브

아리야마이 인드라굼 안다 — 아리붐

아리야 마이윰알켄 드람무달란 탄나이

아리윰 아리베 아리밤 — 아리바

11.

아리부룬 탄나이 아리야 다얄라이

아리바 다리야마이 안드리 — 아리보

아리바얄 카다라 탄나이 아리야

아리바리 야마이 아루메 — 아라베

하나 즉 자아에 의존하고 있습니다.

만약 누가 자신의 가슴 안에서

'이 자아는 무엇인가?'라고 묻고 그것을 찾으면,

(둘들과 셋들은) 사라집니다.

이것을 발견한 사람들만이 진리를 압니다.

그들은 결코 당황하지 않을 것입니다.

10.

무지가 없다면 지식이 없습니다.

지식이 없다면 무지 또한 있을 수 없습니다.

'이 지식은 누구의 것인가?, 이 무지는 누구의 것인가?'라고 물어서

그래서 원초적 나를 아는 것, 이것이야말로 지식입니다.

11.

아는 나를 모르면서

모든 대상들을 아는 것은 지식이 아닙니다.

그것은 단지 무지일 뿐입니다.

지식과 무지의 바탕인 나를 알면,

지식과 무지 둘 다는 사라집니다.

12.

아리바리 야마이윰 앗트라다리 바메

아리유마 둔마이아리 바가두 — 아리달쿠

아리빗탈 칸니야민 드라야빌바 달탄

아리바굼 파란 드라리바이 — 세리바야

13.

냐나맘 타네메이 나나바 냐나만

냐나맘 포이야만 냐나무메 — 냐나만

탄나이얀드리 인드라니갈 탐팔라붐 포이메이얌

폰나이얀드리 운도 푸갈우다난 — 옌누맛

14.

탄마이운델 문닐라이 파달카이갈 탐울라반

탄마이인 운마이야이 타나인두 — 탄마이야린

문닐라이 파달카이 무디붓트론드라이 올리룸

탄마이예 탄닐라이마이 타니다뭄 — 만눔

12.

참된 지식은 대상들에 대한 지식도 무지도 없습니다.

대상에 대한 지식은 진정한 지식이 아닙니다.

나는 알아야 할 어떤 것도 없고, 알 어떤 것도 없이 스스로 빛나고 있

습니다.

나는 곧 지식입니다. 그것은 무지가 아닙니다. [48]

13.

자각인 나, 그것만이 참됩니다.

다양한 지식들은 무지입니다.

거짓인 무지조차도 나와는 별개로 존재할 수 없습니다.

많은 금장식들이 가짜이지만, 그것들은 진짜인 금과 별개로는 존재할

수 없습니다.

14.

'너'와 '그', 이런 것들은 '나'가 나타날 때에 나타납니다.

그러나 '나'의 성품을 찾아 자아가 파괴되면

'너'와 '그'는 끝이 납니다.

그때 하나로서 빛나는 것이 진정한 나입니다.

---

48 원문 번역에는 이렇게 적혀 있다. 무지, 그것은 지식이 아니다.

15.

니갈비나입 팟트리 이랍페딜부 닐파

니갈칼 아바이유 니갈베 — 니갈본드레

인드룬마이 테라 디랍페딜부 테라부날

온드린드리 옌날 우날루나라 — 닌드라포룰

16.

남안드리 날레두 나데두 나둥갈

남우담벨 날낫툴 남파두밤 — 남우담보

남인드란 드렌드루 몬드루 나딩강 겐구몬드랄

남운두 나나딜 나무남 — 아밉

17.

우달나네 탄나이 우나랄 쿠난달쿠

우달아라베 난탄 우나랄쿠 — 우다룰레

탄누난달 켈라이야라 탄올리루 난이두베

인나발담 베다메나 옌누바이 — 문남

15.

과거와 미래는 매일 경험하는 현재에 의존하고 있습니다.

그것들이 나타날 때 그때 그것들 역시 현재였습니다. 현재만이 존재합니다.

지금이라는 시간의 진리를 모르면서 과거와 미래를 알려고 하는 것은 하나라는 숫자를 모르면서 숫자를 세려는 것과 같습니다.[49]

16.

우리가 없으면 시간도 공간도 없습니다.

만약 우리가 단지 신체일 뿐이라면, 우리는 시간과 공간에 갇힙니다.

하지만 우리가 신체입니까? 지금, 그때 그리고 언제나, 여기, 지금 그리고 어디에서나,

우리는 동일합니다. 우리는 공간을 초월하여 존재합니다.

17.

나를 알지 못하는 사람들과 나를 아는 사람들에게,

신체는 '나'입니다. 하지만 나를 모르는 사람들에게는 '나'는 몸에 한정되지만,

신체 안에 있는 나를 아는 사람들에게는 '나'는 한계 없이 빛납니다.

---

49 원문 번역에는 이렇게 적혀 있다. 과거와 미래는 현재에 의존한다. 과거는 그 당시에는 현재였고 미래 역시 현재가 될 것이다. 항상 현재인 것이 현재이다. 현재의 때에 대한 진리를 알지 못하고 미래와 과거를 알려고 하는 것은 숫자 '1' 없이 수를 세려고 하는 것이다.

18.

울라군마이 야굼 우날빌랄 쿨랄쿠

울라갈라밤 운마이 우나랄쿠 ─ 울라기눅쿠

아다라 마이우루밧트라 룸우난 달운마이

이다굼 베담이발 켄누가 ─ 베다

19.

비디마디 물라 비베캄 이랄케

비디마디 벨룸 비바담 ─ 비디마디갓쿠

올무달란 탄나이 우난달 아바이타난달

샬바로 핀누마바이 샷트루바이 ─ 샬바바이

20.

카눔 타나이빗투 탄카다부 라이카날

카눔 마노마야망 캇시타나이 ─ 카누마반

탄카다불 칸다난 탄무달라이 탄무달포이

탄카다불 안드리일라 달우이라 ─ 탄카루둠

이것이 그들 사이의 차이점입니다.

18.

모르는 사람들에게나 아는 사람들에게나 세상은 실재입니다.

그러나 모르는 사람들에게는 실재가 세상에 의해 한정되는 반면,

아는 사람들에게는 실재는 세상의 바탕으로서 형상 없이 빛납니다.

이것이 그들 간의 차이입니다.

19.

'자유의지가 우세한가, 아니면 운명이 우세한가?'라는 논쟁은

이 둘의 근원을 모르는 사람들만이 합니다.

자유의지와 운명의 공통 근원인 나를 알고 있는 사람들은

그 둘 다 너머로 가, 그 둘에게로 다시는 돌아오지 않을 것입니다.

20.

신을 보면서 나를 보지 못하는 것은

마음의 투사만을 보는 것입니다.

나를 보는 이만이 신을 본다고 말해집니다.

그러나 자아를 잃어버리고 나를 본 사람은 다름 아닌 신입니다.

21.

탄나잇탄 카날 탈라이반 타나익카날

옌눔 판눌운마이 옌나이예넌 — 탄나잇탄

카날예반 타논드랄 카나보나 뎃트라라이발

카날예반 우나달 카네바이융 — 카눔

22.

마딕콜리 탄담 마딕쿨 올리룸

마디이나이 울레 마닥키 — 파디일

파딧티두달 안드립 파디야이 마디얄

마딧티두달 옝간 마디야이 — 마디일라달

23.

나녠드리 데감 나빌라 두락캇투

나닌드렌 드라루 나빌바딜라이 — 난온드루

예룬다핀 옐람 예루민다 난엥구

예루멘드루 눈마디얄 옌나 — 나루붐

21.

경전에서 '나를 보는 것'과 '신을 보는 것'에 대해 이야기할 때,

그것들이 무슨 뜻입니까? 나를 어떻게 봅니까?

나는 둘이 없는 하나이기에 그것을 보는 것은 불가능합니다.

어떻게 신을 볼 수 있습니까?

신을 본다는 것은 신에 의해 자신이 소멸되는 것입니다.

22.

신은 마음 안에 빛나면서 모든 것을 볼 수 있도록 마음에게 빛을 줍니다.

마음의 제어로 마음을 안으로 향하게 하여 안에 있는 신을 보는 대신에,

마음으로 신을 어떻게 생각할 수 있습니까?

이 점을 생각해 보십시오.

23.

신체는 자각이 없기에, '나'라고 말하지 않습니다.

누구도 '잠이 들면 나는 존재하지 않는다.'라고 말하지 않습니다.

'나'가 일어난 후, 모든 것들이 일어납니다.

예리한 마음으로 이 '나'가 일어나는 곳을 탐구해보면 '나'는 사라질 것

24.

자다부달 나넨나두 삿칫트 우디야두

우달알라바 나논드루딕쿰 — 이다이이리두

싯자다 그란티반담 지바눗파 메이야간다이

이차무사라 마남 엔넨네 — 비차이

25.

우룹팟트리 운담 우룹팟트리 닐쿰

우룹팟트리 운두미가 옹굼 — 우루빗투

우룹팟트룬 테디날 옷탐 피딕쿰

우루밧트라 페이아간다이 올바이 — 카루밤

입니다.[50]

24.

물질인 신체는 '나'라고 말하지 않습니다.

영원한 자각은 생겨나지도 사라지지도 않습니다.

둘 사이에서 신체에 묶여 '나'라는 생각이 일어납니다.

이것은 물질과 자각의 매듭입니다. 이것은 속박입니다.

이것이 지바이고, 미세한 몸이고 자아입니다.

이것이 삼사라입니다. 이것이 마음입니다.

25.

한 형상을 취하면서 그것은 일어나고, 한 형상을 취하면서 그것은 머

무르고,

형상을 취해 형상을 먹으면서 그것은 자랍니다.

한 형상을 떠나면 그것은 다른 형상을 붙듭니다.

찾으면, 그것은 달아납니다. 이런 것이 바로 그 자체로는 아무런 형상

이 없는 자아라는 유령입니다.

---

50 원문 번역에는 이렇게 적혀 있다. 신체는 그것이 '나'라고 말하지 않는다. 그리고 누구도
"잠을 잘 때는 나가 없다"라고 말하지 않는다. '나'가 생겨날 때, (다른) 모든 것들도 생겨
난다. 이 '나'가 생겨나는 곳에서, 예리한 마음으로 살펴보라.

26.

아한다이 운다인 아나잇툼 운다굼

아한다이 인드렐 인드라나잇툼 — 아한다이예

야부맘 아달랄 야디덴드루 나달레

오부달 야부메나 올무달폴 — 메부민다

27.

나누디야 둘라닐라이 나마두바이 울라닐라이

나누딕쿰 스타나마다이 나다말 — 나누디야

탄니랍파이 샬바데반 샤라말 타나두반

탄닐라이일 닐파데반 샷트루디 — 문날

28.

예룸붐 아한다이 예루미닷타이 니릴

비룬다 포룰카나 벤디 — 무르구달폴

쿤다마디 얄페슈 무차닥키 콘둘레

안다리야 벤둠 아리피남폴 — 틴두달람

26.

자아가 일어나면, 모든 것들은 자아와 함께 일어납니다.

자아가 일어나지 않으면, 어떤 것도 없습니다.

이처럼 자아가 모든 것이기에,

'이것은 무엇인가?'라고 물으면, 모든 것들이 소멸됩니다.

27.

'나'가 일어나지 않을 때, 우리는 '그것'입니다.

'나'가 일어나는 곳을 찾지 않으면

어떻게 '나'가 일어나지 않는 자리인 자아 소멸을 성취할 수 있겠습니까?

자아 소멸을 성취하지 않으면 어떻게 나가 '그것'인, 자신의 참된 상태 안에 머물 수 있겠습니까?

28.

마치 물에 빠트린 물건을 찾기 위해 깊이 잠수하는 사람처럼,

말과 호흡을 통제하고

자신 안으로 깊이 들어가서,

야심찬 자아가 솟아나는 곳을 찾아내야 합니다.

29.

나넨드루 바얄 나빌라둘랄 마낫탈

나넨드렝 군두메나 나두달레 — 냐나네리

야만드리 안드리두나 나마두벤 드룬날투나이

야마두 비차라마 마바다날 — 미무라이예

30.

나나 레나마나물 나디율람 난나베

나남 아반탈라이 나나무라 — 난나나

톤드루몬드루 타나가 톤드리누난 안드루포룰

푼드라마두 타남 포룰퐁기 — 톤드라베

31.

탄나이 아릿테룬다 탄마야 난다룩쿠

옌나이 울라돈 드리얏트루달쿠 — 탄나이알라

안니얌 온드룸 아리얄 아발닐라이마이

인나덴 드룬날 예반파라맙 — 판눔

32.

아두니옌 드람마라이갈 알티다분 탄나이

29.

'나'에 대한 말을 모두 그만두고, 내면으로 뛰어드는 마음으로

'나'라는 생각이 솟아나는 곳을 찾으십시오. 이것이 지식의 길입니다.

대신 "나는 이것이 아니다. 나는 그것이다"라고 생각하는 것은

찾는데 도움은 되겠지만, 찾는 그 자체는 아닙니다.

30.

마음이 '나는 누구인가?'를 찾기 위해 내면으로 향하여 가슴과 하나가

되면,

'나'는 부끄러워 고개를 숙이고 다른 '나'가 나타납니다.

그것이 '나-나'로 나타나지만, 그것은 자아는 아닙니다.

그것은 실재요, 완전이요, 나의 본질^{substance}입니다.

31.

자아의 소멸로 일어나는 나의 희열이 된 사람에게,

무슨 할 일이 있겠습니까?

그는 이 나 외에는 그 어떤 것도 알지 못합니다.

그의 상태가 어떤 것인지 어떻게 상상이나 할 수 있겠습니까?

32.

베다들에서는 분명히 '그대는 그것이다(탓트밤아시)' 라고 선언합니다.

예두벤드루 탄텐디라두 — 아두난

이두반드렌 드렌날우란 인마이이날 옌드룸

아두베타나이 아말바달레 — 아두부말라

33.

옌나이 아리예난 옌나이 아린덴난

옌날 나가입푸 키다나굼 — 옌나이

타나이비다야 막카이루 탄운도 본드라이

아나이바라누 부디운마이 아롤 — 니나이바라베

34.

옌드룸 예발쿰 이얄바이 울라포룰라이

온드룸 울랏툴 우난두닐라이 — 닌드리닷

운딘 드루루바루벤 드론드리란 단드렌드레

샨다이이달 마야이 샤락코리가 — 본디율람

나를 찾아서 그 안에 있지 않고

'나는 이것이 아니라 그것이다.'라고 생각하는 사람은 강함이 부족한

사람입니다.

왜냐하면 그것은 나로서 늘 있기 때문입니다.

33.

'나는 나 자신을 모른다.'라거나 '나는 나 자신을 알았다'라고 말하는

것은

웃음을 자아냅니다. 무슨 말입니까?

다른 것에 의해 알려지는 나, 즉 두 개의 나가 있어서 하나의 나가 다

른 나를 안다는 말입니까?

오직 하나로 있는 나가 있습니다. 이것은 진리를 깨달은 모든 이들의

체험입니다.

34.

자연스럽고 참된 실재는 모두의 가슴 안에 늘 있습니다.

거기서 그것을 깨달아 그것 안에 있지 않고

'그것은 있다', '그것은 없다', '그것은 형상이 있다', '그것은 형상이 없

다',

'그것은 하나다', '그것은 둘이다', '그것은 어느 것도 아니다.'라고 다투

는 것, 이것은 마야의 유희입니다.

35.

싯타마이 울포룰라이 텐디룻탈 싯디피라

싯디옐란 숩파나말 싯디갈레 — 닛디라이빗투

온달 아바이메이요 운마이닐라이 닌드루포임마이

틴달 티양구바로 텐디루니 — 쿤두마얄

36.

남우달렌 드렌니날라 나마두벤 드렌누마두

남아두바 닐파달쿠 낫트루나이에 — 야멘드룸

남아두벤 드렌누바데 난마니단 옌드레누모

남아두바 닐쿠마다 날아리야 — 데무얄룸

37.

사닥카티 레두비탄 삿디얏틸 앗두비담

오두킨드라 바다마둠 운마이얄라 — 아다라바이

탄테둠 칼룸 타나이아다인다 칼랏툼

탄다사만 안드리얄 탄빗투 — 폰드라

35.

항상 있는 실재를 찾아내어 그 안에 있는 것이 진정한 성취(싯디)입니다.

다른 모든 성취들은 꿈속에서 즐기는 것과 같습니다.

잠에서 깨어나면, 잠에 있던 것들이 있습니까?

비실재를 벗어버리고 진리의 상태에 머무는 이들이 미혹되겠습니까?

36.

만약 우리가 자신을 신체라고 생각한다면,

'아니다. 나는 그것이다(아함 브람아스미)'라고 말하는 것은 그것으로 있는데 도움이 됩니다.

그러나 우리는 항상 그것으로 있는데, 왜 우리는 '나는 그것이다.'라고 늘 생각해야 합니까?

'나는 사람이다.'라고 늘 생각해야 할 필요가 어디에 있습니까?

37.

'찾는 중에는 이원, 찾으면 일원' 이라는 이 신념^{doctrine}도 잘못된 것입니다.

열심히 자신을 찾을 때나, 나중에 자신을 발견했을 때나,

이야기 속의 열 번째 사람은[51] 열 번째 사람이었을 뿐

---

51 10명의 사람은 강은 건너고 있었고 그들은 모두가 안전한가를 확인하고 싶었다. 셈에서

38.

비나이무달 나마인 빌라이파얀 드루입폼

비나이무달 아렌드루 비나비 — 타나이아리야

칼타투 밤포이 카루마문드룽 카랄룸

닛타마 묵티 닐라이이데 — 맛타나이

39.

밧다난 옌누맛테 반다묵티 신타나이갈

밧단아렌 드루탄나입 팔쿵갈 — 싯다마이

닛타묵탄 타닐카 닐카델 반다신다이

묵티신다이 문닐쿠모 마낫툭 — 오탕

다른 누구도 아니었습니다.

38.

만약 자신을 행위를 하는 사람이라고 생각하면 그는 행위의 열매들을
거두어들어야 합니다.

하지만 '이 행위를 하는 사람인 나는 누구인가?'라고 물어 나를 깨달으
면,

행위자라는 느낌은 사라집니다. 세 가지 카르마들[52]은 없어집니다.

이러한 해방은 영원합니다.

39.

속박과 자유에 대한 생각은 '나는 속박되어 있다.'라고 느끼는 동안에
만 지속됩니다.

'속박되어 있는 자인 나는 누구인가?'라고 물으면,

영원하며 늘 자유로운 나가 남습니다.

속박에 대한 생각이 사라지면,

그것과 더불어 자유에 대한 생각도 사라집니다.

각 사람들은 그 자신을 빼고 9명만이 있는 것으로 알았다. 지나가는 행인이 각자에게 일
격을 가하고 그들에게 10번째 일격을 만들었다.

52 sanchita, prarabdha and agami 카르마

40.

우르밤 아루밤 우루바루밤 문드람

우루묵티 옌닐 우라입판 — 우루밤

아루밤 우루바루밤 아윰 아한다이

우루바리달 묵티 우날이두 — 아룰 라마난

울라두 날파둠 온드루칼리 벤바밤

울라두 캇툼 올리

40.

만약 '형상이 있는 것, 형상이 없는 것, 형상이 있기도 하고 없기도 한

것,

이 셋 중 어느 것이 최종적인 해방인가?'라고 묻는다면

"해방은 '형상이 있는가, 없는가, 있기도 하고 없기도 한가'라고 묻는

자아의 소멸이다."라고 나는 말합니다.

슈리 라마나가 그의 은총으로 지어서

칼리벤바로 연결한 이 작품

울라두 나르파두는 실재를 드러내는 빛입니다.[53]

---

53 이 끝맺음의 연은 무루가나르가 지었다.

3. 울라두 나르파두 : 아누반담

만갈람

예단칸네 닐라이야기 이룬디두밉 울라가멜람 예다나델람

예다닌드립 아나잇툴라굼 예루모마 트리바이야붐 예단 포룻탐

예다날립 바이야멜람 예룬디두밉 옐라뭄 예두베 야굼

아두타네 울라포룰란 삿티야맘 아초루팜 아갓틸 바입팜.

눌

1.

삿티나 캇티날 샬바갈룬 샬바갈라

싯탓틴 샬부 시다이유메 ─ 싯타찰

앗트랄 알라이빌라딜 앗트랄 지반묵티

펫트랄 아발이낙캄 펜.

3. 실재 40연의 추가 40연

기도

이 모든 세상의 지주이고, 영혼이고, 근원이고, 목적이고, 힘인 것,

그리고 이 모든 현현들의 이면에 있는 실재인 그것만이 존재합니다.

진리인 그것이 우리의 가슴 안에 머물기를. [요가 바시슈타 5-8-12.]

본문

1.

현자들과 동행하면 애착이 사라집니다. 애착과 함께 환영도 사라집니다.

환영으로부터 자유로운 사람은 살아있는 동안 안정과 해방을 얻습니다.

그러므로 무엇보다도 현자들과의 동행을 구하십시오.

[바자고빈담, '모하무드. 찬가', 19절.]

2.

사두라부 사라불란 샬텔리비 샤랏탈

예두파라맘 파다밍 게이두모 — 오두마두

보다가나 눌포룰랄 푼니얏탈 핀누모루

사다갓탈 샤라 보나달.

3.

사둑칼 아발 사가바사 난니날

예둑캄 인니야맘 옐라뭄 — 메닥카

탄텐드랄 마루단 탄비사베 비시리

콘덴나 카리얌니 쿠루.

4.

타판단 샨디라날 다이니야날 칼파갓탈

파판탄 강가이얄 파루메 — 타바무달

임문드룸 예굼 이나이일라 사둑칼

탐마 다리사낫탈 탄.

2.

설교자들의 설교를 듣거나, 책을 공부하거나, 덕스러운 행위를 하는

방법들로는

지고의 상태에 이를 수 없습니다.

지고의 상태는 현자들과 동행하면서 나 탐구를 함으로서만

지고의 상태에 이를 수 있습니다.

[요가 바시슈타, 5-12, v.17.]

3.

현자들과의 동행을 사랑한다면

다른 수련법들이 왜 필요합니까?

기분 좋은 서늘한 남풍이 불어오는데

왜 부채가 필요하겠습니까?

[요가 바시슈타, 2권, 197.]

4.

열은 시원한 달빛이 식혀주고

결핍은 소원을 이루어주는 귀한 나무가 덜어주며

죄는 성스러운 갠지스 강이 씻어줍니다.

열, 결핍, 죄라는 셋은 비할 데 없는 현자의 모습을 봄으로 달아납니다.

5.

캄마야만 틸탕갈 칼만난 데이반갈

암마갓투 캇키나이예 아가밤 — 암마바바이

옌닐 날라트루이마이 예이빕파 사둑칼

칸니날 칸디다베 칸.

6.

데바날 알마남 테루바 넨마남

아비얌 옌날 아리파두메 — 데바니

아구메 아가이얄 알쿤 수루디얄

예카남 데바네 옌드루.

7.

올리유나 케두파갈 이난예나 키룰빌락

올리유날 올리예두 카나두날 올리예두

[수바쉬타 라트나 반다르가라, 3장, 6절]

5.

물일뿐인 신성한 강들과

돌과 흙으로 빚어서 만든 신상들은 현자만큼 강력하지 않습니다.

왜냐하면 그것들은 수많은 날들이 지나야 사람을 순수하게 만들지만

현자의 눈은 한 번 쳐다보는 것만으로도

그 사람을 즉시 정화시킵니다.

[바가바탐, 48장, v.31, 10번째 칸토]

6.

제자: 신은 누구입니까?

스승: 마음을 아는 자입니다.

제자: 저의 나, 영은 저의 마음을 압니다.

스승: 그러므로 그대는 신입니다.

경전에서도 아는 자인 오직 하나의 신만이 있다고 선언합니다.

[샹카라차리야의 에카슬로키]

7.

스승: 그대는 어떤 빛으로 봅니까?

제자: 낮에는 햇빛으로, 밤에는 등불로 봅니다.

올리마디 마디유날 올리예두 아두아함

올리다닐 올리유니 예나구루 아하마데.

8.

이다야망 구하이납판 예카맘 브람마 맛트람

아두바하 마하마 네레 아빈디둠 안마 바가

이다야메 살바이 탄나이 옌니얄 알라두 바유

아다누단 알마낫탈 안마빌 니쉬타나바이.

스승: 어떤 빛으로 이 빛들을 봅니까?

제자: 눈으로 봅니다.

스승: 어떤 빛으로 눈을 봅니까?

제자: 마음입니다.

스승: 어떤 빛으로 마음을 봅니까?

제자: 저의 나입니다.

스승: 그러면 그대는 빛 중의 빛입니다.

제자: 네, 저는 그것입니다.

[샹카라차리야의 에카슬로키]

8.

가슴 동굴의 중심에는 '나—나', 즉 아트만으로서 브람만이 빛나고 있

습니다.

나를 찾아 깊이 잠수하거나

호흡으로 마음을 통제하여 아트만에 자리 잡으십시오[54].

[바가반]

---

54 참고 문헌의 목록이 부족하여 이 경구와 다른 절은 바가반이 지은 것이다. 이 경구의 기원
은 아래와 같다. 1915년 바가반이 스칸다아쉬람에 계실 때, 자가디스와라 샤스트리인 젊
은 헌신자는 흐리다야 쿠하라 마디예(가슴의 동굴의 내부)라는 말을 산스크리트를 종이
에 썼다. 그리고 그는 사업차 나가게 되었다. 그가 돌아오자, 놀랍게도 이런 말들로 시작
된 완전하게 된 산스크리트 경구를 발견하였다. 바가반은 후에 이 경구를 타밀어로 번역
하였다. 카비야칸다 가나파티무니 역시 이 경구를 그의 슈리 라마나 기타 2장 2절에 포함
하고 있다.

9.

아학카마 랏테 아말라 아찰라

아함우루밤 아굼 아리베두 — 아핫타이

아핫트리두바 달라브 아하맘 아리베

아하비 달립파 다리.

10.

데함 가다니갈 자다미달 카하메눈 티갈빌라달

나함 자달라밀 투일이니 디나무루 나마디얄랄

코함 카라네반 울란우난 둘라룰라 구하이율레

소함 스푸라나바 루나기리 쉬바비부 수얌 올릴반.

11.

피란다 데반탄 브람마 물랏테

피란다데바 난엔드루 페닙 — 피란단

아바네 피란단 아바니다무 니산

나바나바나 반드리나무 나두.

9.

가슴의 연꽃 속에는 순수하고 변하지 않는 의식이 나의 형태로 있습니다.

자아가 제거되면,

이 의식은 해방을 줍니다.

[데비칼롯타람, 46절]

10.

몸은 자신의 힘으로 움직일 수 없는 흙 항아리와 같습니다.

그것은 '나'라는 의식이 없기 때문에, 신체가 없는 잠 속에서

우리는 매일 우리의 참된 성품에 접촉함으로 신체는 '나'가 아닙니다.

그렇다면 이 '나'는 누구입니까? 이 '나'는 어디에 있습니까?

이렇게 묻는 이들의 가슴의 동굴에 '나'가 신 아루나찰라의 쉬바로서

빛납니다.[55]

[바가반]

11.

'누가 태어납니까?'

"나는 어디에서 태어났는가?"라고 묻는 사람만이 진정으로 주 근원인

---

[55] 바가반은 원래 이 시를 산스크리트로 지었다가 후에 타밀어로 옮겼다. 두 번째 행에서 '신체가 없는 잠'이란 사람이 자신의 신체나 분리된 자아의 환영을 의식하지 않는, 꿈을 꾸지 않는 깊은 잠을 가리킨다.

12.

이리부달 얀옌날 이간디두가 옌드룸

오리빌 인반탄나이 올가 — 아리윰

우다롬바 로두타나이 오라부날 야루

카닥카 카랍푸나이 콘닷트루.

13.

다남 타밤벨비 달맘 요감박티

바남 포룰샨티 바이마이 아룰 — 모나닐라이

사가말 사바리부 살투라부 비딘밤

데한마 바바마랄 텔.

브람만에서 태어납니다.

그는 정말이지 영원으로 태어납니다.

그는 성자들의 신입니다. 그는 항상 새롭습니다.

[슈리 바가반의 자얀티를 기리며]

12.

'나는 사악한 존재다'라는 생각을 버리고 나의 끊임없는 희열을 찾으십

시오.

어차피 죽어야 할 신체를 소중하게 여기면서

나를 찾는 것은 악어에 매달려 강을 건너려고 하는 사람과 같습니다.

56

[바가반, 비베카추다마니 v.84]

13.

자선, 고행, 희생, 다르마, 요가와 박티

그리고 천상계, 실재, 평화, 진리, 은총, 침묵,

안정, 죽음이 없는 죽음, 지식, 포기, 해방, 희열이라는 목표

이 모든 것들은 신체가 나라고 생각하지 않는 데 있습니다.

[바가반]

---

56 첫 번째와 두 번째 줄은 바가반이 지은 것이고 나머지 두 줄은 비베카추다마니 84절에서
온 것이다.

14.

비나이윰 비박티 비요가만 냐남

이나이야바이얄 켄드라인 디달레 — 비나이박티

요가무날 바인디다난 인드리아바이 옌드루밀탄

아가마날레 운마이 얌.

15.

샥티이날 타미얀군 탄마이 우나라다킬라

싯디가난 셀바메나 셰쉬틱쿰 — 핏탈쿳

엔나이 예룹피비딜 옘맛티 텝바레나

숀나무다 반카다이인 조두.

16.

싯탓틴 샨티야데 싯다마 묵티예닐

싯탓틴 세이가이인드리 싯디야 — 싯디칼릴

14.

"행동, 헌신, 결합 또는 지식이란 무엇인가"를 묻는 것은

'이 행동, 무관심, 분리 또는 무지는 누구의 것인가?'를 묻는 것입니다.

이렇게 질문하면 자아가 사라집니다.

거기에는 이 여덟 가지 질문들은 결코 없었습니다. 그것이 진정한 존

재입니다.

[바가반]

15.

그들 자신이 자신의 에너지가 아닌 다른 에너지에 의해 움직인다는 사

실을 깨닫지 못한 채

기적의 힘들을 찾기에 바쁜 바보들이 있습니다.

그들의 장난은 마치 친구들에게

"나를 도와주면 내 앞에 있는 이 적들은 아무것도 아니라는 것을 보여

주겠다."고

자랑한 절름발이의 장난과 같습니다.

[바가반]

16.

마음을 정지^{still}시키는 것이 진정한 해방이고 기적의 힘들은 마음의 행

위 없이는 얻을 수 없습니다.

싯탄셸 바렝간 싯타 카락칸틸

묵티수칸 토이발 모리.

17.

부파란 탕가이라이 폴리유일 탕가라두

고푸란 탕기유루 코라니칸 ― 마바랑콜

반디셀루 반수마이야이 반디바이 야두탈라이

콘두날리 콘다데발 코두.

18.

이루물라이 나두말 파디바일 이단멜[14]

이루무 포룰울라 니람팔라 이밧트룰

오루포룰 암발라 룸베나 불레

이루비랄 발랏테 이룹파둠 이다얌.

---

14 18절과 19절은 사행으로 되어져 있고, 2023절은 비루탐 음률로 8행으로 되어져 있다.

그런 힘에 마음을 둔 사람이

어떻게 마음의 모든 활동을 종식시키는 해방의 희열에 들어갈 수 있겠

습니까?

[바가반]

17.

세상의 짐을 지고 있는 분은 신이지만,

가짜 자아는 그 짐을 지는 척하며 사원 탑을 떠받치는 것으로 묘사된

사원 탑의 이미지처럼 찡그린 표정을 짓고 있습니다.

여행자가 기차에 탑승한 후 짐을 내려놓지 않고 고통스럽게 머리에 그

것을 이고 있다면 누구의 잘못입니까?

[바가반]

18.

흉부 아래, 배 위 두 갈비뼈 사이에는

다양한 색상들을 가진 6가지 장기들이 있는데,

이 중 백합 꽃봉오리처럼 생긴 것이

중앙에서 오른쪽으로 손가락 두 마디 거리에 있는 가슴입니다.

[아쉬탕가 흐르다얌, 말라얄람]

19.

아단무가 미가룰라 타하물라 시루툴라이

아다닐라 사디요 다만툴라 티룬다맘

아다나야 시릿툴라 아킬라마 나디갈

아두발리 마나돌리 아밧트리나 디룹피담.

20.

이다야말랄 구하이야하마 일라기라이예

구혜산 예나 옛탑팟톤

니다마나이야 구혜산 야네눈소함

바바나이탄 닌누 담빌

스티타무루 나네눈디담볼 앗비아사

발랏탈 앗데바이 닐킬

시다이유다나 네눔아빗다이 셍가디론

예디리룰폴 시다이유 만드레.

21.

옙페룽 칸나디인 칸니바이야붐

니랄라가 예디레 톤드룸

19.

이것의 입구는 닫혀있습니다.

그 구멍 안에는 모든 욕망들로 가득 찬 무거운 어둠이 자리하고 있으며

모든 거대한 신경들이 거기에 집중되어 있습니다.

그것은 호흡과 마음, 그리고 지식의 빛의 집입니다.

[아쉬탕가 흐르다얌, 말라얄람]

20.

가슴 동굴의 내부가 집인 주인은 동굴의 주인으로 칭송받습니다.

수행의 힘으로 '나는 그분이다, 나는 동굴의 주인이다'라는 느낌이

내가 자아라는 현재의 관념이 몸 안에 확고하게 자리 잡은 만큼

확고하게 자리 잡으면, 동굴의 주인으로 우뚝 서고,

내가 소멸하는 몸이라는 환상은

떠오르는 태양 앞에서 어둠처럼 사라져버리고 맙니다.[57]

[바가반]

21.

라마가 "우리가 사물의 이미지를 보는 광대한 거울은 무엇입니까?

---

57 바가반은 칸나다에서 프라부링가 릴라의 45절과 46절을 사용하였다. 이 작품의 타밀어
버전은 도라이 만가람 쉬바프라카샤 스와미에 의한 것이다.

입피라판 샷투일갓 켈라맙

이다야메나 이사입파 데도

셉푸디엔드레 비나붐 이라마눅쿠

바쉬쉬타무니 셉푸킨드란

입푸비인 우일켈람 이다야미루

비다마굼 옌눙 칼레.

22.

콜랏탁카 둠탈라 탁카두맘

입비란딘 쿠루 켈라이

알랏탈카 무담빈말 바갓토리다

티다야메나 아마인다 앙감

탈랏탁카 도라리바 카라이다

양콜라 탁카 담엔드루

울랏툿콜 앗둘룸 푸라무물라

둘벨리일 울라 단드람.

23.

아두베 묵키야이다얌 아단 칸닙

아킬라무메 아만 디룩쿰

아두바디 옙포룻쿰 옐라셀

세상의 모든 존재의 가슴이라고 불리는 것은 무엇입니까?"라고 묻자
바시슈타는 "우리가 깊이 생각해볼 때
세상의 모든 존재들은 두 가지 다른 가슴을 가지고 있음을 알 수 있습
니다."라고 대답했습니다.
[요가 바시슈타, 5-78, v.32,33절]

22.

'이들 중 하나는 받아들일 만한 것이고,
다른 하나는 거부되어야 합니다.
그것들이 어떻게 다른지 들어보십시오.
신체의 어딘가에 있는 가슴이라는 기관은 거부되어야 합니다.
순수한 자각의 형상을 한 가슴은 받아들여야 합니다.
그것은 안에도 있고 바깥에도 있습니다. 그것은 안도 없고 바깥도 없
습니다.'
[요가 바시슈타, 5-78, v.34,35.]

23.

그것은 참으로 가장 중요한^{essential} 가슴이며 그 안에 이 모든 세상이 있
습니다.
그것은 만물을 보는 거울입니다.

방갓쿰 아두베 일람

아다날레 아나잇투일쿰 아리바두베

이다야메나 아라이야 라굼

시다야닐쿵 칼폴 자다부달린

아바야밧톨 시루쿠 란드랄.

24.

아달리날 아리부 마야만숫다

이다얏테 아핫타이 셸쿰

사다나이얄 바다나이갈 오두바유

오둑카무메 사룬타네.

25.

아킬라 부파디 아간드라 아리베두

아가마 쉬바멘 드라니삼 — 아핫테

아갈랏 디야남 아다날 아핫틴

아킬라 바샥티 아갓트루.

26.

비다비다마 닐라이갈엘람 비차란 셰이두[15]

---

15   26과 24절은 비루탐 음률의 8행으로 되어 있다.

그것은 모든 부의 원천입니다.

따라서 자각은 모든 존재들의 가슴이라고 할 수 있습니다.

가슴은 돌처럼 불활성인 부패하기 쉬운 신체의 일부가 아닙니다.

[바시슈타 요가, 5-78, 36, 37절]

24.

따라서 모든 것을 자각하는 순수한 가슴에

자아를 합치는 수행을 통해

호흡뿐만 아니라 마음의 경향성도 정복됩니다.

[요가 바시슈타, 5-78, v.38]

25.

모든 한계들에서 완전히 자유로운 쉬바(순수한 의식, 자각)로서

"나-나"를 끊임없이 명상함으로써

그는 모든 집착들을 극복합니다.

[데비칼롯타람, v.47.]

26.

다양한 존재의 상태들을 탐구하면서도

지고한 실재의 상태를 굳건히 붙잡고 오, 영웅이여,

미차이야루 파라마파담 야돈드룬도

아다나이예 디다마가 아갓탈 팟트리

아나바라담 울라길빌라이 야두비라

예두샤칼라 비다마나 톳트랑 갓쿰

예달타마다이 아핫툴라도 아다이 아린다이

아다날랍 팔바이이나이 아갈라 덴드룸

아사이폴 울라길 빌라이야두 비라.

27.

폴리마나 예루치마길 붓트로 나기

폴리마납 파다입푸 베룹풋트로 나기

폴리무얄 반토닥카 뭇트로 나기

푸라이일라나 울라길 빌라이야두 비라

말레눔팔 캇투비두 팟토 나기

만누 사마나기 옐라 닐라이마이 칸눔

벨라이갈 베닷티야이바 벨리일 셰이두

벤디야바 룰라길 빌라이야두 비라.

28.

아리분마이 니쉬타남 안마 빗타반

아리발 풀란셋트라 날탄 — 아리방기

세상에서 당신의 역할을 다하십시오.

당신은 모든 현현들의 가슴(중심)에 있는 진리를 알고 있습니다.

그 실재에서 결코 벗어나지 말고, 오, 영웅이여,

마치 세상에 사랑에 빠진 듯이, 세상에서 노십시오. 오 영웅이여.

[요가 바시슈타, 5-18, v.2-23.]

27.

열정과 기쁨을 가진 듯

흥분과 혐오감을 가진 듯

일을 주도하는 듯, 인내하는 듯, 오, 영웅이여!

애착이 없이 이 세상에서 유희하십시오.

애착이 없는 평온한^{equanimity} 마음으로

그대가 맡은 역할에 따라 겉으로 행동하십시오.

오, 영웅이여! 세상에서 그대가 즐기듯이 유희하십시오.

[요가 바시슈타, 5-18, v.24-26]

28.

아트만에 대한 지식으로 진리에 자리 잡은 사람, 다섯 감각들을 정복
한 사람은

야바나리 방굴리사 탄칼라 칼라나반

샤비나이마이 비라네나 샷트루.

29.

탓투방 칸다발쿠 타메 발라루몰리

붓디발루 붐바산탐 폰나두메 — 잇타라이일

타루바라 가디 사칼라 구낭갈룬

셰라 빌랑갈레나 텔.

30.

세이마이율랑 셴드루카다이 켓팔폴 바다나이갈

테이마난 셰이둔 셰이야데 아바이갈 — 토이마난체이

인드레눈 셰이다데 잉가사이밧트룽 카나빌

쿤드레리 빌발 쿠리.

그를 지식의 불, 지식의 천둥을 휘두르는 자,

시간의 정복자

죽음을 물리친 영웅이라 부를 수 있습니다.

[요가 바시슈타, 확인되지 않음]

29.

대지 위에 봄이 오면

나무들이 잎을 내어 찬란한 아름다움으로 빛나듯이

진리를 본 사람은

점점 더해가는 빛, 지성, 힘으로 빛날 것입니다.

[요가 바시슈타, 5-76, v.20]

30.

생각들이 멀리 있는 동안 이야기를 들려주는 것처럼

애착에서 벗어난 마음은 행위를 하는 동안에도 활동하지 않습니다.

애착하는 마음은 비록 가만히 있어도 행위를 합니다.

아무런 움직임도 없이 잠자는 듯하지만 꿈에서 그는 산을 오르다가 떨

어지기도 합니다.

[요가 바시슈타, 5-56, v.13, 14]

31.

반디투일 바눅캅 반디셸랄 닛트라로두

반디타니 윳트리두탄 마누메 ─ 반디얌

우나부다 룰레 우랑구메이 냐닉쿰

아나토릴 니쉬타이 우락캄.

32.

나나부 카나부투일 나두발 캅팔

나나부 투일투리야 나맛투 ─ 예누마

투리야마데 울라달 톤드루문 드린드랄

투리야 아티탄 투니.

33.

상지타 아가미양갈 샤라바 냐닉쿨

빈주메날 벳트랄켈 빅쿠빌람 ─ 분숄람

발타포이 카이마이유랍 팟티니 옌자다두폴

31.

잠자는 승객은

소가 *끄는* 수레가 출발하고, 가고, 멈추어도

그것들을 알지 못합니다.

이처럼 신체라는 수레에서 잠자고 있는 현자는

행위, 명상, 잠과 같은 것들이 아무런 영향을 미치지 못합니다.

[바가반]

32.

(열심히) 찾는 사람은

깨어있음, 꿈과 잠을 넘어서는 상태를 발견합니다.

그 상태를 깨어있는 잠 혹은 투리야라고 합니다.

이 투리야 상태만이 실재이고

세 상태들은 환영들에 불과합니다.

이 '네 번째'를 초월의 상태라 합니다.

[바가반]

33.

갸니는 과거에 축적한 카르마와 미래에 펼쳐질 카르마[58]로부터 자유롭

---

58 상치타sanchita는 과거에서 축적된 카르마이며, 아가미agami는 미래에 실행되는 카르마
이며, 프라랍다prarabdha는 현재에 실행되고 있는 카르마이다.

칼타포 무비나이융 칸.

34.

막칼 마나이비무달 맛트라발갈 알파마디
막캇코루 쿠둠바 마나베 — 믹카칼비
울라발탐 울랏테 온드랄라판 눌쿠둠밤
울라두 요갓타다이야 욜.

35.

예룻타린다 탐피란다 텡게옌 드렌니
예룻타이 톨라익카 예나돌 — 예룻타린덴
삿탕골 옌디랏틴 샬붓트랄 소나기리

습니다.

갸니가 현생에 펼쳐지는 카르마를 가진다는 말은

무지한 사람들의 질문에 대한 형식적인 답변일 뿐입니다.

남편이 죽으면 아내들은 모두 과부가 됩니다.

이와 마찬가지로 행위자가 사라지면, 세 가지 카르마들 모두는 사라집니

다.

[바가반]

34.

학식이 없는 사람들에게는

아내, 자녀, 부양가족으로 구성된 단 하나의 가족만 있습니다.

그러나 학식이 많은 사람들의 마음속에는

요가에 장애물들이 되는 많은 책들, 이론들, 의견들의 가족이 있습니

다.

[수바쉬타 라트나 반다가라, 프라카라나 6장, 샨타 라사 니르데샤, 13

절]

35.

'우리가 어디에서 태어났는가?'라는 탐구를 통해,

운명의 편지들을 지워버리려고 하지 않는

배운 이들에게 문자들의 용도는 무엇입니까?

빗타가네 베랄 빌람부.

36.

캇트룸 아당가릴 칼라다레 우인달
팟트루 마답페인 팔우인달 — 숫트루팔라
신다이바이 노이우인달 실테디 오달우인달
우인다두 온드란드렌 드루날.

37.

옐라 불라군 투룸바이누 마라이갈
옐라메 카익쿨 이룬달룸 — 폴라
푸갈치얌 베쉬바삼 푹카 라디마이
아갈라비달 암마 아리두.

축음기가 아니고 무엇이겠습니까? 오 아루나찰라의 신이시여!

그들은 그 의미를 깨닫지 못한 채 단어들을 배우고 반복합니다.

[바가반]

36.

학식이 없는 사람은 학식이 있지만 아직 마음이 복종되지 않은 사람보

다 더 쉽게 구원받습니다.

학식이 없는 사람은 교만이라는 악마의 손아귀에서 자유롭고,

많은 소용돌이치는 생각들과 말들의 문제에서 자유롭습니다.

그들은 미친 듯이 부를 추구하는 것에서 자유롭습니다.

그들은 수많은 질병들에서 자유롭습니다.

[바가반]

37.

어떤 사람이 세상을 짚더미로 여기고

모든 신성한 지식을 그의 손 안에 쥐고 있다 하더라도,

그가 사악한 창녀인 아첨에 굴복한다면

그는 노예 상태에서 벗어나기 어려울 것입니다.

[슈리 사다쉬바 브라멘드라의 사다카 아바스타]

38.

탄안드리 야룬두 탄나이야 렌숄리넨

탄탄나이 발투기눈 탈투기눈 ― 탄옌나

탄피라렌 드로라말 탄닐라일 페라말

탄옌드루 닌드리다베 탄

39.

앗두비다 멘드룸 아핫투루가 올포둠

앗두비담 세이가이일 앗트랄카 ― 풋티라네

앗두비다 무불라가 타궁 구루비노두

앗두비담 아가 다리.

40.

아킬라 베단타 싯단타 사랏타이

아함운마이 야가 아라이반 ― 아한쳇투

아함아두 바길 아리부루 바마웁

아함아데 미샴 아리 .

38.

자신을 다른 사람과 분리된 존재로 생각하지 않고,

자신의 진정한 상태에서 벗어나지 않고,

항상 자신의 나 안에 머문다면,

자신에게 낯선 존재가 있겠습니까?

사람들이 뭐라고 하든 무슨 상관이 있습니까?

누가 자신을 칭찬하든 비난하든 무슨 상관이 있겠습니까?

[바가반]

39.

아드바이타를 그대의 가슴 속에 간직하십시오.

결코 행동으로 옮기지 마십시오.

비록 당신이 그것을 세 세계들 모두에 적용하더라도,

오 아들아, 그것은 구루에게 적용되어서는 안 됩니다.

[샹카라차리야의 탓보파데샤, 87절]

40.

나는 베단타의 마지막 가르침의 본질을 진실로 선언할 것입니다.

즉, 자아가 죽어서 순수한 자각(의식)의 나가 되는 것입니다.

순수한 자각의 나, 그것만이 남습니다.

[산스크리트 시를 바가반이 타밀어로 바꾼 시]

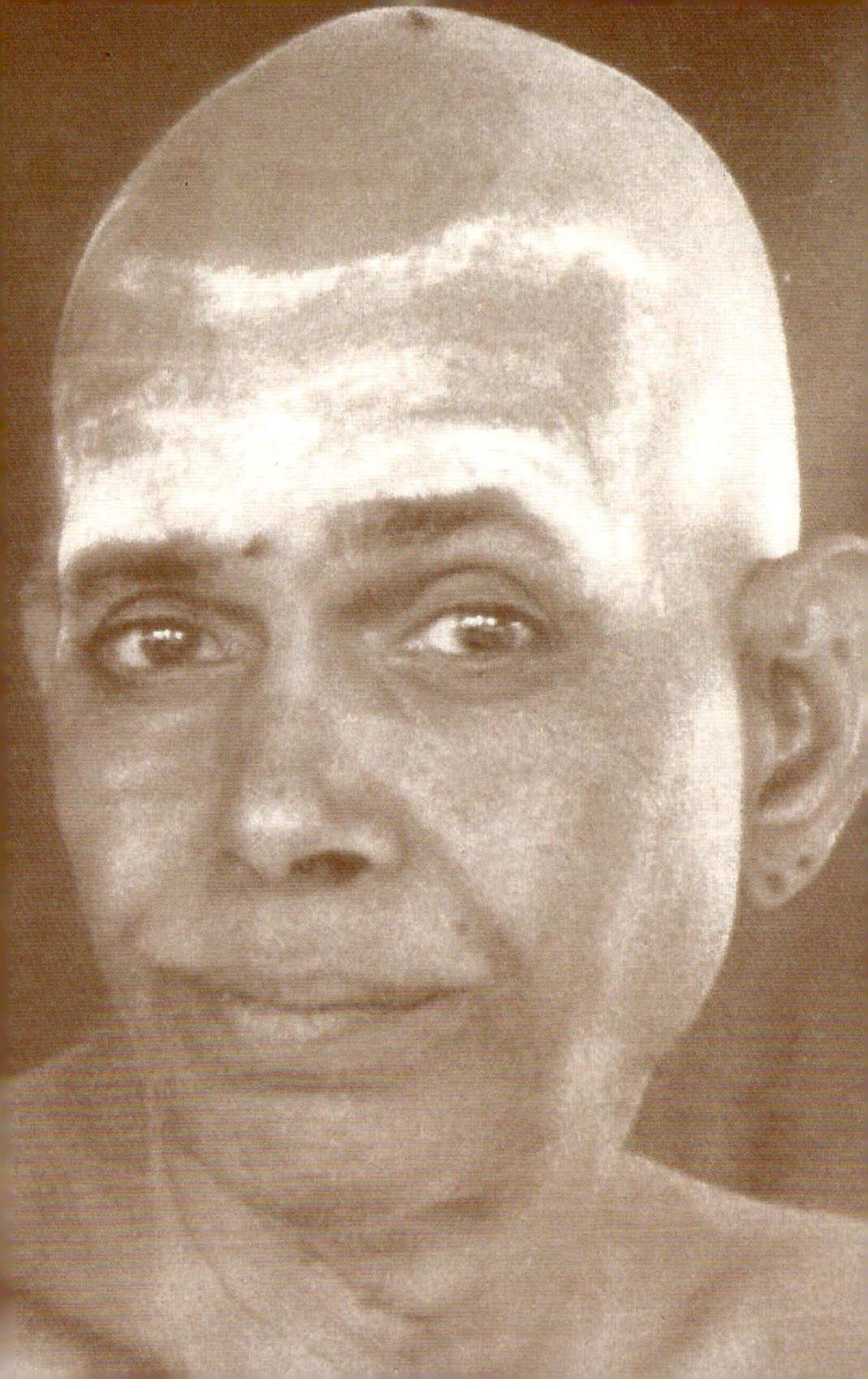

수요일: 가르침과 리메이크들

1. 예칸마 판차캄(나 5연)

이것은 바가반이 마지막으로 지은 시이다. 이것은 슈리 라마나스라맘에서 온 편지의 자작자이자 아쉬람의 기록자인 슈리 나감마의 요구로 1947년 2월에 지었다. 바가반은 처음에 그것들을 타밀 벤바 운율로 텔루구어로 지었다. 그런 다음 그는 그 시들을 타밀어와 말라얄람어로도 번역하였다. 샹카라차리야의 아트마판차캄이라 불리는 것이 이미 있었기 때문에, 바가반은 이 시들을 예칸마 판차캄이라 불렀다.

2. 압팔람 팟투(폽파둠의 노래)

바가반이 비루팍샤 동굴에 살고 있었을 때, 그의 어머니께서 대부분의 요리를 했다. 그 자신도 요리를 잘했고 종종 음식 준비를 도왔다. 1914년이나 1915년 어느 때, 그의 어머니는 바삭하게 튀긴 흑녹두 가루로 만든 얇고 둥근 크래커 같은 납작한 빵인 폽파둠을 만들고 있었다. 그녀는 "네가 이 압팔랍을 만들어라."라고 하며 그에게 도와달라고 했다. 그는 "저는 다른 종류의 폽파둠을 만들겠습니다."라고 대답했다.

나는 '압팔랍' 노래를 부르기 시작했습니다. 그녀는 쌀의 노래, 수프의 노래, 그리고 베단타의 의미를 가진 다른 노래를 부르곤 했습니다. 어느 누구도 압팔람 노래를 기록하지 않았습니다. 그래서 나는 내가 하나를 만들어야 겠다고 느꼈습니다. 그녀는 노래를 아주 좋아했어요. 노래를 통해 다른 것도 배울 수 있을 것이라고 느꼈습니다. 압팔랍 준비가 끝날 때쯤, 나의 노래 또한 끝났습니다. '저는 이 압팔랍을 먹을 테니, 어머니는 당신이 만든 것을 드세요'라고 나는 그녀에게 말했습니다.

3. 안마 빗다이(나 지식)

어느 날 한 헌신자가 바가반 앞에 와서는 '보라, 나 지식은 아주 쉽다. 아, 참으로 아주 쉽다.'라고 시의 첫 행을 언급하면서, 그것이 어떻게 그럴 수 있는지, 해방이 어떻게 그렇게 쉬울 수 있는지에 대해 물었다. 바가반은 즉시 답을 주었다. "내가 어떻게 알 수 있겠습니까?" 그는 그러고 나서 무루가나르를 가리키며 말했다 "가서 그에게 물어보십시오! 그가 그것을 지었습니다!"[59]

무루가나르는 후렴구와 추가 후렴구를 쓰고 난 후 다른 연도 쓰고 싶어 했습니다. 하지만 그는 왜 그런지 모르겠지만 더 이상 시구가 생각이 나지 않아서 그 노래를 완성할 수 없을 것 같다고 말하고는 나에게 그것을 완성해 달라고 했습니다. 이에 나는 이 노래를 썼습니다. 처

---

59 이 이야기는 T.R. 카나깜말에서 나온 것이다.

음에 나는 한 연을 지었습니다. 그런데 무루가나르는 적어도 4개의 연을 원했습니다. 그래서 3개를 더 만들었습니다. 마지막에 안나말라이에 대한 언급이 없다는 생각이 들어서, 우리의 노래가 본보기로 삼고 있는 난다나르 이야기에 있는 노래의 스탄자에서 폰남발람이 언급했던 것처럼 안나말라이에 대한 언급을 담은 다섯 번째 연을 지었습니다.[60]

4. 데비칼로타람(데비에 전한 시간 너머로 가는 지혜)

이 경전은 베다만큼 권위가 있으며 신성으로 영감을 받은 것이라 여겨지는 전통적인 힌두 경전인 28개의 아가마 중의 하나이다. 데비칼롯타라는 24,000개의 절을 구성되어 있다. 바가반이 여기에 선택한 85연의 시는 갸나 칸담의 65장에서 가져온 것이고, 아드바이타와 지식의 길에 대한 경외심을 일으키는 가르침과 연관되어 있다. 슈리 바가반은 비루팍샤 동굴에 있던 초기 시절에 이 경전을 번역하고 이 서문을 썼다.

이 작품은 우파 아가마[61]중의 하나이며, 성숙한 영혼이 이룰 수 있는 지고의 지혜와 삶의 양식에 대해 지고의 신 쉬바가 데비 파르바티에게 자세히 설명한 것이다. 이것은 영적 지식의 문제에 대한 모든 아가마 경전의 정수이다. 참으로 이것은 탄생과 죽음의 끊임없는 순환인

---

60 46년 2월 26일 아침부터 매일 매일

61 접두사 '우파'는 '두 번째' 혹은 '하위의 푸라나'를 의미하는 우파푸라남으로서 '두 번째'를 의미한다.

삼사라의 슬픈 바다 속에서 가라앉고, 올라오면서 고되게 분투하는 죽음을 맞이해야 할 인간을 구할 수 있는 배이다. 직접적인 길은 그들을 해방의 해변으로 데려다준다. 진리를 구하는 모든 진지한 구도자는 어둠 속을 더듬거리며 찾거나 혼돈스러워 하면서 그들의 길을 잃는 대신에, 이 직접적인 길의 도움을 받아들여 희열과 평화의 지고한 상태에 이르러야 한다.

1. 예칸마 판차캄[16]

.

1.

탄나이 마란두 타누베 타나옌니

옌닐 피라비 예둣티루디 ─ 탄나이

우난두 타나달 울라가산 차라

카나빈 비릿탈레 캉가 ─ 아나바라담

2.

탄이룬둔 타나가 탄나잇타 난예반

얀이룩쿰 스타남 예두베낙켓 ─ 파눅쿠

얀에반 옙비담 야눌란 옌드라마두

파나나이 이두 파갈 삿칫 ─ 아난다

3.

탄눌 타누비룩카 타낫 자다부달란

─────────────
16 칼리벤바 음률에서

1. 나 5연

1.

나를 잊고, 육체가 바로 자신이라고 생각하여 무수한 생들을 거치지만

결국은 나를 기억하고 나가 됩니다.

이것은 마치 온 세상을 헤매다가 꿈에서 깨어난 것과 다름없습니다.

2.

사람은 항상 나입니다.

'나는 누구인가?' '나는 어디에 있는가?'라고 자신에게 묻는 것은

술에 취한 사람이

'나는 누구인가?' '나는 어디에 있는가?'라고 묻는 것과 다르지 않습니다.

3.

육체는 나 안에 있습니다.

하지만 자신이 생명이 없는 몸 안에 있다고 생각한다면

탄눌 이룹파다 탄운눔 — 안나반

싯티랏틴 울루라다 싯티랏투 카다라

바스티라 멘드렌누반 폴반 — 바스투밤

4.

폰눅쿠 베라가 부샤남 울라도

탄나이 비둣투 타누베두 — 탄나이

타누벤반 앗냐니 타나가 콜반

타나이야린다 냐니 다립파이 — 타나돌리얄

5.

옙포둠 울라다브 예칸마 바스투베

압포다브 바스투바이 아디구루 — 셉파두

셉피 테리유마 셰이다나레 레발

셉피 테리빕팔 셉푸게나 — 입포다브

예칸마 분마이 이나잇테나 테트리얀발

데한마 바반 시다이빗탄 — 예칸마

냐나 소루파마 난눙 구루라마난

탄나빈드라 입파빌탄

그는 스크린을 놓치고

영상만 보는 사람과 같습니다.

4.

금 장신구는 금과 별개로 존재합니까?

육체가 나와 별개로 존재합니까?

무지한 사람은 '나는 육체이다.'라고 생각합니다.

깨달은 사람은 '나는 나다.'라고 압니다.

5.

유일한 실재인 나만이 영원히 존재합니다.

옛적에 최초의 스승[62]께서

끊임없는 침묵을 통해 그것을 드러냈다면,

누가 그것을 말로 드러낼 수 있겠습니까?

(순수한) 갸나의 형태로 나타난 구루 라마나는

나에 대한 이 5편의 시를 지었습니다.

이 시들 안에서 육체가 나라는 환영을 파괴하는

실재의 내용을 선언하셨습니다.[63]

---

62 쉬바 신은 닥쉬나무르티의 형체를 띠고 침묵을 통해 브람마의 네 아들인 현자 사나카, 사
    난다나, 사나트수자타, 사나트쿠마라를 가르쳤다.
63 이 마지막 끝맺음의 시는 무루가나르가 지었다.

2. 압팔랍 팟투

팔라비

압팔라 밋툽 파루 — 앗타이

샵피툰 아사이야이 티루

아누 팔라비

입푸비 탄닐 엥기 티리야말

살보다 수카 삿구루 바나발

셉파두 숀나 탓투바 마기라

옵푸얄 빌라 볼모리 인파디

압팔라 밋툽 파루 — 앗타이

샵피툰 아사이야이 티루

2. 폽파둠의 노래

후렴

폽파둠[64]들을 만들어보십시오.

그냥 시도해보십시오. 먹어보십시오.

그것들을 먹으면 당신의 바람을 충족시켜줄 것입니다.

추가 후렴

암담한 세상을 방황하지 마십시오.

존재, 자각, 희열의 진리를 가르치는

진정한 스승들의

독특하고, 말로 할 수 없는 말씀에 주의를 기울이십시오.

폽파둠들을 만들어보십시오.

그냥 해보십시오. 먹어보십시오.

그것들을 먹으면 당신의 바람을 충족시켜줄 것입니다.

---

64   압팔람은 폽파둠의 타밀 이름이다.

차라난갈

1.

탄알라 아인코사 크쉐트라 미딜바랄

탄예누 마나만 단야 불룬다이

나나렌 냐나 비차라 티리가리일

난알라 벤드레 우다잇툽 포딧투

압팔라 밋툽 파루 ― 앗타이

샵피툰 아사이야이 티루

2.

삿상가마굼 피란다이 라삿토두

사마다마 마긴드라 지라가 밀라구단

우파라디 야구맙 웁포 둘라 날

바사나이 얌페룬 카야문 셀투

압팔라 밋툽 파루 ― 앗타이

샵피툰 아사이야이 티루

본문

1.

다섯 겹의 육체[65]의 밭에서 자라는

자아가 자기라는 검정콩을 맷돌에 넣고는

그것을 '나는 누구인가?'라는 지혜가 담긴 탐구로 갈아서

고운 가루로 만들어 보십시오.

폽파둠들을 만들어보십시오.

그냥 시도해보십시오. 먹어보십시오.

그것들을 먹으면 당신의 바람을 충족시켜줄 것입니다.

2.

그것을 성스러운 분과의 만남인 피란다이 즙과 섞고

마음 통제인 쿠민 씨앗,

자기 자제인 후추, 무집착인 소금

덕스러운 성품을 지닌 아로마인 아사포티타를 넣어보십시오.

폽파둠들을 만들어보십시오.

그냥 시도해보십시오. 먹어보십시오.

그것들을 먹으면 당신의 바람을 충족시켜줄 것입니다.

---

65 물질적인 신체의 덮개, 생기의 덮개, 마음의 덮개, 지성의 덮개, 희열의 다섯 덮개, 다섯 개의 껍질.

3.

칼넨질 난난 옌드루 칼랑가말

울무카 불락카이얄 오야디딧투

샨타만 쿠라비얄 사마마나 팔라가이일

산타탄 샬립파라 산토샤 마가베

압팔라 밋툽 파루 — 앗타이

샵피툰 아사이야이 티루

4.

모나뭇 드라이야굼 무디빌랍 팟트랏틸

냐냣니 얄카윰 날브람마 네이야딜

나나두 바가베 날룸 포릿투

타네 타나가 부직카 탄마야

압팔라 밋툽 파루 — 앗타이

샵피툰 아사이야이 티루

압팔라 밋툽 파루 — 앗타이

샵피툰 아사이야이 티루

3.

가슴이라는 절구에 반죽을 넣으세요.

마음 절구 공을 안으로 향하게 하여,

'나-나'라는 타격들로 세게 내리치세요.

그런 다음 존재라는 도마 위에서

고요라는 밀대로

반죽을 납작하게 만들어보십시오.

부지런히, 꾸준히, 즐겁게 열심히 만들어보십시오.

폽파둠들을 만들어보십시오.

그냥 시도해보십시오. 먹어보십시오.

그것들을 먹으면 당신의 바람을 충족시켜줄 것입니다.

4.

브람만이라는 기 버터가 담겨 있는

무한이라는 침묵의 냄비에

그것을 넣고는

지식의 불로 튀기십시오.

이제 '나'는 '그것'이 되었습니다.

나로서 나를 먹고 맛을 보십시오.

폽파둠들을 만들어보십시오.

그냥 시도해보십시오. 먹어보십시오.

그것들을 먹으면 당신의 바람을 충족시켜줄 것입니다.

폽파둠들을 만들어보십시오.

그냥 시도해보십시오. 먹어보십시오.

그것들을 먹으면 당신의 바람을 충족시켜줄 것입니다.

3. 안마 빗다이

팔라비

아이예! 아티술라밤 — 안마빗다이

아이예! 아티술라밤

아누 팔라비

노이얄 타막쿠물랑 카이야 말라각카니

포이야이 오리야미구 메이야이 울라단마

아이예! 아티술라밤 — 안마빗다이

아이예! 아티술라밤

차라남

1.

메이야이 니란타란 탄나이야 디룬디다붐

포이야 무담불라가 메이야이 물라잇테룸포이

3. 나 지식

아, 나 지식은 아주 쉽습니다.

아, 정말로 쉽습니다.

추가 후렴

가장 허약한 사람에게도 나는 정말로 있습니다.

그것과 비교하면 자신의 손에 있는 암라크 열매[66]도 환영에 불과합니다.

아, 나 지식은 아주 쉽습니다.

아, 정말로 쉽습니다.

본문

1.

참되고, 강하고, 신선하고, 영원한 나가 있습니다.

---

66   약효 성분이 있다고 하는 구스베리 열매

마이얄 니나이바누부 무이야 도둑키다베

메이얄 이다야벨리 베이욘 수얌안마 ㅡ

빌랑구메 이룰아당구메; 이달오둥구메

인밤 퐁구메

아이예! 아티술라밤 ㅡ 안마빗다이

아이예! 아티술라밤

2.

우날 우달이두베 나남 예눔니나이베

나나 니나이부갈 셀오나 레누마다날

나나 리다메덴드룰 포날 니나이부갈포이

난난 예낙구하이유 타나이 티갈움안마 ㅡ

냐나메; 이두베 모나메; 예카 바나메

인바 스타나메

아이예! 아티술라밤 ㅡ 안마빗다이

아이예! 아티술라밤

3.

탄나이 야리다린드립 핀나이 예다리길렌

탄나이 아린디딜핀 옌나이 울라다리야

그것으로부터 진실로 환영의 몸과 환영의 세계가 솟아나옵니다.

이 망상이 파괴되고 한 점의 얼룩도 남지 않을 때

나의 태양은 광대한 가슴의 공간 속에서 밝고 실제적으로 빛납니다.

어둠은 죽고, 고통이 끝나고, 희열이 솟아오릅니다.

아, 나 지식은 아주 쉽습니다.

아, 정말로 쉽습니다.

2.

"나는 육체이다"라는 생각은 다양한 생각들을 엮는 실입니다. 내면을 탐구하여, "나는 누구인가?"

이 생각은 어디서 왔는가?'라고 물으면, 다른 모든 생각들은 사라집니다.

그러면 '가슴 동굴 안에서 '나—나'로 나는 스스로 빛납니다.

그러한 나 자각이 천국입니다. 이것이 멈춤입니다. 여기에 희열이 있습니다.

아, 나 지식은 아주 쉽습니다.

아, 정말로 쉽습니다.

3.

나 외에 다른 것들을 아는 것이 무슨 소용이 있겠습니까?

나가 알려지면, 달리 알아야할 것이 뭐가 있겠습니까?

빈나 부일갈릴 아빈나 빌락케누마

탄나이 타닐우나라 민눔 타눌안마 —

프라카사메; 아룰 빌라사메; 아가 비나사메

인바 비카사메

아이예! 아티술라밤 — 안마빗다이

아이예! 아티술라밤

4.

칸마 디캇타비라 젠마디 나쉬타메라

옌말캄 아다니눔 임말 가믹켈리두

숀마 나다다누빈 칸마 디시리딘드리

슘마 아만디룩카 암마 아핫틸안마 —

조티예; 니다누 부티예; 이라두 비티예;

인바밤 보디예.

아이예! 아티술라밤 — 안마빗다이

아이예! 아티술라밤

5.

빈나 디야빌락쿵 칸나디야 포릭쿵

칸나 마낙카눅쿵 칸나이 마나비눅쿰

빈나이오루 포룰 베렌나 디룬타파디

많은 자아들로 빛나는 하나의 빛, 이 나를 자각의 섬광으로 보십시오.

은총의 유희, 자아의 죽음, 희열의 개화.

아, 나 지식은 아주 쉽습니다.

아, 정말로 쉽습니다

4.

카르마의 속박들을 풀고, 태어남들을 끝내려면,

이 길이 다른 어떤 길들보다 쉽습니다.

혀, 마음, 몸을 조금도 움직이지 않고, 멈춤으로 있으십시오.

그리고 보십시오, 내면의 나의 광채, 영원한 경험, 모든 두려움의 부

재, 광대한 희열의 바다를.

아, 나 지식은 아주 쉽습니다.

아, 정말로 쉽습니다

5.

나인 안나말라이는 마음의 눈 뒤에 있는 눈이며,

눈과 다른 모든 감각들을 보며,

하늘을 비롯한 여러 원소들을 알며,

울나두 랏톨리룸 안나 말라이 예난마 —

카누메; 아룰룸 베누메; 안부푸누메;

인부 토누메

아이예! 아티술라밤 — 안마빗다이

아이예! 아티술라밤

가슴 안에서 빛나는 내면의 하늘을 담고 있고, 드러내고, 지각하는 존 재입니다.

생각으로부터 자유로운 마음이 내면으로 향할 때,

안나말라이는 나 자신의 나로 나타납니다.

진정한 은총이 필요하며, 사랑이 더해지고 행복이 솟아오릅니다.

아, 나 지식은 아주 쉽습니다.

아, 정말로 쉽습니다.

4. 데비[17]칼롯타람[18]

(갸나차라 비차라 파탈람)

파이람(칸누다야 발라랄의)

아리야 박카이인 마니다 박카이예 약카이

비리유 논비닐 우일콜라 비라다메 비라담

카루딜 데이바당 칸누달 데이바메 데이밤

테리일 데비칼롯타라 텟트라메 텟트람

마나갈람[19]

데반 티루바얄 데비 셰비푸갓툰

데비 칼롯타란 텔냐나 — 마빌라이밤

아난다 바나무다 마나바룰 앗두비다

모나 카리야하메 문남마이 — 타눔

---

17 쉬바의 반려자인 파르바티
18 시간을 뜻하는 칼라와 위의, 높은 을 의미하는 웃타라가 결합된 용어. 시간의 파과자인
    쉬바를 의미할 수도 있다.
19 칼리벤바는 여기서 시작하여 경전 전체에 걸쳐 계속된다.

4. 데비에 전한 시간 너머로 가는 지혜

서문

모든 탄생들 중 인간으로 탄생하는 것은 가장 희귀합니다.

모든 수련들 중 살생하지 않는 것이 최고입니다.

명상할 수 있는 모든 신들 중, 세 눈을 가진 신이 가장 좋습니다.

모든 경전들 가운데서는 데비칼롯타람이 가장 위대합니다.

축복

침묵하고^{silent} 있으며, 비이원으로 있으며, 우주의 목격자인 신 가네샤

[67]를 명상하십시오.

그는 신성한 희열의 넥타이며 은총으로 가득 합니다.

그는 데비칼롯타람에서 설명한 영적 지혜의 길을 따르는

구도자들에게 풍부한 꽃으로 빛납니다.

이 지혜는 신 이슈바라가 여신 이슈바리에게 설명하였습니다.

---

[67] 원래의 타밀 단어 kari는 '코끼리'를 의미하지만, 아드바이타 용어로는 우주적 나를 지칭하는 '목격자' 또한 의미한다.

눌

데비:

1.

아나이발쿠 메묵티 카가밤 묵티

타나이유루말 가캇치 타남 — 아나이야파라

냐나 마차라메 나두메나 쿤나룰랄

바나발 이샤 바룻텐나 — 냐나쉬반

이슈바라:

2.

야디난 냐니얄갈 야돌 칼랑가무밀

오다리야 묵티타나이 웃트리두발 — 마다라세

냐나 아차랑갈 나누나 킨드루라입판

냐나무라 야바루메 난긴다 — 우나마루

3.

냐난단 야발쿠 난무갓토 익칼라

냐낫탈 울리 나누가도 — 바나

카낙킬라 코디눌 캇트랄룸 안놀쿠

본문

데비께서 말씀하셨습니다.

1.

오, 모든 천상의 존재들의 신이시여!

저는 해방을 얻을 수 있는 최고의 지혜와 방법들을 알고 싶습니다.

그러면 세상의 모든 사람들이 구원을 얻을 수 있을 것입니다.

당신의 자비심으로, 그것을 저에게 가르쳐 주시기를 간청합니다.

이슈바라께서 말씀하셨습니다.

2.

여성들 중의 여왕이시여, 모든 사람들이 지식을 얻을 수 있도록

말로 표현하기는 어렵지만, 오늘 나는 당신에게 지혜 추구자들이

지식을 얻을 수 있도록 가장 높은 지혜와 그것에 이르는 방법들을 설

명하겠습니다.

그러면 분별력 있는 지혜의 구도자들은 아무런 오점이 없는 해방에 이

를 수 있을 것입니다.

3.

아름다운 여인이시여,

칼라 갸나^{kala jnana}로 알려져 있는 영적 지혜에 대한 지식으로

자신의 가슴 속에서 진리를 깨달을 수 없는 이는

우날부디야 뎐드레 우날바이 — 투니비두

4.

아다날레 닐바야나이 아이야메나 린드리

예다닐루메 잇차이 일라나이 — 이다얏틸

날시랏다이 요두 니라쿨라나이 냐낫틸

울차감 울로나이 웃트레나뎬 — 팟트람

5.

마마다이 인드릭카루나이 만닛부 당갈

타막켈라메 아바얌 탄두 — 무묵슈바이

요갓틸 탈파라나 요딕칼 롯타랏틴

예카바리 닐카 이샤인두푸람 — 포가

천상들에게 까지 미치는 수많은 경전들[68]을 수억 번 공부한다 해도

절대 진리를 얻을 수 없다는 것을 아십시오.

4.

그러므로 현명한 사람은

여기에서 설명한 지식을

두려워하지 않고, 의심하지 않고, 욕망이 없이,

진지하고, 결연하게 지키도록 하십시오.

5.

오, 신성한 어머니여,

아무것도 내 것이라고 주장하지 않으시고, 자비로 가득하시고, 모든

생명체들을 보호하시어

어떤 생명체도 당신을 두려워하지 않게 하소서.

해방을 갈망하고 요가[69]에 몰두하소서.

이 책, 데비칼롯타람을 공부하시고,

그 안에 나와 있는 유일한 길을 온 가슴을 다해 확고히 따르소서.

---

68 1 크로르는 천만과 같다; 샤스트라: '경전'
69 지바와 파라, 즉 개별적 나인 지바와 우주적 나의 합일.

6.

아반타네 난무가눔 아치바눔 말룸

아반데발 콘 구하누마반 — 아반탄

아킬라 수랄구루부 마반마 요기

아킬라 타보다나누 마메 — 아킬라무날

7.

판디다누 마푸루단 파라말 탑페루

콘다바누 만나바네 쿠룽갈 — 만디유랄

바유사만 싯탐 발릿테바나 니찰라나

마이룻탑 펫트리두 맘칫탐 — 투요이

8.

아두타네 묵티 쿠파얌 아두베

샤투바얄 샬구난 타눔 — 아두베

프랏냐이 스티랏탄마이 핀눔 아두베

다루맘 비베기얄쿠 탄맛트루 — 아리담

9.

아두베날 틸탐 아두베얀 다남

아두베 타바마굼 아이얌 — 이딜일라이

6-7.

마음을 통제할 수 있는 자가 브람마, 쉬바, 비슈누[70]이며,

그는 데바들의 왕인 인드라이며, 여섯 얼굴들을 가진 스칸다[71]이며,

그는 모든 데바들의 구루[72]이며, 그는 모든 고행을 행한 최고의 요기입

니다.

그가 지고한 영적 목표를 달성했으며, 그의 마음이

더 이상 공기처럼 불안정하지 않고 확고하게 고정되었기 때문에

그만이 정말로 배웠습니다.

8-9.

마음은 가만히 있지 못하고 바람보다 더 빨리 움직이는데,

이 마음을 통제할 수 있는 방법들이 해방을 얻기 위한 방법들입니다.

그것들이 영원한 실재를 추구하는 사람들에게 좋습니다.

영원한 실재는 순수한 의식이며 확고부동한 상태입니다.

그것만이 분별력 있는 구도자들이 지켜야 할 의로운 의무는 그것뿐입

니다.

그것만이 상서로운 강으로 가는 순례입니다.

---

70 순서대로 창조자, (구원의 길을 보여주는) 파괴자, (세상의) 유지자이다.
71 천상의 군대 우두머리 장군인 쉬바의 아들
72 브리하스파티

옙부바 얏티날레 바유빌 샬라나

입불랑 캇탑파두모 옌눙칼 — 옙비다뭄

10.

싯탄 시리다사이야 삼사라 니찰라마

싯타닐라이 닐카묵티 싯타미두 — 싯탄

스티라막카베 벤둠 아달리날 디만

파라맘 프랏냐이이날 팔앗두 — 오루마이유룸

11.

안다 예칸타 타다이윤 수캄아두베

안다밀라 앗디얀타 아난담 — 옌다

카루마무밀 압파랏틸 캇트라바나 말단

이라미 티다니 이사입파이 — 피리밤

12.

비샤야 냐남포이 비리니쉬 칼라마이

비샤야민 냐나파란 비둠 — 아다이야

아바빌라네 눈디란 악샤야마 목샴

그것만이 자선입니다. 그것만이 금욕입니다.

이것에 대해서는 의심의 여지가 없다는 것을 알아두십시오.

10.

마음이 조금이라도 움직일 때, 그것이 삼사라[73]입니다.

마음이 (나의 상태에서) 움직이지 않고 확고부동하게 있을 때, 그것이 묵티[74]입니다.

이것은 확실합니다.

따라서 지혜로운 사람은 최고의 나 자각에

자신의 마음을 확고부동하게 고정해야 합니다.

11.

이 홀로solitariness 속에서 얻은 행복은

가장 높고 무한한 희열입니다.

배움이 있는 사람들이 절대적으로 행위가 없는 그 최고의 실재를

즐기지 않겠습니까? 말해 보십시오.

12.

세상의 지식에서 벗어나 있고,

---

73   세상적인 속박
74   해방

타바 둣트리두바네 타네 — 쉬바이예

13.

이룩킨드렌 옌칼라이요 데인다차이 탄야

부루샥티 앗달 올리룸 — 프라판참

살반 샥티디아난 살니쉬 칼라냐남

살바 니라람반 탄아얄라 — 살바밀라

14.

앗두비타 마기 아리볼리 맛티라마이

옛투마가 마미삿 테춘얌 — 묵틱쿠

빗타두베 옌드루 빌람붐 파라요갓투

우잇티두바 다캇탄 웃트라갓타이 — 낫타두

형태가 없고 모든 곳에 존재하며

아무런 감각의 대상들이 없는 순수한 지혜를 얻은 위대한 영웅은

영원한 목샤를 의식적으로 추구하지 않더라도

영원한 목샤를 확실히 성취할 것입니다.

13.

'나ᴵ ᵃᵐ' 측면과 관련된 의식(차이탄야)을

샥티라고 합니다.

우주는 그 빛으로 빛납니다.

창조물 전체는 샥티의 상칼파[75]입니다.

그러한 모든 애착들에서 벗어난 상태는 순수한 지혜의 상태입니다.

14.

견줄 것이 없는, 눈에 보이는 현상이 전혀 없는 순수한 지혜의 광채이
며

'나' 라는 측면으로 구성된 공[76]은

해방의 씨앗으로 여겨집니다.

그 경험은 사람을 최상의 존재와의 합일의 길로 나아가게 합니다.

---

75 생각
76 산스크리트 원본에서는 '위대한 텅 빈 공간'을 뜻하는 마하순야ᵐᵃʰᵃˢᵘⁿʸᵃ가 사용된다.

15.

샤카랑갈 나디갈 샬파두마 데바타이

악샤랑갈 만달라 물타디얌 — 믹카비바이

올포둠 알파무메 운니 이닷타가

넬말가 마미다나이 닛투이린 — 올얍팜

16.

쿰바카무 만디라 쿳탐 우일찰라나

스탐바나 문나야반 다라나이탐 — 옌바바이갈

앗타나이윰 아사릭카 벤다밤 악샤야마

묵티이차이 울롤 무얀드렌드룬 — 싯타마달

17.

푸자이 바낙캄 푸리제판 신타남

아사립파 데두메 앙길라이 — 페수마두

케발람 네야멘드루 켈리니 킨질안얌

아바리야 벤두바딘드람 샬라남 — 메비

15.

(이 직접적인 길을 따르는 대신에)

신의 형상들이나 다양한 차크라들[77], 나디들[78],

연꽃들과 관련된 신들[79], 신성한 음절들[80] 또는 만다라들[81]을 명상하는
데

시간을 낭비하지 마십시오[82].

16.

영원한 해방을 추구하는 사람들은

다양한 성스러운 음절(만트라)을 반복하거나,

호흡 조절(프라나야마), 호흡 유지(쿰바카)

또는 집중(다라나)에 관여해서는 안 됩니다.

17.

푸자들[83]을 하거나, 경의를 표하거나,

---

77 쿤달리니 샥티가 일어나 머리 꼭대기로 이동하는 신체 내에 있는 여섯 영적 중심들.

78 프라나바와 같은 10가지 신성한 음들을 일으키는 미세한 신경들.

79 차크라는 연꽃이 피어 있는 모습을 하고 있다고 한다. 그것의 잎의 수들은 다양하며 그것
들을 관장하는 특별한 신들이 그곳에 있다고 여겨진다.

80 이러한 신들을 숭배하기 위한 힘이 있는 음절들

81 태양(수리야), 달(챤드라), 불(아그니) 등 신의 여러 측면들을 상징하는 기하학적 도형들.

82 어떤 구도자들은 엄격한 고행들과 힘든 수행들에 몰두하여, 몇 가지 기법들을 통달하여
우연히 초자연적 능력들을 얻기도 한다. 그것들은 궁극적인 평화와 기쁨을 가져다주지
않기 때문에 이 모든 것들을 피해야 한다. 반면에 여기서 말하는 칼라 갸나의 길은 해방의
직접적인 길이다.

83 신들을 숭배

18.

벨리비다얌 팟트룸 비리마낫탈 켄드룸

빌라이윰 베구반다 헤투 ― 벨리예

티리윤 싯탓타이 티룹파닐라이 웃트레

오루투니메 발울라길 올바이 ― 닐말라마이

19.

울벨리멜 킬나두디 콜시리둠 인드리예

울라부루 옐라마이 오루루붐 ― 일라다이

탄타낙케 벳디야마이 타네 일랑기두말

푼드라맘 온드루 푸난디두가 ― 분드리마남

찬송하거나, 명상 같은 것을 할 필요는 없습니다.

제 말씀을 들어보세요.

베다에서 찬양하는 최고의 진리는

오직 갸나jnana를 통해서만 알 수 있습니다.

자신 외부의 어떤 것도 알 필요는 전혀 없습니다.

18.

마음이 끊임없이 외재화 하고

외부 대상들에 집착하는 사람들에게는

속박의 씨앗이 변함없이 뿌리를 내립니다.

밖으로 방황하는 마음이 안으로 향하여

자연스러운 상태에 머무른다면

세상에서의 고통을 극복할 수 있습니다.

19.

그 하나의 실재와 합일하십시오.

그것은 모든 것을 관통하며, 안도 없고 밖도 없으며,

위도 없고 아래도 없고, 중간도 없고 옆도 없습니다.

그것은 창조 속의 모든 형상들을 취하지만

그 자체는 형상이 없습니다.

그것은 스스로 빛을 내며 그 자체로만 알려질 수 있습니다.

20.

옙베단 드리쉬티얄 옙부일 세이윤토릴갈

압부일 칵가티 운다달랄 ─ 옙밤

아라바바이 샤라 다얄드리쉬티 야트루

니라로캄 타네 니나이바이 ─ 오레메이얄

21.

예두 팔란카루맘 일라이 수바밧틸

오둠 이바이야붐 운마이얄라 ─ 베다

울라가뭄 일라이 울라갑 팟트룰라

라우키간 타눔 일라이예 ─ 닐라붐

22.

니라람바 민다 니킬라뭄 안드리

니라람바 탈올리라 닐파 ─ 니라람밤

아가체이 딘다 아나잇투 니라람밤

아기두반 옌드레 아리부루밧트루 ─ 예카

20.

사람이 보고 생각하거나

자신의 행동으로 성취하려고 하는 것은 무엇이든

그의 운명에 영향을 미치므로

지각과 상상 너머에 있는 것을 명상해야 합니다.

21.

실제로는 원인도 없고 결과도 없고, 행위도 없으며,

어떤 것도 일어나지 않았습니다.

세상도 없고 그 안에 사는 사람도 없습니다.

개인과 그의 애착들은 사실상 존재하지 않습니다.

22.

우주는 아무런 외부의 지원이 없으며[84], 또한 외부에서 인식되지도 않

습니다.

요기는 (마음을 안으로 향한 마음으로) 세상의 모든 대상들을

자신과 하나로 만듦으로써 이 전체 속에 잠깁니다.

이것을 아십시오.

---

[84] 니릴람바niralamba: 아무런 지지가 없이 존재하는, 조건이 없이 그냥 존재하는 실재. 마음
이 모든 외적 지지들로부터 자유롭게 한 사람은 니라밤바가 된다.

23.

비요마 바디바굼 비야파가마 순얌

야도루반 바비 티다넬 — 얀두마반

비자코 삭키루미 폴랍 프라판차

파사사무 사리얌 팔난가 — 페숨

24.

아킬라맘 요니일룸 아루일 야빌쿰

미학클레샴 포룬둠 멘멜 — 아킬라

클레사무메 닉쿠달쿠 켈마 수낫타이

레사마라 신타이 이얏트루 — 클레샤민메이

25.

냐나부다 얍포룻테 날키리야이 샬샤리야이

타나빌랍 팟타달 탄온드라이 — 마나닷틴

웃카루둔 살람바 요감 타나이유모리

니쉬프라판 샷테 닐라이닐파이 — 팃파마이

23.

하늘처럼 형태가 없고 광활한 이 거대한 공^{void85}을

명상하지 못하는 사람은

고치 속에 갇힌 누에처럼 삼사라에 얽매이게 됩니다.

이것을 이해하십시오.

24.

어떤 종류의 생명체[86]든 불행을 반복해서 겪습니다.

내가 하는 말을 들어보십시오.

이 모든 고통과 슬픔을 피하려면

큰^{great} 공을 항상 명상해야 합니다.

25.

구도자 안에서 지식이 탄생할 수 있도록

선한 행위와 다양한 의식들과 그와 관련된 수련들[87]이 규정되어 있습

니다.

외적 지원들에 기반한 모든 길들을 버리고

오직 세상 너머에 있는 실재만을 명상해야 합니다.

---

85 마하 순야

86 요니는 '사람들이 취하는 출생의 형상'에 대한 감각을 가지고 있다. 각 요니는 고통의 어
떤 형태를 견뎌야 할 것이다.

87 규정된 행위들은 쉬바에 대한 내적, 외적 숭배를 포함한다. 형상(사구나)을 한 쉬바를 숭
배하기 위해 아가마들에 규정된 다양한 의식들은 선한 행위에 포함된다.

26.

파탈라문 바캅 파갈샥티 안타마이

아다랍 팟타비바이 아타나이윰 — 비달루룸

수니야맘 아스티랑 콘다랄레 수라라발

수니야 냐니야랏 숫투루볼 — 이나

27.

비다얏틸 아사이 비다데 쿠랑가이

비다찰리 싯탓타이 비다두 — 마닥키

사루바 수냡파닷틸 타빅카 앗달

닐바남웃트리 두반 에레 — 파라마이

28.

아킬라 탓투밧툼 아빈나마이 아감

아하멘 바탈카니야 마기 — 아하메이

포룰루 카빈나맘 푸라나 싯텡굼

포룬두무카 물라 포룰탄 — 테리유맛투

26.

오직 순야바바[88]의 화살로

가장 높은 곳부터 가장 낮은 곳까지

모든 지역들을 꿰뚫은 용감한 사람들만이

공을 아는 자로 여겨집니다.

27.

이 세상의 것들을 갈구하는 마음은

원숭이보다 더 불안합니다.

만약 누군가가 마음을 통제하고 사르바 순야[89]의 상태에 확립되면,

그는 곧바로 해방을 얻을 것입니다.

28.

의식의 충만함[90]은

바로 나라는 단어의 진정한 의미와 다르지 않습니다.

비록 '나는 육체이다.'라는 감각과는 전혀 다르지만,

그것은 세상이 만들어진 기본 원리와 다르지 않습니다.

그것은 모든 것을 관통하는 실재입니다.

---

88 생각이 없는 상태. 순야바바 혹은 수니야맘suniyamam에서, 개인은 자신의 의식의 존재는 자각하고, 다른 모든 것들은 빈 것으로, 즉 마치 존재가 없는 것으로, 자각한다.

89 타밀어에서 사르바순야는 아무런 감각 대상들이 없는 상태

90 푸르나 칫Purna chit, full consciousness

29.

아가얌 폴라 아킬라 타함푸라뭄

예캉카 마유루밤 인드리야담 — 아하

파라마난 닷툿 파딘다발 안베야

파라마난답 파디발 파라이 — 살발루룸

30.

인다나밀라 예리탄 옙반남 탄타네

만다마이 샨티이나이 만누모 — 안다비담

팟트루포룰 앗트랄 파란다마나 뭄샨티

웃트루비둔 타나가 오인다다날 — 팟트랄루룸

31.

모히카이 마야이예 물치카이 솝파남

아기야 인난 가바스타이 갈룸 — 예카

수룻티요두 작키란 솔루미바이 옐람

오릿투비다 벤둠 우날바이 — 아룻타맘

29.

오, 사랑하는 사람이여,

이 완전한 전체성은

무형의 공간처럼 안팎의 모든 창조물에 스며 있습니다.

이 행복한 상태에 잠긴 사람들은

스스로 최고의 행복을 누리게 됩니다.

보세요, 얼마나 놀라운지요!

30.

바깥으로 나가는 마음은

붙잡을 것이 하나도 없을 때

스스로 사라지는데,

마치 불이 연료가 없으면 꺼지는 것과 같습니다.

31-32.

혼란, 망상, 무지, 꿈, 잠, 깨어 있는 상태에서 벗어나십시오.

왜냐하면 최고는 육체와 다르고,

미세한 프라나, 마음, 지성, 자아와 다르기 때문입니다.

그 의식[91]에 대해 명상하고 그것과 하나가 되십시오.

91　차이탄야

32.

데하미딜 숙슈마마 셰루무일 싯타붓디

아훔아항 카라미바이 야북쿰 — 예카싯투

안니야메 옌드루신다이 앗트라베 아싯타이

만니두반 옌드루 마딧티두니 — 빈나맘

33.

닛디라이 이날룸 니나이바디 얄루니담

싯탄탄 무다미가 시라리윤 — 싯타미다이

옛타낫탈레 우날티 예가말 탄닐라이일

바잇티두바이 멘멜룸 바이아다날 — 싯투루바이

34.

싯탐 옙포두 스티라마굼 옙비닷툼

앗타이 샬립핏타 라가테— 잇타나이윤

신틱카 벤두바딘 드란게얏 싯탓타이

반딧투 니찰라메 판누바이 — 반딕쿰

35.

아시라얌 팟트리야담 아칫탐 앙가나메

33.

마음은 종종

백일몽들에 빠지거나 잠이 들곤 합니다.

항상 경계하고

원래의 상태로 되돌려 놓아야 합니다.

34.

마음이 한번 안정되면

어떤 식으로든 방해받아서는 안 됩니다.

다른 것을 생각할 필요가 없습니다.

그는 마음을 (나 자각의) 그 상태에 확고히 고정하고

마음을 부동의 상태로 유지해야 합니다.

35.

마음은 항상 어떤 외부의 지지(예를 들면 감각의 대상들)에 집착합니다.

아시라얌 인드리야다이 악키두가 — 아시라얌

팟트루찰라 니찰라맙 판니얀 니찰랏타이

삿트룬 샬립피야 다이샨티 — 웃트라다날

36.

입벨라 부다 빌라야문 다길리밧트루

옙베빈눔 비말라메 폴라 — 압바브

우루밤 비야빗툼 올말라밀 탄나이

포루비 디야남 푸리바이 — 마루붐

37.

아두베 자나남 아다인다단 페람

아두타네 판딧티야 마굼 — 예두탄

샬라나무룸 바유 사만 싯타멘드룬

샬라나마라 셰이 사다남탄 — 닐라닛투

38.

싯탓타이 멜레윤 다라남 셰이얄카

맛디일룽 키릴룸 맛트렝굼 — 싯타미두

안타랑가 바바나이비 타시라얌 인드리야다

이러한 모든 애착들과 지지들을 제거해야 합니다.

마음은 떠돌아다니는 경향이 있으므로

움직이지 않게 해야 합니다.

일단 움직이지 않으면, 그는 마음을 조금도 방해하지 말아야 합니다.

36.

모든 존재들이 소멸할 때[92],

오직 흠 없는 하늘만이 남을 것입니다.

그 흠 없는 하늘처럼 모든 것에 스며드는

깨끗한 자신의 모습을 명상해야 합니다.

37.

바람처럼 불안한 마음을 가라앉히면still

인생의 가장 높은 목적,

즉 모든 영적 공부의 목표를 이룰 수 있습니다.

38.

명상에서

---

92 부타스 즉 모든 창조된 존재들의 원소들. 힌두 우주론에 의하면, 대홍수는 모든 창조된 것들의 파괴를 야기할 것이다.

산타타문 셰이디다베 탄아다나이 — 만다

39.

우락캇티 닌드룸 우날티두카 싯탐

우릴 샬라남 핀날 오둑카이 — 우락캄

알라이벤눔 입비란둠 앗트라닐라이 윗트랄

닐라이이다닐 니찰라마이 닐라이 — 발라이얌벳트루

40.

아시라얌 인드리야다이 아칫탄 탄엔드룸

아사라바 람바멜람 앗트라다입 — 파사

마나아밧타이 만니다 마이네야 묵티

타나딜락카 난탄 타리야이 — 타낙카얄람

41.

알람바 멜람 아라빗테 얌마낫타이

옐라 타립피 티다얏테 — 살라

툴락카마 옙바리부 톤드루모 앗두

발락카베 옌드룸 파라가브 — 빌락카야라두

위, 아래, 가운데[93] 또는 내부에 마음을 집중하지 마십시오.

내적인 산만함(생각)들을 피함으로써

외적인 산만함들로부터 마음을 자유롭게 합니다.

39.

마음이 졸리면 깨우고,

방황하면 데려오십시오.

졸음도 없고 움직임도 없는 상태에 도달하면,

그 상태에 머무르십시오.

40.

마음이 집착할 것이 없고,

아무것도 붙잡지 않으며,

상태들의 변화[94]에서 완전히 자유로울 때,

이것이 해방의 표시입니다.

41.

모든 집착들을 없애고

마음을 가슴에 굳건히 고정하면

---

93 이 영적 은유들은 '위'는 천상의 기쁨, '중간'은 세상적인 욕망, '아래'는 더욱 낮은 욕구들로 이해될 수 있다.

94 잠 혹은 방해물 같은 것

42.

압파라만 수니얏타이 얄디야 닛테아브

아비아사 탈파라라이 아바로 — 탑팔

피랍피랍 필라다 페루마이유룸 스타남

우랍페루바 레야바렌 드롤바이 — 시랍파룸

43.

데바룸 데비야룸 앙가나메 안니야맘

파바마라 문달 팔란갈룸 — 메비이둠

아시라얌 아시라야 냐나무메 아나비바이

마사무사라 반다 말라굼 — 파사맘

44.

돈다멘 드라시라얀 숄랍 파두마마

돈담 비답파란 톤드루메 — 반다밀

지반 묵탄요기 데하 티야갓탈

아반 비데하묵타 난드루비나이 — 메붐

순수하고 맑은 자각이 생겨납니다.

그 자각의 수행을 고수하십시오.

42.

최고의 공[95]을 명상하고

끊임없는 수행을 통해 그 안에 자리 잡은 사람들은

삶과 죽음을 초월한

최고의 거처에 도달할 것입니다.

43.

신들과 여신들, 반신들과 영혼들,

미덕들과 악덕들과 그들의 결실들,

원인들과 결과들에 대한 지식,

이 모든 것들은 윤회의 속박으로 이어집니다.

44.

모든 의존dependency들은

반대의 쌍들(행복과 불행, 선과 악, 이익과 손실 등)로 이어진다고 합니다.

이러한 것들로부터 돌아설 때 가장 높은 깨달음이 생깁니다.

이렇게 깨달은 사람은 지반묵타 즉 살아있는 동안에 해방에 이른 사람

---

95 파라순야가 고유의 산스크리트 말

45.

우달라이 비라하 토릿티두가이 붓디

우다이야바랄 셰이야 보나데 — 우달이다나이

아람비 툴라비나이 야트라부단 입부달라

바란타네 야갈룸 파루다룻 — 샤룸

46.

이다야 카마랏테 아하무루바 메칫투

아두니말라 니찰라메 야굼 — 우딕쿰

아항카라 닉쿠달랄 아칫테 묵티

수캉 코둡파덴드루 투니야이 — 아한셸

47.

사루바 우파디윤 샤라둘라 싯투

우루밤 예두본 드룰라두 — 니란타람

안다 쉬바마하 멘드란발 디야니테

옌담 아샥티유니 옛트루디 — 푼디얄

이 됩니다.

육체를 버리면 비데하묵타가 됩니다.

45.

현명한 사람은 비록 바이라기야[96]일지라도

육체를 자발적으로 포기해서는 안 됩니다.

프라랍다 카르마[97]가 중지되면

몸은 저절로 사라질 것입니다.

46.

가슴의 연꽃 속에서 빛나는 의식은

순수하고 완벽하게 고요합니다.

자아를 파괴함으로써 오는 이 의식은

해방이라는 최고의 행복을 선사합니다.

이것을 확신하십시오.

47.

'나는 모든 제한들로부터 완전히 자유롭고

모든 집착들을 극복한 쉬바(순수한 의식)이다.'를

---

[96] 냉정
[97] 축적된 행위의 결과

48.

데사문 자티무달 라미밧트라이 셴다나붐

마사갈 반아시라마 만니나붐 — 페수미

바바나이갈라이 야가트립 팟트리예 탄닐라이인

바바나이예 옌드룸 파라구바얌 — 메바

49.

오루바나 넬쿠리얀 오로루바 닐맛트루

오루발킬 야누 무리얀 — 오루반

예발쿠리얀 얀아바나이 칸딜렌 야넬쿠

예바누리얀 칸딜렌 야네 — 아비카라

50.

나네 파랍 브람마 나다눌라 쿡키산

나나빈 니차야말 푸루단 — 타네난

묵타나 만드리 무란바리일 셀부루단

벳다나 멘드루니 페누다난 — 붓디야간드루

끊임없이 큰 헌신으로 명상함으로써,

그는 모든 집착들을 극복합니다.

48.

국가, 카스트, 아슈라마[98]에 대한

관념들을 버리고

항상 나, 즉 자신의 진정한 상태를

명상해야 합니다.

49.

나 홀로 있습니다[99]. 어느 누구도 나에게 속하지 않습니다.

나도 어느 누구에게 속하지 않습니다.

나는 그의 것이라고 부를 수 있는 사람을 보지 못합니다.

나의 것이라고 부를 수 있는 사람도 보지 못합니다. 나 홀로 있습니다.

50.

'나는 지고의 브람만이며,

우주의 주인이고 스승이다'라는

확고한 신념을 체험한 사람이 진정한 묵타[100]이며,

98　재가자, 금욕주의자, 은둔자등과 같은 삶의 다양한 단계나 천직

99　I alone Am.

100　해방된 자

51.

옌드로루반 데가 밀라나가베 탄나이

탄냐나 칸니날 탄칸반 — 안드레

아나잇티눔 아사이 야라빗투 샨티

타나잇툰니 요나반 타나이 — 타닛타

52.

아자니산 옌드렐라 눌칼리룸 알탄

이사익캅 파두바노 옌드룸 — 아사리란

앙구나밀 라난마 바마바네 얀시리둠

잉기다닐 아이얌 일라이아하마이 — 옹구모루

53.

빗냐나 맛트란 비숫단 비묵타난

엔냐드룸 옝굼 이룹파난 — 안냐얏투

온드랄라난 팟트라비다 본나난 둑카밀란

옌드룸 브람마 마얀 야누이루두 — 온드라기

그 외의 모든 경험들은 속박으로 이어진다는 것을 알아야 합니다.

51.

내면의 눈으로

자기 자신을 육체가 아닌 다른 것으로 볼 수 있는 날,

모든 욕망들은 사라지고

완벽한 평화를 얻게 됩니다.

52.

경전들에서

태어나지 않고 항상 존재하는 신lord으로 묘사된 그,

나는 그, 아트만이며,

영원히 형상과 속성들을 초월합니다.

이에 대해 의심의 여지가 없도록 하십시오.

53.

나는 순수한 자각이며, 흠이 없고,

완벽하게 해방되었으며, 영원히 어디에나 존재합니다.

나는 무한합니다.

아무도 나를 붙잡을 수 없고 나를 잃을 수도 없습니다.

나는 논리나 추론으로 결정할 수 없습니다.

54.

우치 무달울란 칼알라바 웃푸람부

이차루맙 폴바이 이루디얌 — 잇자닷툭쿠

안니야 싯타이 무루두 마이아무다 마잇타네

만니야 안마난 마디예디레 — 툰니야

55.

인다 샤라샤랑캇 키산난 타유다네

탄다이욤 탄다익쿠 탄다이욤 — 신타낭콘두

앗투리야 날파다 맘예나이예 신딥팔

묵티 비룹팔 무나인둘레 — 닛탐

56.

비라만문 난데발 페누마라 마달

나랄이약칼 간다루발 나갈 — 니라이얄룸

예참 팔라발룸 얀 풋지얀 예나이예

알칩파 라룸 아리야룰라이 — 나치

나는 슬픔으로부터 자유롭습니다.

나는 항상 브람마마얌[101]입니다.

54.

나는 절대 의식[102]이며, 자명하며[103], 불멸이며,

머리 위와 발바닥 사이의 공간을 차지하는

피부로 덮여 있는

이 무감각한 몸을 완전히 넘어선 나입니다.

55.

'나는 움직이거나 움직이지 않는 모든 창조물의 주인이며

나는 우주의 아버지, 어머니, 조부모이다'라고 생각하면서

해방을 추구하는 사람들은

그 위대한 투리야 상태[104]인 나를 명상합니다.

56.

나는 브람마(창조주)로부터 시작하는 모든 천상의 존재들,

숭배 받는 천상의 처녀들, 인간들, 약샤들, 간다르바들, 나가들[105]과

---

101 브람만의 성품

102 칫드루팜

103 따로 설명할 필요가 없으며

104 투리야. 깨어있음, 꿈, 그리고 잠의 상태의 토대

105 약샤들: 의지로 어떤 형태를 취할 수 있으며, 나무, 숲, 동굴, 정글들에 산다고 믿는 중

57.

아룬타방갈 다남 아네하 비닷탈룸

알칩파 렌나이예 아룸 — 파란다

샤라바차라 부탄갈 산둘라 맛트렐람

오루바남 야네 우날바이 — 우루빌라달

58.

스툴라눈 숙구마눈 수니야눔 알라난

냘랏틴 반두난 냐나마얀 — 멜룸

니란타란 이산비말란 니다밧타이 일론

프라판차 밀론난 핀눔 — 스티라맘

초인적 존재의 집단들[106]이

희생과 고행을 통해 경배 받는 자입니다.

모든 이들이 나만을 섬긴다는 것을 아십시오.

57.

다양한 고행들과 자선들을 통해

모든 사람이 오직 나를 숭배합니다.

이 모든 광대한 창조물은

바로 나, 즉 무한한 자에 불과하다는 것을 아십시오.

58.

나는 거친 몸도 아니고, 미세한 몸도 아니고, 인과의 몸도 아닙니다.

나는 우주의 친족입니다. 나는 초월적 지식을 가지고 있으며,

나는 영원한 존재이며, 나는 신이며, 흠이 없는 존재입니다.

나는 세 상태들 즉 깨어 있는, 꿈, 수면의 상태들에 구속되지 않으며

모든 창조물을 초월합니다.

간정도의 신성
간다르바들: 하늘에 살고, 위대한 힘을 가지고 있는 아름다운 천상의 존재들
나가들: 뱀(반은 뱀, 반은 인간)의 형태를 가지고, 지하나 물밑의 거주지에 사는 반신성
의 존재

106 약샤, 마음대로 어떤 형체든 취할 수 있고 나무, 숲, 동굴, 정글에 산다고 믿어지는 반신
의 존재, 간다르바는 하늘에 살고 엄청난 능력을 가진 아름다운 천상의 존재, 나가naga
는 뱀의 모습(반은 뱀이고, 반은 인간인)을 하고, 지하나 물가에 사는 반신의 존재.

59.

아나디 빗냐남 아잔맘 푸라남

타나디타야 구하이일 탕기 — 예날룸

우루밤 울라강 칼랑감 옵푸팟트린드리

카루다 카낙콜랍 포가두 — 마루붐

60.

사나타나마 얀타라밀 삿브람만 소함

예나니 아딕카디 팔예캄 — 파날루메반

바빗투 니찰라나 닐판 파랍브람맘

아반아무다 탄마이 안단마 — 바바맘

61.

냐냐밉 바라 나빈드리답 팟타달

아나묵티 야룸 아다이달쿠 — 마니니인드루

아차람 옌날 아룰랍 파두미두켈

니사바 다나마 닌드루닐라이 — 마사갈라

59.

시작이 없는 의식은 태어나지 않으며,

완전하며, 형태가 없으며, 순수하며, 세상을 초월합니다.

그것은 영원히 가슴의 동굴에 있는 자연스러운 집에 머물러 있습니다.

그것은 어떤 비교들도 초월하고 완전히 집착하지 않습니다.

그것은 마음으로 이해할 수 없으며, 감각들로 볼 수도 느낄 수도 없습니다.

60.

반복해서 보십시오,

나는 그, 브람만,

영원하고 편재하는 실재이다.

이렇게 오랫동안 명상하십시오,

이 진리에 흔들리지 않고 머무는 사람은

스스로 최고가 되고 불멸을 얻을 것이기 때문입니다.

61.

고귀한 여인이시여!

나는 당신에게 해방을 얻는 데 필요한

지식의 본질을 설명했습니다.

이제 구도자들이 취해야 할 행동을 들어보세요.

62.

니라달룬 제파뭄 닛티야 오맘 푸자이

아라랄린 카리야 마디야 — 테루몰

사다나뭄 안논 타낙켄드루 민드라만

마다라시 예니 마디이다나이 — 아다란셀

63.

네마뭉 켓티라 피닷틸 니칼세바이

나마발 샤남 피티랄 날카루맘 — 부마루부

틸타날 얏티라이 데살 비라당갈

올티다발 킬라이얌 온드루메 — 알타

64.

다루마 다루만 타루팔란 일라이

마루부 티티 올라가 만눙 — 카루마밀라이

옐라 카루맘 이간디둘라 가차람

옐라 비닷툼 이간디두가 — 숄랄

62.

오, 여인 중의 여왕이시여!

성수로 목욕하고, 거룩한 이름들을 반복하고,

매일 호마의식[107]들을 하고, 예배하고,

불로 공물들을 바치는 것,

오랜 공부를 한 후에야 할 수 있는 여러 수련들을 필요하지 않다는 것

을 아십시오.

63.

니야마[niyama108], 신성한 장소에서 신을 숭배하는 것[109],

나마 아르차나[nama archanas110], 피트루 카르마들[pitru karmas111],

순례, 서약 준수 등은

가장 높은 지식을 열망하는 사람에게는 필요하지 않습니다.

64.

그는 좋은 행위이든 나쁜 행동위이든

행위들의 열매를 거두지 않습니다.

세상이 따르는 중요한 날짜들과 특별한 행사들은 그에게 적합하지 않

---

107 불에 공물을 바치는 것.
108 먹는 것, 입는 것 등에 관한 행동의 안내 지침서
109 예를 들어 성스러운 어머니 여신의 55개의 피타들
110 성스러운 이름을 암송하여 신을 숭배하는 것
111 조상을 위하여 수행하는 봉헌과 종교의식

65.

사마야 아차라메 샷트루민드리 탈라이

사맛타망 칸만 탈라이야이 — 아마이유말

상칼파문 비칼판 자티다루 만산다

상갓타이윤 두라 탈루바이 — 퐁굼

66.

팔라비다만 싯디갈룸 파탈라 문바이

일라굼이라사 야나뭄 옌바 — 불라길

프랏티얏차 마가베 펫트랄룸 팟트랄

오루부가베 사다가 눌닌드루 — 우라잇타

67.

이바이야뭄 반다가맘 잇지바 눅케

이바이멜룬 탄다 네리이바 — 이바이갈

야바이이눔 압파라마 묵티수캄 일라이

비야파카만 싯투루밤 빗툴 — 아야바룻투

습니다.

그는 모든 종류의 행위와 수행^{conduct}들의 규범에서 면제됩니다.

65.

구도자는 전통적인 관습들,

종교적 관행들, 카스트 의무들을 포기해야 합니다.

왜냐하면 그것들은 그에게

속박의 사슬들일 뿐이기 때문입니다.

66.

구도자가 땅속에 묻힌 것을

시각화하는 것과 같은 초자연적인 능력^{siddhis112}을 획득하고

그것을 증명할 수 있다고 하더라도

그는 그것을 전적으로 거부해야 합니다.

67.

그러한 모든 힘들은 사람을 자아와 개별성에 묶어두고,

더 낮은 길로 유혹합니다.

해방의 최고의 기쁨은

112　싯디^{siddhi}. 어떤 구도자들은 엄격한 금욕과 고된 수련에 탐닉하고 다양한 기술을 익히며
　　심지어 초자연적인 능력들을 얻을 수도 있다. 그러나 이런 것들은 그들을 궁극적 평화에
　　이르게 하지 못하므로 피해야 할 것들이다.

68.

엡비세다 타눔 옐라 아밧타이이눔

탑발라라 요간 다릿토나이 — 엡비닷툼

아이얏탈 켓티라 피닷틸 쿠투칼라마

마이얄에린 맛트라다나이 맛트루디 — 노이야

69.

키루미 키탐파라바이 켈사티예 다루

부루무달라 멜라 부이룸 — 오루포둠

나사무라 셰이야보나 날라릿난 운마이야리

아시라이 토나이 아리야룰라 — 라사야나이

70.

벨에두분 탄피둥가 벤담 일라이이나이윰

베루파둣툰 셰얄룸 벤다메 — 시리

이나다 세야벤담 엡부일쿰 푸붐

아나다라바이 킬라벤 담칸 — 마나두

특별한 힘에 있는 것이 아니라 무한한 의식에 있습니다.

68.

어떤 상황들에서도 요가(나에 머무는 것)에 참여해야 하며,

어떤 사건도 자신에게 부정적인 영향을 미치지 않도록 해야 합니다.

선천적 경향[113]으로 인해 성지들과 사원들에서 예배를 드리고자 하는 욕망의 형태로

의심들과 망상들이 생기면 즉시 거부하십시오.

69.

내 말을 들어보십시오, 여인이여!

곤충, 벌레, 새, 식물 등 어떤 생명체에도

해를 끼치지 않는 지혜로운 사람만이

진정한 지식을 추구하는 사람입니다.

70.

예배에 사용하기 위해 나무나 식물을 뽑아서는 안 됩니다.

잎만 따는 것도 안 됩니다.

분노해서 살아있는 어떤 것도 해쳐서는 안 됩니다.

꽃 한 송이도 무자비하게 따서는 안 됩니다.

---

113 바사나들

71.

수야마가 베우딘다 투말랄갈 콘데

셰야 카다반 푸자이 쉬바눅쿠 — 이얏트리이둠

마라나무 샤다나문 맛트라빗투 베다나뭄

페룻트라 탐바나뭄 핀인날 — 쿠룸

72.

주라모두 부탕코 둔누마 베삼

무란바시야 마카루다 모함 — 우라잇타비

쿳티라칸 망갈 쿠잇트랄카 칼캇타이

옷타밧트릴 푸자이 오리야리야 — 묵티유라

73.

켓티라 피닷틸 킬랄데바 타이 포룻타

셸티두마 뭇디라이윤 셰이마가뭄 — 닛투문

셰이야밧트린 바다나이갈 틸테 비야 바카마

메이야리부 탄나이예 메불랏테 — 셰이야

71-72.

쉬바 신의 숭배는 나무에서 저절로 떨어진 꽃만을 사용해야 합니다.

흑마법, 저주[114], 최면술, 악령을 불러일으키는 주문들,

사람들 사이에 적대감을 일으키는 주문[115] 등에는 절대 관여해서는 안 됩니다.

돌들, 나무 물체들 및 이와 유사한 물품들을 숭배하는 행위[116]는 피해야 합니다.

73.

신성한 장소들과 사원들에서 데바타들을 숭배하는 데 사용되는 무드라와

이와 관련된 다른 수행들을 포기한 후,

그러한 수행들로 인해 축적되었을 수 있는 바사나들을 버리고

나, 즉 모든 것을 관통하는 진정한 의식에만 고정하십시오.

---

114 산스크리트 용어로는 마라나이다. 이것은 어떤 특정한 만트라를 사용하여 죽음이나 고통을 일으킨다.

115 산스크리트 용어로는 비드베샤나이다. 이것은 친구들 사이 상호간에 증오를 일으킨다.

116 산스크리트 용어로는 카스타파샤나이다.

74.

사맛투바메 윳트루 샤루바말 아사이

사마나이 수카둑카 샬빌 — 사마나기

밋티랄갈 알라달 멜루못틸 폰닐

옷타카루 토나기 윳트라하메 — 싯탐

75.

포리비샤 얏틸오루 포둠 비룹팜

우라비다둘 마마다이 욧티 — 아리부라뭇트루

아사이바얌 앗트렌드룸 안마빌레 라밉판

마실라 요기 마디야다날 — 아실

76.

사마나기 닌다이일 샷트루투디 일핀

사마나기 살바 부닷툰 — 사마드리쉬티

만니다베 벤두말 마라말 옌날룬

탄누일폴 만누이릴 탄모남 — 만니

74.

모든 일에 대해 중립적인 태도를 유지하십시오.

어떤 것에도 너무 빠지지 마십시오.

행복하든 고통스럽든 평정심equanimity을 유지하십시오.

친구와 적을 똑같이 대하십시오. 진흙 그릇 조각과 금 조각을 똑같이

대하십시오.

75.

요기는 욕망들에 흔들리거나

감각들을 만족시키는 데 굴복해서는 안 되며

어떤 것을 '자신의 것'117으로 여기는 망상에서 벗어나야 합니다.

그는 두려움과 욕망에서 벗어나 오직 나에서만 즐거워해야 합니다.

76.

칭찬을 받든 비방을 받든 항상 평정심118을 유지해야 하며,

모든 생명체들에 대해 평등한 행동을 취해야 하며,

나와 나 아닌 것 사이에

차별이 있어서는 안 됩니다.

---

117 산스크리트 용어로는 '나의 것'을 뜻하는 마마카라mamakara
118 사마 드리슈티sama drishti

77.

오루부가빈 바담우단 울라가 고쉬티

오루부가 팡 칼라가뭄핀 — 오루부가

삿티라 고쉬티야이 샤라데 티촐로두

옛투날 숄룸 이간디다갓투 — 알테루붐

78.

이리다이융 콜룸 이담바 미라가문

샤루맘 아차리얀 타눔핀 — 네리둠

아사이융 코파뭄 아차문 소하뭄

니사루바 멜라멜라 닉쿠바이 — 바사나이얄

79.

돈담 아나잇툰 토다라 다캇트리예

산타타문 탄자낫타이 샤라단 — 인다

우담부다네 옐람 우난디두바 나기

디담페루데 산돌릴반 테라이 — 마단데루메이

77.

세상적인 교제들과

다툼[119]들은 피해야 합니다.

좋은 것이든 나쁜 것이든

영적인 논쟁들[120]조차 하지 말아야 합니다.

78.

질투, 중상모략, 화려함, 열정, 시기,

사랑, 분노, 두려움, 비참함은

모두 점차적으로

그리고 완전히 사라져야 합니다.

79.

만일 어떤 사람이 모든 반대되는 쌍들로부터 자유롭고

항상 고독^{solitude} 속에 살면(자기 자신 안에만 자리 잡으면),

그는 지금의 육체에 있는 동안에도

완전한 지혜를 얻고 큰 광채로 빛날 것입니다.

---

119   샤스트라 고쉬티
120   샤스트라 고쉬티

80.

냐낫티 날레예 난묵티 압반남

예나이야 싯디파얀 인드레눔 — 우나맘

보갓툰 싯디이눔 푼두마얄 벤디두발

사다카라이 울라발갈 타마라이포이 — 오둠

81.

아니마디 야나구남 안디두가 반드리

아누가 말레얏다 갈가 — 우난데

비말라맘 압파디야이 비두루달 탑판

아말라맘 데히 아리탄 — 아마리다맘

82.

아간탄 아임부타 아카람 앙게예

예카쉬반 타눔 이니다말반 — 바가밀라두

엥구무루 쉬바문 잇타라이 이라물라간

상카란 탄누루반 탄메이예 — 퉁가남

80.

해방은 오직 진정한 지식에 의해서만 달성됩니다.

싯디^{siddhi}들에 의해서는 그러한 결과를 얻을 수 없습니다.

그러나 미혹된 구도자들은 세상의 즐거움과

초자연적 힘에 매료되어 그것들을 위해 노력합니다.

81.

순수하고 흠이 없는 사람은

초자연적인 능력이 있든 없든

지고한 브람만을 경험하고

해방을 얻을 것임을 알아야 합니다.

82.

신체는 다섯 가지 원소들[121]로 구성되어 있으며

쉬바가 거기에 거주합니다.

따라서 높은 것으로부터 가장 낮은 흙에 이르기까지[122]의 모든 현현들은

사실 샹카라[123]의 형상들입니다.

---

121 흙, 물, 불, 공기, 에테르
122 최고의 타트바인 쉬바와 낮은 것 중에서의 흙.
123 쉬바 신의 이름들 중의 하나

83.

입바린냐 나이칸 디사이카라나 문드라눈

셉비야 간당카니 풋팀푸하이윤 — 딥비야마

니라달 아다이유 넨슈루굼 안발인두

아라라 디티두 발피라비 — 사라말

84.

압파디예 비두루발 아루이레 암묵티

메입파디유 말가 비룹파무랄 — 압푸루달

푸자이푸리발 안논 푼니얏타입 파밧타이

예수바발 예이디두발 엔드렌나브 — 이산

85.

아리부다나 샤람예바이 야식캅 팟타두

아리빅캅 팟타데날 안다 — 네리야붕

칼라 냐난탄 카룻틸 베레비나발

팔라데두 마데 파갈엔드란 — 냘라무이야

묵탄 라마난 모리 페얄 틴다이두

웃타말 울랏 톨리

83-84.

나의 소중한 이여,

깨달은 이를 보고 마음과 말과 몸을 하나로 모아 예배하며,

마음을 녹이는 헌신으로 향기로운 샌달 페이스트, 과일, 꽃, 향,

목욕용 깨끗한 물, 옷들과 음식을 바치는 진지한 구도자는 해방을 얻

을 것입니다.

그 갸니를 예배하는 자들은 그의 의로운 행위의 열매를 거두고

그를 모독하는 자들은 그러한 죄들의 결과를 거둘 것임을 아십시오.

85.

나는 당신이 요청한 대로

최고의 지식과 그에 대한 행위에 대한 진실을 밝혔습니다.

이 전체의 길은 참으로 칼롯타라 갸나[124]입니다.

여인이여, 더 묻고 싶은 것이 있으면 말하세요.

이 경전은

영원히 해방된 슈리 라마나가 번역한 것으로

현명한 사람들에게 최고의 빛의 등대를 제공합니다.

---

[124] 마지막 단계에 드러난 지식

목요일: 리메이크들

1. 아트마 샥샤트카라(지식의 정점)

아트마 샥샤트카라는 사르바갸놋타라로 알려져 있는 우파아가마[125] 경전의 나 깨달음의 장에 있다. '지식의 정점'이라는 뜻이다. 아트마 삭샤트카라는 1933년 바가반이 산스크리트 원문을 순식간에 타밀어로 번역하였다. 그것은 쉬바 신이 그의 아들 구하 즉 수브라만야[126]에게 전수한 나 깨달음에 길에 대한 가르침이다. 그것은 바가반의 가르침에 적합하며, 명쾌한 아드바이타 지침서로 역할을 한다.

2. 바가바드 기타 사람(바가바드 기타의 정수[127])

1940년 바가반을 찾아온 판디트(객원 판디트)와 바가바드 기타의 뛰어남에 대해 이야기를 하고 있을 때, 한 헌신자가 700개의 모든 시를 마

---

125 '아가마'에 대해서는 수요일 파라야나의 데바칼로타람 서문 참조.
126 쉬바가 가르치는 전통적인 본문에서, 그와 대화하는 사람은 전형적으로 다름의 셋 중의 하나가 될 것이다. 그의 아들 수브라마니아, 그의 아내 파르바티, 그의 헌신자인 난디.
127 '사람'은 '정수'를 의미한다. 여기에서는 '기타의 정수'이다.

음에 간직하기는 힘들다고 불평을 하며 기타의 정수로 기억할 만한 하나의 시가 있는지를 물었다. 이에 바가반은 10장 20 수트라 '오 구다케샤여, 나는 모든 피조물들의 가슴에 있는 나이며, 나는 그들의 처음이자 중간이요 끝이다.'를 언급했다. 후에 G.V.수바라만야의 요청에 그는 이 하나를 포함한 42개의 시를 골라서 적절한 순서로 배열했다. 그는 또한 이 시들의 타밀어와 말라얄람어 버전도 만들어 주었다. 번역은 산스크리트를 충실히 따르는데 그것은 2행 연구의 형태로 되어 있고, 바가반의 타밀 번역은 벤바의 형식을 따르고 있다.

1. 아트마 샥샤트카라[20]

만갈람

안마밤 이산 구하누 카룰셰이다

안마삭 샥카라 마구미두 — 안마바이

옌나핫테 이룬 딘드루타밀 솔바남

문나바 나야 무달옌나 — 만날루룸

눌

1.

안나쉬반 핀눔 아룰반 구하네닐쿠

안니얀 숫치 아라이반메이 — 만나베

니쉬칼라마 야불루메 닐파다이 눗파마다이

웃콜랍 포가 데눔푸갈라 — 웃콜

---

1. 지식의 정점

기도

이것은 나 그 자체이신 이슈바라가

구하(수브라만야)에게 은혜롭게 드러낸

나에 대한 직접적인 자각입니다.

가슴에 나로 계시는 그 탁월한 신께서

이제 그것을 타밀어로 전하십니다.

본문

1.

그때 쉬바께서 말씀하셨다.

오, 구하! 비록 그것이 모든 것들에 스며들어 있기는 하지만

너무나 미세해서 마음으로는 파악할 수 없는

무형의 그 실재^{that Reality}에 이르는 또 다른 길을 알려주겠습니다.

2.

예다날 아누바바마 냐나난 게이둠

예다나이 아린돈 쉬바네얌 — 예데발쿰

옌날 숄랍팟타 딘드랍 빈냐낫타이

옌니닷티 닌드루켈 인드루얀 — 판니이둠

3.

이두구루 파람 파리얏툽 폰다담

바디갈렐 랑카나 바익카담 — 이두바바

반다묵팁 포룻탐 파라마마 무카모

옌다 탈랏툼 울라데 예바이윤 — 탄데

4.

예바넬라 밧트룸 이룩쿰 잇데반

예바넬라 마기 이룹판 — 예반무캄

엥구물란 옌나보난 탓투밤 옐란타나이

탕기옐라 민지율란 탄팔라바이 — 팡구파둠

5.

탓투 방갈 옐라문 탄가단돈 박코두

2.

그것은 나가 됨으로 나를 아는 방법입니다.

그것을 아는 것은 쉬바 그 자신이 되는 것입니다.

이제 전에 누구에게도 가르쳐지지 않았던 지식을

나에게서 들어보십시오.

3.

오랜 세월에 걸쳐 구루들의 가르침으로 전수된 그 가르침은

사색하는 사람들의 이해를 넘어섭니다.

그 목적은 생사 윤회의 속박으로부터의 해방이며,

가장 고귀한 것이며 모든 곳에 있는 모든 사람이 그것의 모습[128]을 알

아볼 수 있는 것입니다.

4-5.

모든 것을 관통하는, 모든 창조물들에 나타나는,

그 얼굴은 어디에나 있는, 모든 생각 너머에 있는,

모든 사실들[129]과 하나로 있으면서도

모든 사실들을 초월하는 최고의 신,

말과 마음과 이름과 연관되지 않는 신,

---

128 변형들modifications, 얼굴
129 verities, verities

싯타뭄 나마뭄 셰라단 — 앗탄

아반난 예나비칼파 맛트라 싯탓탈

쉬바신 타나이예니 세이바이 — 나바나바마이

6.

옌드루물라다이 닐라이야이 아비야야마이 옙비칼픔

인드리야다이 인나데나 옌나보나두 — 온드리율람

니쉬칼라마 냐남 예두탄 니가루무달

디쉬탄탐 인드리 야다이 텔타라 — 숫툼

7.

아다이얄람 앗트라리 밧트라룸 우파샨탐

비샤얀 카단도릴 베담 — 아둑카두

바바나이 카이얌 파다라 다두베난

아반이딜 아이얌 일라이예둠 — 오발라룸

8.

안답 파라데이바 마군 쉬바나네

만디랑갈 야빈 마야누맘 — 만디랑갈

옐랑 카단데 일라야 스리쉬티갈

일라다바누 마메 예나이빗투 — 일라

그 신이 나I입니다.

그분과 조금도 차이가 없다는 집중된 마음으로 끊임없이 그분을 명상

하십시오.

6.

영원하고, 지속적이고^{steady}, 불멸하며, 차이가 조금도 없는

이 형태 없는 나 자각[130]은 마음으로는 헤아릴 수 없으며,

홀로 빛나며, 비교할 수 없고, 어떠한 이전의 원인도 없습니다.

이것을 의심의 여지없이 아십시오.

7.

파괴할 수 없고, 절대적으로 고요하며,

식별 가능한 특징들이 없으며,

감각적 지각들의 영역을 넘어, 모든 생각들과 의심들의 범위를 넘어서

빛나는 지식, 그것이 바로 나입니다.

여기에는 의심의 여지가 없습니다.

8.

나는 참으로 모든 만트라들의 본질이면서

모든 만트라들을 초월하며

---

130   formless Being, 니스카라 냐나

9.

드리시얀 수냔 스티란샤라뭄 옌날

파라비답 팟타나 바미 — 샤루바뭄

나네 울라갓티나단 엘라 멘날

타네 일라구바나 탐옵바 — 다나

10.

비비다 부루밧탈 베루 베라야

부바나 니라이갈 포룬디 — 쉬바무달

입불라감 이라이 일라굼 프라판참

압발라붐 옌닐 닐파밤네레 — 셉바이야이

11.

옙발라부 카납 파두바보 입불라길

옙발라부 켓카 이야이바보 — 불벨리

팟트리욜릴 야붐 파라부 멘날파라발

웃트라바이 야마바이옌 드로루날달쿠 — 웃트라바남

창조와 소멸에서 자유로운 지고한 신성인 쉬바(순수한 의식)입니다.

9.

보이는 것이든 보이지 않는 것이든,

움직이는 것이든 정지해 있는 것이든

존재하는 모든 것은 나로 가득 차 있습니다.

나는 우주의 주인이며

모든 것은 나를 통해 빛나고 드러납니다.

10.

쉬바로부터 이 세상에 이르기까지의

무수한 세상들에 있는

무수한 존재들은

나 안에 존재합니다.

11.

이 세상에서 보이는 것과 들리는 것,

안팎으로 빛나고 일어나는 모든 것은

모든 곳을 관통하는 자인 나가

모든 곳에 스며들어 있음을 아십시오.

12.

안마얀 옌니눔 압파라만 마바이

탄메바 분누쉬반 탄베루 — 만메비

입바 루파십폰 예이단 쉬밧투밤

압밧트랄랄 옌드라리 아다날 — 옙밧트룸

13.

안니야난 쉬반 안니야나네 옌눔

빈나 바밧타입 페얄티두가 — 안나쉬반

아반 야네 옌눔 앗투비다 마구미

바바나이예 옌드룸 파라구가 — 오발랏트루

14.

앗투비다 바바나이예 얀도나이 옙비닷툼

닛타뭄 안마빌 닐쿠마반 — 앗타나이예

옐라밧트룬 타눅칼 야비눌룬 칸반

일라이 산데감 이딜아누붐 — 옐라이얏트루

15.

예카맘 입반마 바바나이요 덴드루물란

12.

비록 그가 육체가 아니라 나^{Self}라는 것을 알지라도,

나Self를 쉬바, 즉 최고의 나^{Self}와 다르다고 생각하고

이런 식으로 그를 숭배하는 사람은

쉬바의 경지에 도달할 수 없습니다.

이것을 아십시오.

13.

쉬바는 나와 다른 존재,

나는 쉬바와 다른 존재와 같은 구별들을 몰아내십시오.

나는 쉬바와 다른 존재가 아니다 라고 주장하는

비이원의 태도를 실천하십시오.

14.

이 비이원의 접근 방식으로 강화된 사람은

영원히 모든 곳들에서 영원히 나^{Self} 안에 머무르며,

모든 형상들에 스며드는 최고의 나^{Sel}인 쉬바만을 봅니다.

이것에는 의심의 여지가 없습니다.

15.

항상 나^{Self}를 하나(실제)로 확신하는 사람은

모하 비칼파 무닌도남 — 요긱쿠

솀베옐람 우날달 솀팝 팟툴라담

압베단 탄닐 아리바예 — 벱베람

16.

삿티랑갈 야밧트룬 잔마밀란 이사네나

옛티답 팟탄 예바노박 — 갓티라밀

앙구나밀란 안마밤아바네 야베네

얀시리둠 아이얌 일라이이다닐 — 안마밤

17.

탄메이 아리야 다바네 스리쉬티무달

탄마무루 파수 타나반 — 탄메이

예반아리반 옌드룸 이룹판 비숫단

쉬반아바네 아이얌일라이 텔바이 — 바바메두

이원의 망상에서 자유롭다는 것을 알아야 합니다.

베다들에서는 그러한 사람을

완벽하게 모든 것을 아는 사람으로 묘사합니다.

16.

모든 경전들에서 태어나지 않은 이슈바라[131],

형태 없는 하나, 속성들[132]이 없는 나^{Self}로 찬양받는 하나는

참으로 나의 나$^{my\,Self}$입니다.

이에 대해 의심의 여지가 없어야 합니다.

17.

자신의 진정한 성품을 모르는 사람은

출생과 함께 시작되는 기능들과 애착들에 얽매인 지바[133]입니다.

그러나 자신의 진정한 실재를 아는 사람은 영원하고 완벽하게 순수합

니다.

진실로 그 자신이 쉬바입니다. 이것에 대해서는 조금도 의심하지 마십

시오.

---

131 우주의 신인 '통치자'
132 형상이나 속성도 없고, 거칠거나 미묘함도 없다.
133 타밀어로 파수(pasu)이고, '파샤(pasa)나 집착에 묶여 있는 영혼'을 말한다. 속박된 영혼

18.

아다날 비베키갈 아놀 난가인두

니담아리야 탁카단마 넬 — 아두베

파라바파라 베담 파루마이아누 베담

이루비다무마 일라구메 칸 — 마루붐

19.

파라마 닐바남 파라마 마파란

스리쉬티 바가이얄 트리가룸 — 파루마이야

만디라 루팜 파갈발 숙슈마 마라다

신다이일 닌드라타 텐디두가 — 신타이얌

20.

앗딘드리 아루무가네 아난타비담

옛두라잇툼 옌나 이얌부디 — 아두

비야카 타군숄 비칫티라메 붓디

마약캇틸 케두 마디야이 — 나약쿰

18.

그러므로 분별하는 사람들이 깨달아야 할 가치 있는 것은

초월적이고 현상적이며[134],

거칠거나 미세한 것[135]이라는

두 겹으로 빛나는 나입니다.

19.

초월적인 것은 공간이나 시간에 구속되지 않는 무無의 광활한 공간입
니다.

현상적인 것은 수많은 창조 안에 나타난 것입니다.

신성한 단어의 형태들인 만트라들은 거친 형태로 표현되고,

변함없는 자각으로서 마음에 머무르는 만트라들은 미세한 형태[136]입
니다.

20.

오, 샨무카![137] 나 깨달음이 없이 이 모든 것들을 끝없이 설명한들

무슨 소용이 있겠습니까?

그것은 말의 경이로운 유희들일 뿐입니다.

---

134 산스크리트로 각각 파라와 아파라

135 산스크리트로 각각 스툴라(sthula)와 숙슈마 베다(sukshma bheda)

136 이 시는 원본 18번 시에서 발견되는 전문 용어들, 다시 말해 파라, 아파라, 스툴라, 숙슈
마에 대한 정의를 담고 있다.

137 '여섯 얼굴을 가진' 존재. 수브라만야의 또 다른 이름.

21.

다루망갈 야붐 안마빈 칸탕구

니루밉판 야두 니나입팔 — 오루마이야이

운니운니 옌드루마다이 웃트리두반 앗다다나이

옌누미딜 아이얌 일라이예둠 — 만누가메이

22.

입파디 안마빗냐남 옌드렌 날레

솁피답 팟타두 셸투룻티 — 옙파디윰

옐라뭄 안마마얌 옌드론데 안마신다이

발라나이 옌드루메 발바예 — 팔라람

23.

데이바모 베다모 티일셰이 벨비요

셰이바가이일 셸팔라반 닥쉬나이요 — 옙바가이윰

앙길라이 닐말라마이 옝구무캄 안다다이

탕간마 빗냐남 샬바이니 — 방가

더 나아가 그것은 마음의 망상의 원인입니다.

21.

모든 다르마들[138]은 오직 나 안에만 존재합니다.

그것들 중 어떤 것이라도 지바가 생각으로 모든 것을 만듭니다.

그는 끈기 있고 일점 지향된 생각으로 그것을 얻을 것입니다[139].

이것에 대해서는 의심의 여지가 없습니다.

22.

이처럼 나Self에 대한 지식을

나는 경전들에서 모아 간략하게 말했습니다.

어떻게 해서든 모든 것이 나Self라는 사실을 깨닫도록 하십시오.

항상 이것을 끊임없이 묵상하는 삶을 사십시오.

23.

(나Self 안에는) 신들, 베다들, 불 희생들,

또는 의식들을 행한다고 사제에게 드리는 수고비 등의 자리는 없습니다.

---

138 여기에서는 모든 좋은 특성과 의로운 행위 뿐 아니라 사람이 영향을 받는 창조, 유지, 파괴 (등의) 모든 결과 또한 포함한다.

139 다시 말해서 오직 나 안에서만 존재하는 다양한 형상들은 혼동된 마음에 의해서는 외부로 향한다. 다양한 형상들은 객관적으로 그들에 대한 생각에 의해 창조된다.

24.

마라나바바 삼사라 막카달 물기

샤라나 나디샤루일쿠 — 샤라남

아룰바답 안마 빗냐낫타이 안드리

오루포룰벨 인드레나베 올가 — 스티라맘

25.

파라마기 압파라 만마바이 야반

우라마가 울라파디 올반 — 오루무얄붐

인드리야반 비두루반 옐라 아바스타이갈룸

온드리두바 네눔 우난디두가 — 벤드리셀

26.

안말라 밧티눔 안니야 맘페루

탄 마트론드렝구메 탄일라이 — 안마바이

옌드룸 우파싯티두가 입반마 야바나반

온드루 파라만마밤 오룰랏투 — 옌드루메

그 대신에 청순한 나^{Self} 지식으로 바로 가십시오.

나^{Self}의 얼굴은 항상 모든 곳에서 늘 당신을 향해 빛나고 있습니다.

24.

삶과 죽음이라는 거대한 윤회의 바다에 빠진

지바(개별의 존재)들이 안전한 피난처를 찾고 있습니다.

피난처는 나^{Self} 지식 밖에 없습니다.

이것을 깨닫도록 하십시오.

25.

지고의 나^{Self}를 있는 그대로 확실히 알아

그것과 하나가 된 사람은

비록 그가 다양한 의식의 상태들[140]에 잠겨 있는 것처럼 보일지라도

어떤 노력도 없이 해방을 얻을 것이라는 사실을 깨닫도록 하십시오.

26.

세상 어디에도 나^{Self}를 얻는 것보다 더 큰 얻음은 없습니다.

언제나 나^{Self}를 묵상하십시오.

(안의) 나^{Self}인 사람이야말로 두 번째가 없는 지고의 나Self입니다.

이것을 깨닫도록 하십시오.

_____

140 깨어있음, 잠, 꿈

27.

알라 피라난 아파나누메 안드랍바루

알라 아밧트린멜란 카라남 — 옐람

우날바두바이 울라파리 푸라나맘 안마

예나 니다뭄 예이두바 예니 — 우나린

28.

아핫툼 푸랏틸루 메일라이 앗두

미갓두라 탄마이일루 메바두 — 아갈라맘

안답 파란다맘 안돌리룸 앙게니

신타이야이 옌드룬 셀룻투가 — 빈다이

29.

쿠룩코두멜 키릴루메 쿠루파두 물룸

푸랏틸룸 옝굼 옙포둠 — 우랍페룬

수니야마이 타네 졸릭쿰 안마바이예

메니다뭄 바바나이셰이 멜멜룸 — 바니가람

27.

나^{Self}는 프라나도 아파나도, 카라나들[141]도 아닙니다.

나^{Self}는 최고이며

모든 것을 아는 충만함입니다.

그 안에 끊임없이 머무는 상태를 성취하십시오.

28.

지고의 존재는 안이나 바깥에 있지 않으며, 멀리나 가까이에 있지 않

습니다.

어느 한 곳에 있지도 않습니다.

당신의 주의를 영원히 형태 없는 지고의 존재가 빛나는

가슴의 무한한 공간으로 향하게 하십시오.

29.

절대적인 공인 나는 그 자신의 빛으로

중간, 위와 아래, 안과 밖이라는 구분이 없이

모든 곳에서 찬란히 빛나고 있습니다.

이 나를 더 강렬히 명상하십시오.

---

141 프라나는 생명력 또는 '생명의 공기'이다. 아파나는 들이 쉴 때 몸 아래로 움직이는 호흡
이며, 카라나는 다섯 감각들과 마음, 지성, 의지, 자아이다.

30.

수니야뭄 알라 아수니야뭄 알라단

수니얌 알라두만 수니야만 — 탄엥굼

팍카파단 샷트룸 팟트라다 안마바이

엑칼룬 신다이 이얏트루디 — 둑카맘

31.

아마야모 다다라 맛트라다이 반나모두

나마 루팡갈룸 난니다 — 다만

니란자나 닐구나 안마바이 니윰

니란타라 마가 니나이바이 — 우람페라베

32.

아시라얌 알람바 맛트라다이 마낫탈

고차라마 가두바마이 쿠라리다이 — 마실리얄

만니야다이 닛티야마이 만니야 안마바이

운니두가 날룸 우반둘라메 — 핀눔

30.

공도 아니고 비공도 아니며 공과 비공 둘 다인 나(존재)는 전체임으로

모든 곳에 만연하고 있으며

그리고 (전체임으로)조금의 선호들이 없습니다.

이 나^{self}를 항상 명상하십시오.

31.

나^{self}는 셋(자아, 행위와 환영)의 고통 너머에 있습니다(즉 아무런 고통이 없다. 육

체를 자신으로 오인함으로 오는 고통이 없다.).

나^{self}는 바탕이나 외적 버팀대가 없습니다.

나^{self}는 계급^{142}, 이름, 또는 형상과 동일시하지 않습니다(집착하지 않습니

다.).

나는 모든 속성(구나)들로부터 자유롭습니다.

이 완전무결한 나^{self}를 끊임없이 명상하십시오.

32.

나는 어떤 것도 지지하지 않으며 어떤 것에 의해 지지되지도 않으며

헤아릴 수 없으며 비교할 수 없습니다.

본질적으로 흠이 없이 순수한,

이 영원한 나를 매일매일 즐겁게 명상하십시오.

---

142 바르나

33.

비나이갈 옐라무메 빗투 니라사이

타나이웃트루 샹간 타난두 — 피나이옌드룸

탄닐레 탄날레 탄닐라말 타나이예

운니다 벤둠 우날올레 — 안니야마이

34.

데야모두 자티 티갈반나 마시라맘

아야 이밧트라이 아누사릿투 — 메야팔라

신타나이 갈렐란 시다잇타릿냔 탄누루빈

신타나이예 셰이가 디남디나뭄 — 문둠

35.

이두만디라맘 이두데바 다이얌

이두베 디야남 예날룸 — 이두베

타바마굼 옌낭갈렐란 타난두

수바루파 신타이 투니바이 — 비비다맘

33.

차분함^{dispassion}을 받아들이고 (목적 지향적인) 모든 행위와

사람들과의 교제에서 물러나

늘 나^{Self}를 향하고는 나^{Self}에 앉아,

나^{Self}를 늘 명상해야 합니다.

이것이 매우 중요하다는 것을 아십시오.

34.

지혜로운 사람은

나라, 혈통, 계급과 삶의 단계들[143]과 관련된

모든 생각들을 완전히 버리고

매일 자신의 진정한 성품을 명상해야 합니다.

35.

나^{Self}에 대한 확고부동한 명상이

만트라의 반복이고, 신의 숭배이고, 명상이고, 고행[144]입니다.

모든 생각들을 버리고 대담하게 자신의 나^{Self}를 명상하시오.

---

143 아쉬라마^{asrama}
144 타파스

36.

옌나밀라 난탄 옌나모 돈드리야다이

옌날 키다닐라다이 세이디두가 — 옌눔

마나다이 안마빌레 만나셰이 돈드룸

마나다 니나이얄카 맛트룸 — 마나달레

37.

신딕카 탁카달라 신딕콘 나달라

신다이 얄라다두베 신다이유맘 — 옌다볼

팍카문 사얍 파라마나 안마바이

옉칼룬 신다이셰이 예마나뭄 — 푹카하메

38.

신다이셰이 바이디나문 신다이켓타 다다이예

신다이 니라시라얀 셰이데니 — 옌다수캄

앗탓투바디다 니쉬칼라 안마빌

싯디 티두모 셰린둘레 — 숫다

36.

생각이 없는 상태에서

나에 대한 하나의 생각에 집착하십시오.

생각하는 마음이 나에 주의를 집중하도록 강제하고

다른 어떤 것도 생각하지 못하게 하십시오.[145]

37.

나는 생각으로 상상할 수 있는 것도 아니고 상상할 수 없는 것도 아니다.

그것은 마음이 아닙니다(그것은 생각의 근원이다.)

그것은 마음에 앞서는 것이며 마음이 됩니다. 그것은 아무런 선호들이

없습니다.

지고한 나를 항상 명상하십시오.

38-39.

마음을 어느 것에 조금도 매달리지 않게 하고서,

마음으로는 도달할 수 없는 그것을 항상 명상하십시오.

(그렇게 하면) 형상이 없고, 차별이 없고undifferentiated,

---

145 [옮긴이의 또 다른 번역] 나는 생각이 없이 있습니다. 생각이 일어날 기회를 주지 마십시오. 즉 생각과의 관계 이전에 있도록 하십시오. 생각하는 마음을 나 안에 가라앉혔으면, 생각을 무효화하십시오(nullify. 무로 하십시오.).

39.

니루비칼파 마기 니나익카본 나다이

오루무달 드리쉬탄탐 우라다이 ─ 오루부바마이

앗트랏티 얀다맘 앗두파라 난다마이

숏트리답 펫트라다딜 토이뭇트룸 ─ 팟트룸

40.

비샤얍파 트렐라메 빗투 마낫틸

파다룸 비룻티 파둡파이 ─ 아다이유멘드루

운마니 바바만 드론드루마 데파라마

인바 메날라바 데옌드룸 ─ 툰바밀라이

41.

옛딕쿠 데야무 멜락카 랑갈루메

옷타두 요핫틸켄 드로두눌 ─ 잇타나이윰

냐낫틸 베다메 난나 반아시라맘

아나이밧트랄 옌드라리 운마이 ─ 파나맘

생각이 접근할 수 없는 희열은 깨달아집니다.

그 희열은 모든 범주들을 초월하고,

영원하며, 아무런 이전의 원인이 없으며,

어떤 설명이나 묘사를 초월하는 것입니다.

(경전에서는) 그것을 지고의 희열로 극찬합니다. 그 안에 잠기십시오.

40.

감각 대상[146]들에 대한 애착들을 버리십시오.

마음에서 일어나는 모든 생각들을 없애십시오^{destroy}.

그러면 어느 날 영원이며, 비이원이며,

마음으로부터 자유로운 존재^{Presence}가 깨달아집니다.

그것은 지고의 희열입니다.

41.

경전들에서는 모든 방향, 장소, 시간은

나의 요가를 하는데 적합하다고 말합니다.

나 깨달음은 계급과 (삶의) 단계 같은 차이들의 영향을 조금도 받지 않

습니다.

이것을 아십시오.

146　비샤야(Vishaya)

42.

팔반남 온드루 파숙칼 팔라니랑갈

팔폴루 냐나메납 팔티두발 — 살부팔라

링가물라 옐람 파숙칼라이 예인다베

잉가리 드리쉬탄탐 이두베얀 — 산가마라

43.

야빌루뭇트룹 파라비 압브람마 멩구무캄

메비야 다가 밀릴바달 — 오발라라

운마낫타이 압브람마 툰드리예 데얀딕쿠

옌누미바이 옌니다데 샷트룸 — 인나데나

44.

입푸비일 올쿠리인 드라시라마 샤라밀라이

압파라만 마비닐라이 안도눅쿠 — 압푸루단

셰이다다날 온드릴라이 셰이디다붐 온드릴라이

셰이옌 비디유밀라이 텔디라마이 — 바이야미사이

42.

우유의 색깔은 하나이지만 (우유를 내는) 암소들의 색깔은 다양합니다.

지혜로운 사람들은 사람들의 외적 모습들은 다양할 수 있지만

깨달음은 우유와 같이 모두에게 똑 같다는 것을 알고 있습니다.

진리를 식별할 때 이 비유를 명심하는 것이 좋습니다.

43.

브람만이 모든 것에 만연하고 있으며

모든 곳에서[147] 빛나고 있음으로,

(주의를 항상 나에 줌으로) 그대의 마음을 끊임없이 브람만에 두십시오.

장소와 방향 같은 구분들을 버리십시오.

44.

나 안에 확고히 자리 잡은 이에게는

지위를 나타내는 표시들이 없고 삶의 단계들에 따라 지켜야 할 규칙들
도 없습니다.

그는 무엇인가를 함으로 얻는 것이 없으며 또한 해야 할 것도 없으며

그가 그것을 하는데 요구되는 아무런 규칙이 없습니다.

이것을 분명히 아십시오.

147　원문은 "그의 얼굴이 모든 곳에 있다."라고 적혀 있다.

45.

셸리눔 닐키눔 닛디라이 셰이이눔

풀리눈 작키람 보자나닐 — 콜리눙

캇트루쿠릴 베이일 칼란디둥 칼루메브

밧트리눔 예칼랏투 맛트라갓테 — 톳트룸

46.

바야뭄 바루마이노이 팟트루 주라 만담

이야인디티둥 칼랏툼 예둠 — 티양가네

안마 니쉬탄 샨타날 니쉬칼라나기

안마 티룻탄 아반울라길 — 운만닙

47.

포날룸 반달룸 포나반 반다바누

나나겐 폭쿠바라 나디닐라이 — 나나

프라크루티 탄마랍 펫트라다루만 토인두

이룬돈 이룹포 날라네 — 포룬둠

45-46.

걷거나 서 있거나, 자고 있거나 깨어 있거나, 먹거나 마시거나

폭풍이나, 살을 에는 추위나, 타는 듯한 더위에 둘러싸여 있더라도,

두려움, 가난, 질병, 고열이나 소화불량에 시달리더라도

나 안에 확고하게 자리 잡은 사람은 (그것들로 인해)

조금도 동요되지 않으며, 전적으로 고요하며,

나 안에 항상 평화롭게 있습니다.

47.

비록 내가 가고 오고한다 할지라도, 그것은 나가 한 것이 아닙니다.

자세히 살펴보면^{enquire into}, 가고 오고 한 것은 나가 아니라

신체가 그렇게 하였습니다.

나는 아무런 변화 없이 있습니다(나는 항상 같은 채로 있다.).

나는 계속해서 변화하는 프라크리티¹⁴⁸의 성품에, 환영적인 창조의 원

인에

절대로 들어갈 수 없습니다.

---

148 물질세계의 환영을 만들어내는 힘. 프라크리티는 '탄생에 의해서 결과를 만들어내는 행
위'로도 이야기된다.

48.

프라크루티 카리야망 칸망갈 페슘

프라크루티 칸맙 피랍페 ― 니루말란

야놀 셰얄일란 옌드레육타 탓투바빗투

아논아누 산딥판 아두베 ― 야난

49.

아발쿱 프라크루티 얄반다 밀라이

아반묵타 나맘 아다인단 ― 아반탄

프라크루티 카리야맙 페수 도샷탈

오루포루둠 옷탈 우라네 ― 비리윰

50.

오리얄 이룰린 우루밤 오릿투

빌락켑 비단탄 빌랑굼 ― 빌락카밀

앗냐나 툰다기 아리룰라이 마잇톨리룬

숫냐나 조티안마 타남 ― 빗냐니

미래에도 그렇습니다.

48.

모든 행위들은 프라크리티¹⁴⁹의 결과입니다.

그러므로 실재를 아는 사람은 프라크리티의 흠으로부터 자유로운

모든 행위들로부터 자유로운

나를 명상합니다.

49.

그러한 사람은 프라크리티에 묶이지 않습니다.

그는 흔히 말하는 '해방된 자'라는 이름을 얻습니다.

그는 프라크리티의 결점들에

결코 더럽혀지지 않습니다.

50.

램프가 자신의 빛으로

모든 어둠을 소멸시키고 빛나듯이

나의 눈부신 빛^{jyothi}은

---

149 선하고 악한 과거 행위들은 축적(산치담)을 만든다. 이 축적 중에서 어떤 행위들은 미래 탄생(프라랍다)의 결과를 낳는다. 그것은 사람이 어쩔 수 없이 행동해야 하는 것을 의미한다. 모든 새로운 행위들이 이 축적에 더해진다. 이와 같이 반복된 행위/탄생의 순환은 해방에 의해 그 고리가 끊어질 때까지 계속된다.

51.

네이틴다 디판탄 닐바나 뭇트리달폴

메이얌마 신타이 비다말레 — 셰이요기

안마빈 칸네예 안디룹판 안마빈

멘메바 온드린드루 메이이다맘 — 반만

52.

쿠당콘두 퐁갈 쿠닷툴라 아가얌

우단 셀바다가 우난둥 — 쿠단타네

셴드리두바 다가얀 셀바딜라이 안마부

닌드리두메 아가야 넬닐라이예 — 안드릭

빛이 없어 생긴 무지의 베일을 소멸시키고 빛납니다.

51.

기름이 다 된 불이 꺼지고(니르바나) 자신의 근원인 공으로 사라지듯이,

나를 끊임없이 명상하는 요기는

세상에 대한 자신의 애착을 소진하고(니르바나),

자신의 근원인 나에 잠깁니다.

더 이상 이루어야 할 것은 없습니다.

이것이 진리[150]입니다.

52.

항아리를 옮기면, 항아리 안의 공간도 그것과 더불어 움직인다고

생각하는 사람들이 있습니다. 실제로는 항아리만 옮겨가지 그 공간은

움직이지 않습니다.

이와 마찬가지로 신체가 움직이면 나도 그것과 더불어 움직인다고 생

각하지만

나는 전혀 움직임이 없이 늘 그대로 있습니다.

---

150 스네하sneha와 니르바나의 이중적 의미는 중요하다. 등불의 경우에서, 스네하는 기름이
다. 스네하 크샤야kshaya는 '기의 소진'을 의미한다. 요기에게 있어서 스네하 크샤야는 그
가 자동적으로 나에게 합쳐지는 '모든 집착의 소진'이다. 불길은 텅 빈 공간으로부터 나
오고 소멸되면(니르바나), 텅 빈 공간으로 되돌아간다 한다. 요기는 나로부터 나오고 그
의 집착들이 소멸되면 나로 되돌아간다.

53.

쿠다 무다이용갈 쿠닷툴라 아가얌

우단마하 카야모 돈드룬 — 자다맘

우달 아갈룽칼 우달울라 안마붐

우단 파라만 마바이우루메 — 이다마미두

54.

옌드라디 카리야이 옐람 우날이산

안드라디카라 토디발 아라인단 — 벤드렐라

반당 갈린비두 팟트리논 뭇트루날보두

안다밀라 뎅구물라 남아다날 — 폰디율론

55.

아가망갈 옐람 아라빗타말안마

요가 사마디예 웃트리단멜 — 아가바얄

온드루메 인드레나 본데 마나비칼팜

온드루 무라말 오릿툴랏테 — 닌드란마

53.

항아리가 깨지면,

항아리 안에 있던 공간은 즉시 광대한 공간과 하나가 됩니다.

지반묵타[151]가 둔한 신체를 떠날 때

신체 안에 있던 나는 지고한 나와 하나가 됩니다.

54.

그때 전지이시며,

지고의 권위를 가지고 계시는 쉬바께서 (자신의 아들 구하에게) 다음과 같이

선언하셨다.

"구속하는 모든 애착들을 극복하여,

해방을 성취한 사람은 (나처럼) 전지를 가지고 모든 곳에 존재하는 자각

이 될 것이다."

55-56.

경전들에 대한 모든 애착들을 버리고,

순수하고 오점이 없는 나의 정적stillness에 잠겨라(사마디 상태에 들라).

더 이상 얻어야 할 것이 아무것도 없음을 알라.

마음의 모든 잘못된 관념들을 소멸시켜

단 하나의 생각도 일어나지 않게 하라.

---

151 신체에 있는 동안에 해방된 자

56.

빗냐남 잉간 비다둔니 요기탄

옛냔드룸 예이두무다 린마이얏 — 슷냐니

앗다루마 달미 아함푸라뭄 알묵탄

옛탈라뭄 예구바나메 마남폴 — 닛타무메

57.

뭇트루날 빈바모두 무다리부 탄바얌

밧트랄 바람빌 발리유미바이 — 웃트렌드룸

아루 니라마야 안마 아반쉬바메

셰룸 비숫다부달 셴다발쿠 — 테루몰

58.

나마제팜 알차나이 난니릴 아달룸

오마뭄 사다나 맛트론드루민 — 드라메

달마달맙 파란갈 핀다모두 탄닐

키리야이갈룸 일라이양 켈니 — 푸리야보

끊임없이 나를 명상하라.

그렇게 하는 요기는 몸이 없게 되고,

나의 모든 내용들이 그에게서 나타날 것이다.

그는 안과 밖에서 빛나게 되며

실로 어디든, 어느 세계로든 갈 수 있다.

57.

전지, 희열, 영원한 지식,

자기 주권(독립, 자립, 자존), 고갈되지 않는 무한한 힘 등

이 모든 것들을 얻은 그는 고통들이 없는 나를 획득하여,

그는 항상 모든 곳에 만연하고 있는 쉬바와 하나가 된다.

58.

신의 이름을 찬팅하는 것, 예배, 신성한 물에 목욕하는 것

그리고 희생 의식들이나 어떤 수행도 그에게는 필요하지 않다.

의로운 행위와 의롭지 않은 행위들의 결과가 그에게 영향을 미치지 못
한다.

주먹밥이나 성수를 바침으로써 돌아가신 조상들에게 예배드릴 필요도
없다.

59.

일라이 니야망갈 일라이우파 바사뭄

일라이 프라비룻티 옙바가이윰 — 일라이

니브룻티 넬브람마차리 비라담

아발킬라이 옌드레 아리바이 — 아발라마이

60.

앙기닐 빌바찰라 닌드루비라 랏트루쉬바

퉁가 냐나무단 투잇투쉬바 — 앙가나이

닛티야나이 닐말라나이 빗투 스리쉬티달만

싯탐폴 산차란 셰이디두가 — 풋티라

61.

삿티얌 삿티얌 삿티야멘드레 문드루

삿티얌 입포두 샷트리넨 — 웃타맘

믹카 디딜엥굼 벨예두부메 테리야

탁카 딜라이구하네 탄타바메 — 톡카

59.

자기 조절의 수련들[152], 단식 등

그 어느 것도 그에게 적용되지 않음을 알라.

그에게는 해야 할 행위도 하지 말아야 할 행위도 없다.

금욕의 서약도 그에게는 요구되지 않는다.

60.

삶이나 삶이 주는 고통을 끝내기 위해 물이나 불에 뛰어들거나,

산꼭대기에서 뛰어내릴 필요도 없다[153].

차라리 쉬바 지식의 신성한 넥타를 마셔라.

영원하고 순수한 바로 쉬바의 형상으로

창조계의 적용되는 법칙에서 벗어나서, 너 마음대로 배회하라.

61.

이것이 진리요, 진리요, 진리다.

나는 그대에게 진리를 세 번 말한다.

이것보다 더 위대한 것은 결코 어디에도 없다.

---

152 니야마
153 경전은 쇠약으로 고통 받고 사다나를 계속할 수 없는 나이든 수도승들이 – '산꼭대기에서 뛰어내리거나' 또는 '강물'속으로 뛰어들거나, 스스로를 제물로 바침으로서– 자살의 죄악을 축적하지 않고 자신들의 삶을 끝내는 것을 허용한다. 만약 그가 나 안에서 합쳐진다면 이런 도피를 이용할 필요는 없다. 왜냐하면 그는 항상 기뻐할 것이고, 노화나 질병이 그에게 영향을 미치지 않을 것이기 때문이다.

62.

아말라누 무다마디 얄라나입 붓디

니말라나이 닐말라 안마바이 — 비말라맘

바밧티 날비말람 팔파벨람 엔드라말람

바빗툽 팔티두반 파렌드란 — 데반

이다나이 타밀일 이사잇탄 라마난

이다야 타밀담 이두

오, 구하!

62.

순수하며(비이원의 태도), 총명하며, 무지에 닿지 않으며, 지성이 깨끗하
며,

순수한 나에 있는 요기는

순수의 관점을 지녀 완벽한 순수를 본다.

순수한 시각에서 보니 모든 것들이 완전무결하게 순수하다.

이것은 슈리 라마나에 의해 타밀어로 번역된 것이다.

이것은 암송하는 자들의 가슴의 감로이다.

2. 바가바드 기타 사람

캅푸

팔탄 테리날 발타이 알라반

알티 폭카룰 물티 깍카베

눌

(산자야)

1.

카루나이 미군다 카룻타나이 둑캄

페루기 비리닐 페루가 — 바룬두마

팔탄 투얄아갈랍 팔투마두 수다나니브

발타이 우라잇탄 바굿투나랍 — 팔타네

2. 바가바드 기타의 정수

기도

아르주나의 전차에 앉으신 신께서 아르주나의 고통들을 없애 주셨듯이,

그분께서 우리를 보호하소서!

본문

(산자야[154]가 말했습니다.)

1.

낙담하고, 동정심에 압도되어 전차 바닥에 주저앉아 있는 아르주나의 괴로운 눈에는 눈물이 가득 고였습니다.

악마 마두의 살해자이신 마부 크리슈나는 그에게 다음과 같이 말했습니다. (2.1)

---

154 산자야는 눈먼 왕 드리타라슈트라의 시종이며, 예지력 있는 시각을 통해 마하바라타 전쟁의 사건을 이야기 해준다.

슈리 크리슈나

2.

데하미두 끄쉣티라마 셉팝 파두민다

데핫타이 야반 테리바노 — 데히야반

크쉣티락냐 멘드루 셉푸발 타마다나이

팔타린 돌갈 파굿투날바이 — 갓티라맘

3.

크셋티랑갈 야불룬 셴데 이룩킨드라

크셋티랏냐 벤나이 텔바예 — 크셋티란

크셋티라냔 탄마이 테리긴드라 냐나메두

올티닷데 예나 콥폰드라이 — 셸투나룸

4.

안막칼 야빈 아핫툼 아말긴드라

안마 야나반 아르주나 — 안막캇쿠

아디요두 맛디야뭄 안다무 마미바이갈

아디얌 야네 아리메이옙 — 포둠

슈리 크리슈나는 말했습니다.

2.

오, 쿤티의 아들[155]아!

현자들은 신체를 들(크세트라)이라 하며,

이 신체를 아는 자(크세트라갸)들을 아는 자(지켜보는, 목격하는, 이해하는)라고

한다. (13.2)

3.

오, 바라타! 내가 모든 들들을

아는 자임을 알라.

들과 들을 아는 자의 지식을

나는 진정한 지식이라 여긴다. (13.3)

4.

오, 구다케사! 나는 모든 존재들의 가슴 깊은 곳에

자리하고 있는 나(아트만, 영, 빛, 지성과 이해는 나의 그림자)이다.

나는 모든 존재들의

시작, 중간 그리고 끝이다. (10.20)

---

155 아르주나, 마하바라타의 위대한 궁수 영웅

5.

피란달 이락캅 페루달 우루디

이란달 피랍파 데날룸 — 우루디

빌락칼 카리야 비디이딜 니비네

칼락카 무랄렌 카라라이 — 칼락쿰

6.

피랍피랍 필란 옌드룸 핀눔 이반탄

피란두 카리얍 페라네 — 피라바단

옌드루물란 사수바단 입부달 콜랍파디눙

콘드루파단 톨로눗 콜루가 — 옌드룸

7.

이반투닉카 본난 예릭카 본나단

이반나나익카 바스트라보나 네둠 — 이바닛탄

옝구물란 타누 이얄발 사나타난

탕굼 아찰라네 탄안마 — 팡길

8.

예다날 니라이베이두 메이유미바이 야붐

370   라마나스라맘의 저녁 성가

5.

태어난 사람은 죽음을 피할 수 없고,

죽는 사람은 태어남을 피할 수 없다(탄생의 끝은 죽음이고, 죽음의 끝은 탄생이

다).

그대는 피할 수 없는 것에 대해

슬퍼하지 않아야 한다. (2.27)

6.

그것(아트만)은 여섯 가지 변화들인 태어남, 존재, 성장, 변형, 쇠퇴, 죽

음이 없다.

어떻게 그것이 신체가 죽을 때 죽을 수 있겠는가? (2.20)

7.

그것은 상처입지 않으며, 불에 타지도 않는다.

그것은 물에 젖지도 않으며, 바람에 마르지도 않는다.

그것은 영원하며, 모든 곳에 있으며, 변치 않으며,

움직이지 않으며, 견디어 내고 있다. (2.24)

8.

모든 곳에 퍼져 있는 그것이

아다리빌 라다 다리바이 — 예다날룸

말라다 압포룰라이 말라 셰야발라

알라간 아룸 아리운마이 — 켈라이니

9.

일라 다다누 키룹필라이 울라다눅쿠

일라마이 옌바딜라이 예나베 — 일라둘라두

옌눔 이란딘 이얄비두탕 칸달 메이

탄나이 아린다 다발 메이인 — 만니디눔

10.

옝굼예밧트룸 빈니룬 달룸 눈마이이날

탕굼아밧트릴 팟트라 탄마이폴 — 옝구메

데하 티룬달룸 데히얌 안마분

데핫틸 옷탄 텔리올리빈 — 나가

11.

카디론 마디융 카날루 멕칼룸

아다나이 올릴빗타 라가두 — 예다나이

파괴되지 않는다는 것을 그대는 알라.

그 불변하는 것을

어느 누구도 파괴할 수 없다. (2.17)

9.

비실재(프라크리티, 마야, 항상 변화하는 세상)는 존재를 가지지 않고(존재하지 않

고)

실재(Sat, 신성 혹은 불성, 영, 순수한 의식, 신, 보는 자, 목격자, One, 모든 것이 존재할 수

있는 바탕, 시간이 없는 존재)는

비존재를 가지지 않는다(항상 존재한다).

진리를 보는 현자들은 이 두 사실들을 알고 있다. (2.16)

10.

모든 것들에 스며들어 있는 공간이 미세하여

어떤 것에 의해서도 오염되지 않듯이,

나(아트만) 역시 모든 신체들에 있어도

오염되지 않는다. (13.33)

11.

태양도 달도 불도 그것을 빛나게 할 수 없다.

그곳에 이른 사람은

아다인데 마당가로 앗두파라 마멘

누다이야 비다메나베 올바이 — 바디붓트루

12.

우디야 도리야뗸 드로디답 팟타

아두메 닐라이엔 드라라이발 — 예다나이

마루비 티룸바로 맛트랏뗸 멜람

아리야 비다굼 아리바이 — 가루반셀

13.

마나밀랄 모하밀랄 맛트리날 살바사이

타닐라잇탈 엑칼룬 탄닐레 — 유나수카

둑캄에눈 돈단 톨라인다바라 냐니야라브

악샤라 비달룸 아바라사이 — 믹카

14.

예바눌 비디야이 이간디차이 예붐

아바바리 탄나이 아둡판 — 아반엔드룬

샤라네 싯디요두 샨티 수캇티나이윤

셰라네 묵티 시랍파다이유 — 네라가

아무도 돌아오지 않는다(결코 태어나지 않는다).

그것이 나의 최고의 거처이다. (15.6)

12.

이 최고의 거처는 지각되지(현현하지) 않는 것,

파괴될 수 없는(무한한) 것이라고 사람들은 말한다.

그것이 나의 최고의 거처이다. 나는 거기에 있다.

그것에 이른 사람들은 아무도 돌아오지 않는다. (8.21)

13.

자만과 무지로부터 자유로운, 애착이라는 악을 극복한, 늘 나(아트만)에

헌신하는(명상하는),

욕망을 뒤로 한, 쾌락과 고통 같은 이원성들을 완전히 초월한,

망상에 빠지지 않는 사람들은

(모든 변화들 너머에 있는) 그 영원한 상태에 이른다. (15.5)

14.

경전의 가르침들을 버리고,

욕망의 충동들에 따라 행위 하는

사람들은 지상의 행복도, 천상의 기쁨도,

삶의 최고의 목표(해방)도 놓칠 것이다. (16.23)

15.

옐라 부일칼리로 테카나이 나사무룸

옐라 밧트룸 폰드라 데인도나이 — 옐로룸

팔파달 콘납 파라메 슈라나이예반

팔판 아바네 팔판아얄랄 — 팔파로

16.

안니야 멘나다 안비날 옌나이 예발

운니두발 안나발케 웃타마네 — 옌나이이브

바라가 메이야이 아리얏 다리식카

페락카 탁콘얀 핀팔라 — 바람

17.

아바라발 탄마이 카둣타 파디예

예발쿰 스랏다이 예룬간 — 푸비일

스랏다이 유루푸루단 셀스랏다이 콧테

푸루다누 마달 포두메이 — 테리야

15.

모든 소멸하는 존재들 안에

동등하게 존재하는,

그들이 소멸할 때도 소멸하지 않는

하나(푸루샤)를 보는 사람이 바르게(진정으로) 보고 있다. (13.28)

16.

가장 충만한 봉사, 완벽한 믿음(헌신),

최대의 항복에 의해서만, 그대는 나를 알 수 있고,

나를 볼 수 있으며, 나 안으로 들어올 수 있다.

오, 적에게 고통을 주는 자여[156]! (11.54)

17.

사람들은 믿음을 필히 지니고 있다. 오, 바라타!

(삿트바적인 믿음의 사람들은 신을, 진리를 찾아 나설 것이다.

라자스적인 사람들은 이 세상으로 달려 나갈 것이다.

타마스적인 사람은 이 세상이 지옥일 것이다.).

그가 가진 믿음이 바로 그 사람이다. (17.3)

---

156 타밀어 utta mane는 최고의 사람이라는 의미이다. 바가반께서는 정확한 운보를 맞추기
위하여 원래의 산스크리트를 조금 변경하였다.

18.

스랏다이 불로네 티룻팁 포리야이

카룻틸 비다데 카루디 — 마루부반

메이야리부 메빕핀 멜라나 샨티이나이

예두반 신날릴 인긴다 — 메이유라

19.

옌팔레 싯탐이룻티 옙포두물

안발레 박티세이윰 안바룩쿠 — 옌나이야발

샬발예단알라 샬붓디 요갓타이

이베난 옌나룰랄 옌나다나이 — 셸보람

20.

안나바 룰라 타만데 아룰아다날

툰누마리 야마이얀 톨리룰라이 — 민눔

아리밤 빌락칼 아라베 이루디

유라셰이벤 야넨 드루날바이 — 페루마브

21.

아리발 예발담 아핫타리 야마이

아라베 아린다 다발탐 — 아리붐

18.

믿음을 지니고 있으며, 그것에 헌신하며,

감각들을 정복한 사람은 지식을 얻는다.

지식을 얻으면

그는 곧 최고의 평화(해방, 니르바나)에 이른다. (4.39)

19.

사랑스러운 숭배를 늘 하는 사람들에게

나는 (나의 성품을 알 수 있는) 이해의 요가(붓디, 순수한 상태)를 준다.

이것으로 그들은

(구나들의 목격자인) 나에게 이른다. (10.10)

20.

그들을 너무나 사랑해서

그들의 가슴에 머물고 있는 나는

지식의 찬란한 빛으로 무지에서 생긴

그들의 어두움을 몰아낸다. (10.11)

21.

무지가 (아트만에 대한)

지식으로 파괴될 때,

파리디야입 폴랍 파랏타이 올리라

푸리비 티두맙 포루데 — 테리올라긴

22.

멘마이 우랍포리갈 메붐 포리갓쿠

멘마남 암마낫틴 멘마디 — 탄마디인

멘마이야 야반 밀릴반 아반탄나이

안마밤 옌나 아리야리밤 — 안마

23.

마딕쿠얄 입바루 마딧테 마낫타이

마디얄 니루비 안마빈 — 마디셀

비자야 제입파이 벨랄카리야 카마

니자사 투루부루바이 니윰 — 이사인데

24.

예리윰 예리윰 예리카룸바이 옐람

예릿투 니락칼 예나베 — 예리얌

아리붕 카루맘 아나잇툼 예릿테

우루빅쿠 니라 부날메이 — 아리반

그 지식은 태양처럼 빛나

지고자(절대자, 무한자, One, 최고의 아트만)를 드러낸다. (5.16)

22.

사람들은 감각들이 감각 대상들보다 뛰어나다고 말한다.

감각들보다 마음이 뛰어나며,

마음보다 지성이 뛰어나다.

지성보다 뛰어난 것이 그것(신, 아트만, 절대적 목격자, 절대적 의식)이다. (3.42)

23.

오, 아르주나!

그대는 지성보다 뛰어난 것을 알았으니,

나(아트만)로 욕망의 형태를 하고 있는,

정복하기 힘든 적을 무너뜨려라. (3.43)

24.

오, 아르주나!

잘 켜진 불이 연료를 재로 만들 듯이,

(아트만) 지식의 불은

모든 행위들을 재로 만든다. (4.37)

25.

예반이약카 멜라뭄 이차이옌나 멘눔

이바이일 라나바 이양굼 — 아바네

아리베리얄 벤다비나이 아나바나이 안드롤

아리볼리셀 판디탄 옌드랄메이 — 아리붓트레

26.

아사이 시남앗트랄 아당구 마나뭇트랄

테수룸 안마바이 테레디갈 — 파사밀

붓달 아바룩쿱 푸라나 닐바나수캄

닛탐아누 부타마 네라달카 — 옛타닛투

27.

디람셀 붓디이날 싯탓타이 멜라멜라

네라 셰야벤두 니찰라나 — 마라다네

싯탓타이 안마빌 셀티두가 맛트레두붐

잇타나이윰 옌니다데 만디 — 옷테

28.

예두붐 스타라민드리 옌드루말라이 싯탐

예데다나입 팟트리예 예굼 — 아다디닌드루

25.

욕망 없이 일들을 하고

행위들이 지식(진리)의 불로 타버린 사람을

아는 사람들은

그를 현자라고 부른다. (4.19)

26.

욕망과 분노를 포기하고,

마음을 자신의 통제 아래 두어,

나(아트만)를 깨달은 사람에게

신의 희열(브람마 니르바나)이 모든 곳에 있다(감싼다). (5.26)

27.

확고한 결심으로

조금 조금씩 마음을 나(아트만)에 잠기도록(침례 하도록) 해야 한다.

마음이 나에 자리를 잡으면,

그는 아무것도 생각하지 않아야 한다. (6.25)

28.

동요하고, 가만히 있지 못하는 마음이

달아날 때마다,

일탄다 싯탓타이 옙포둠 안마빌

셀톳 스티라무라베 셰이잉간 — 셸테

29.

오둑킵 포리야이 울랏타이 마디야이

비둣타사이 아참 베룹푸 — 마둣텐드룸

묵티 타낙케 무나이유 무니바네반

묵타네 안다 무니바라누 — 닛탐

30.

사칼라 우일갈릴 탄나이윤 탄닐

사칼라 우일갈 타마이윰 — 비칼라마라

탄닐닐라이 텡군 사마녹쿨란 칸반

단니얀 안다 타반 폴라 — 만니나라이

31.

안니야 신타이 아누부밀라 덴나이예

운니 예발 옌드룸 우파십팔 — 옌닐레

옌드룸온드룸 안나발담 요가 크쉐망갈라이

옌드룸 다릿티두벤 얀탈라이얄 — 온드룸

그것을 자제시켜

나(아트만)에 있도록 데려와야 한다. (6.26)

29.

감각들, 마음, 지성을 통제하였으며

해방을 최고의 목표로 삼아

항상 욕망, 두려움과 분노가 없는 성자는

사실 늘 해방의 상태에 있다. (5.28)

30.

자신의 나(아트만)와 신이 하나라를 것을 보는 사람은

모든 것(창조자에서 풀에 이르기까지)들을 동일한 것으로 본다.

그는 모든 존재들이 나(아트만) 안에 있음을,

나(아트만)가 모든 존재들 안에 있음을 본다. (6. 29)

31.

한결같은 헌신으로

항상 나를 숭배하고, 나를 명상하고,

나에게 헌신하는 사람들에게

나는 그들의 해방[157]을 보장한다. (9.22)

---

157 본래 원문에서는, 가지지 않은 것을 얻게 하고 가진 것을 지켜준다 라고 되어 있다. 여기

32.

아발갈린 냐니 아나니야 박탄

아반비다 요기유 마반 — 아바네

페리얀 아발쿱 피리얀 야넬쿠

피리얀 아바눔 페리둠 — 피리빌란

33.

옌닐 젠망갈 이루디 아딜냐니

옌니 아핫틸에나이 옙포둠 — 옌니

옐람바수 데반에나 옌누루반 만마

벨랄쿰 아리얀 이바넨 — 닐라데

34.

아핫툴라 팟트렐람 앗트란 옙포딜

우합푼 타닐탄날 웃트란 — 바굿타날

압포 다반메이 아릿냐나 난엔드루

메입보다 뭇트랄 미갓텐데 — 옙포둠

35.

이간다바나 이차이옐람 예이다다 딜팟트루

아간드라바누 마이울란 알단 — 아한다이

32.

이들 중 으뜸은

하나(one Being, 일자)에 항상 확고하게 헌신하는 현자들이다.

나는 현자들에게 매우 소중하고

현자는 나에게 소중하다. (7.17)

33.

많은 탄생들의 끝에 현자들은

모든 것의 원인이 나라는 것을 알고

나에게로 온다.

그런 위대한 영혼(마하트만)들을 발견하기란 얼마나 어려운가! (7.19)

34.

그는 나(아트만)에 있는 희열을 알고

마음의 모든 욕망들을 포기한다.

나는 그를

깨달은 사람이라고 부른다. (2.55)

35.

평화가 모든 욕망들을 포기한,

에서 신의 은총을 언급하고 있다.

마마다이유 밀라 암마푸루단 엔드룸

아마이디 우루반 아리바이 — 아마인다

36.

예반팔 울라구바얌 예둠 우라도

예반 울라구 칸자노 예둠 — 예반탄

우발푸발푸 비티 울락칼락캄 앗트론

아반예낙쿠 밉피리 야남텔 — 예바노루반

37.

마나마바 마나마루빌 사마나기

예나이야루 트랄갈릴 옵페인도나이 — 타네

타난단 타나이야갈라 탄무얄치 옐랑

구낭갈 카단도나 쿠라이 — 타나바두

38.

예반안마 빈칸 이라밉판 맛트룸

예반안마 빌티룻티 예인단 — 예반안마

빈칸네 인붓트리룹판 아반타낙쿠

엔드루메 셰이바달콘 드린드라메 — 안드리야반

애착들을 포기한,

자아를 포기한,

이것 혹은 저것이 나의 것이라는 감각을 포기한 사람에게 온다. (2.71)

36.

세상 사람들을 동요시키지 않고

세상 사람들에 의해서도 동요되지 않는,

기쁨과 분노와 두려움과 불안이 없는 사람,

그는 나에게 소중하다. (12.15)

37.

존경받는 것과 무시를 당하는 것이 같고

친구들과 적들이 같다.

그는 모든 시도들을 포기한다.

그런 사람은 구나들**158** 너머로 갔다고 말해진다. (14.25)

38.

나(아트만)에만 기뻐하며,

나(아트만)에 만족하며,

나(아트만)에만 흡족해하는

---

158   모드, 속성들. 이 경우는 삿트바, 라자스, 타마스라는 셋 속성들.

39.

판눔 비나이얄 파야네둠 예이달일라이

판나 다다날룸 파바밀라이 — 난니야발쿠

옙부일 갈랄룬탄 예디다 탁카담

옙비다맘 포룰툼 인드렝굼 — 옙비닷툼

40.

웃트라담 펫트릴 우밥풋트란 돈당갈

잇트란 아룩카 릴라다반 — 웃트루마이

펫트라 아밧트룹 페라다밧트룹 탄셰이달

웃트라룸 반다 무란엔드룸 — 팟트랏트레

41.

이산 우일갈 예밧트룰룬 셸이다야

데삿틸 엔드룸 티갈긴드란 — 파사맘

마야이얄 엔디란 셸만누일갈 야비나이윰

오얄라라 닌드루랏트랄 웃트루일갈 — 네얀

그는 아무런 할 것이 없다. (3.17)

39.

그때 드디어 그는 행위들을 통해 얻을 것이 없으며,

행위들을 하지 않음으로 잃을 것이 없다.

그는 이루어야 할 것이 아무것도 없기에

어느 누구의 도움도 얻을 필요가 없다. (3.18)

40.

그는 우연히 오는 것에 만족해하며,

상반되는 쌍들 너머로 갔다.

부러움이 없고, 성공과 실패에 있어서 마음이 평온한

그는 실제로는 아무런 행위를 하지 않고 있다. (4.22)

41.

신은 모든 존재들의 가슴에 머물고 있다. 오, 아르주나,

그는 자신의 프라크리티(마야, 현현)의 힘으로

마치 인형처럼

모든 존재들을 살아 움직이게 한다(삼사라의 바퀴를 회전시킨다). (18.61)

42.

아바나이 샤라남 아다이가 엡밧트룸

아반아룰랄 샨티 아다이바이 — 아반아룰랄

이릴라 압파다뭄 예이두바이 바라타네

페리다닐 일라이 피라벤드레 — 쿠룸

발투

바가밧 기타입펠 파누발린 사라

토가이야레 라굼 슬로칸 — 타가베

수룩키 라마난 토굿탈릿타 인눌

이룩쿠마남 이살 키룹푸

아르주날쿠 기타이 아룰리난 바리

비리추라잇타 눌라이 미가베 — 슈룩키야빈

눌바리 바리 누발아디얄 스리라마난

탈바리 바리야룻 탈

42.

오, 바라타, 그대의 온 존재를 다하여

그분에게 피난하라.

그분의 은총으로

그대는 최고의 평화와 영원한 거처를 얻을 것이다. (18.62)

끝맺음의 찬양 시[159]

바가반 슈리 라마나 마하리쉬께서

선정하신 기타의 정수는

이렇게 빛난다.

진지하게 그리고 헌신적으로

이 42 노래를 공부하는 사람은

기타가 전하고자 하는 지식을

쉽게 얻을 것입니다.

---

159   이 마지막 시들은 무루가나르가 지은 것이다.

금요일: 리메이크들

8세기 힌두 다르마의 쇠퇴기에 위대한 스승 슈리 샹카라차리야가 태어났다. 그의 짧은 생애(32년)의 여정에서 그는 베단타의 가르침을 재정립하였고 불교, 자이나교, 그리고 다양한 종파의 추종자들을 분야의 지지자들로부터 승리하였다. 그는 라마, 크리슈나, 나라싱하 같은 위대한 화신들 뿐 아니라 미낙시(마두라이), 나타라자(치담바람), 자간나타(푸리)를 찬미하는 아름다운 찬가(스톳트람)들을 지었다. 다양한 지역에서 사원을 수립한 그는 무수한 파디야트라[160] 동안의 미덕으로 바라타의 지역을 통합하였다. 그는 사제의 전통을 전수한 산야신의 법규를 확립하였고, 모든 존재 속에서 아트만의 실재를 강조한 탁월한 아드바이타 경전들을 저술하였다.

많은 시간이 지난 후, 슈리 라마나 마하리쉬의 가르침은 샹카라의 가르침을 되돌아보게 하고 그의 가르침들을 증폭시켰다. 바가반은 샹카라의 가르침을 자신의 것으로 받아들였다. 때때로 그는 자발적으로

---

160 [옮긴이 주]파디야트라는 정치인이나 저명한 시민들이 다른 지역과 보다 긴밀하게 상호작용하고 교육하며 지지자들을 고무시키기 위해 다녔던 도보여행을 말한다.

또는 헌신자들의 요청에 따라 슈리 상카라 작품들을 번역했다.

1. 스리 닥쉬나무르티 스톳트람(슈리 닥쉬나무르티 성가: 바가반 서문)

생각의 힘을 통하여 브람마는 사나카, 사난다나, 사나트수자타, 사나트쿠마라는 네 아들을 창조하였다. 그는 그들에게 세상을 창조하고 유지하라고 명하였다. 그러나 그들은 태어날 때부터 완전히 초연하였기에 세상의 일에 흥미가 없었다. 그들은 평화와 평온을 찾아 돌아다녔다. 그들은 냉철하였음으로 영적 가르침을 받기에 적합하였다.

쉬바가 반얀 나무 아래의 닥쉬나무르티(남쪽을 바라보는 신[161])로서 인간의 형상을 하고 그들 앞에 나타났다. 그는 오른손을 친무드라[162]로 만들어 몰입한 채 침묵으로 앉아있었다. 네 명은 쇠붙이가 자석에 끌리듯 그에게로 이끌렸다. 그들은 그의 앞에 앉아서 그처럼 나 속으로 잠겼다.

영적으로 많이 발전을 본 구도자들조차도 이 침묵의 상태를 쉽게 이해할 수 없다. 세상, 보는 자, 그리고 세상을 인식하게 하는 자각이라는 이 셋은 그들의 길에 있는 방해물들로 생각한다. 하지만 하나의 힘 즉 샥티는 스스로 이 세 가지로 나타난다. 그리고 그것들을 다시 자신에게로 불러들인다. 그러므로 그 모든 것은 나의 힘이다. 샹카라차리

---

[161] 그 이름은 또한 무형의 형체를 하고 온 신, '형체가 없는 힘'을 의미하는 닥쉬나–아무르티로도 나뉠 수 있다.

[162] '의식의 손동작'은 엄지와 검지를 서로 붙이고, 세 손가락을 뻗음으로써 표현된다.

야는 이 진리를 이 찬가에서 자세히 설명하였다[163].

2. 안마 보담(나 지식[164])

1948년 어느 날, 한 무슬림 헌신자가 이 시의 타밀 번역문을 바가반께 보냈다. 바가반은 그 글을 몇 번이나 꼼꼼히 읽어본 다음 다시 그것을 펴 볼 수 있도록 옆에 두었다. 헌신자들은 그의 얼굴에서 내면으로부터 일어나는 충동을 알아차릴 수 있었을 때, 바가반은 벤카타라트남에게 도서관에서 산스크리트 버전을 가져와 달라고 했다. 그것을 훑어본 후 두 개의 벤바를 지었다.

바가반은 쓴 두 개의 벤바를 수바라마이야에게 보여 주었으며 더 이상 벤바를 쓰지 않으려 했다. 수바라마이야는 더 이상 시를 쓰지 않으

---

163 샹카라차리야는 비이원론의 개념을 보급하기 위해 전체 인도를 두루 다녔다. 그는 쉬바 신의 열렬한 헌신자였기 때문에, 쉬바 신이 숭배 받는 장소를 방문하는 것은 그에게 당연한 일이었다. 전체 인도에는 쉬바 신과 관련된 열두 개의 성지가 있었다. 이것들은 '죠티르링가'라고 불린다. 이 '죠티르링가'들은 어떤 특별한 목적을 위해 쉬바 신의 신상, 또는 불 등의 형태로 된 그의 표식이 저절로 나타난 고대의 장소들이다. 이 '죠티르링가'라는 단어는 빛이 쉬바 신의 확실한 상징이라는 것을 의미한다. 하지만, 이것은 평범한 빛이 아니라 우리를 똑같이 변형시키는 빛이다. 이 장소들이 여전히 쉬바 신을 숭배하기 위해 가장 추앙받는 곳임은 말할 필요도 없다.

그런 '죠티르링가' 중의 하나가 우자인에 있는 마하칼 사원의 신이다. 열한 개의 다른 죠티르링가들과 달리 이 신은 남쪽을 향하고 있어서 닥쉬나무르티 또는 남쪽을 향하고 있는 신이라고 불린다. 샹카라차리야는 마하칼 사원에서 쉬바 신을 숭배하며 이 시를 지은 것으로 보인다. 전통적으로, 남쪽은 죽음의 방향이고, 그런 이유로 그것은 불길하다고 여겨진다. 그러나 쉬바 신은 죽음을 지배하며, 마하칼 즉 죽음보다 더 위대하다고 불린다. 그는 또한 그의 헌신자들에게 불멸을 주기에, 그의 신이 남쪽을 향하고 그의 헌신자들의 마음에서 두려움의 마지막 흔적까지도 지우는 것은 이치에 맞는 것으로 보인다. 이 시는 단 열 개의 절로 이루어져 있지만, 그것은 베단타의 가장 깊은 가르침들을 아름답게 전한다. 그것은 샹카라차리야의 심오한 작품으로 여겨지며 오늘날에도 쉬바 신의 여러 사원에서 정기적으로 암송된다.

164 타밀어로는 안마 보담Anma Bodam이다.

려 하는 바가반에게 결정을 재고해 주기를 요청하였는데 바가반은 설득되지 않았다. 그러나 이틀 후에 바가반은 몇 개의 시를 더 지었고 다음과 같은 말을 하였다. "매 순간 내가 글쓰기를 그만두려고 할 때마다, 쓰는 것을 계속해야 한다는 생각이 나에게 나타났습니다. 그 생각은 나를 혼자 두지 않을 것처럼 보입니다!" 결국 며칠 안에 68연의 시모두를 완성하였다.[165]

3. 스리 구루 스투티(슈리 구루 찬양: 바가반 서문)

샹카라차리야가 수많은 학파의 대표자들과의 지역 토론을 했을 때, 그는 북쪽에 있는 마히슈마티 마을에 갔다. 거기에는 베다 의식의 대표자인 만다나 미슈라가 살고 있었다. 슈리 샹카라는 그와 토론을 했으며, 그 토론에서 샹카라는 승리하였다. 그러나 판디트의 부인은 그녀가 패할 때까지 패배를 인정하지 않았다. 그래서 샹카라차리야는 그녀와도 토론을 했는데, 하나를 제외한 모든 주제들에서 승리했다.

승리하지 못한 그 하나의 주제는 바로 부부관계에 대한 주제였다. 샹카라는 결혼을 하지 않은 수도승이었다. 그는 한 달의 휴식기간을 요청했다. 샹카라는 그 한 달 동안 동굴에 몸을 벗어놓고 제자들에게 몸을 보호해주도록 요청했다. 그리고는 최근에 죽은 아마루카라는 왕의 몸으로 들어갔다. 이제는 왕으로서, 그리고 남편으로서 백 명의 여왕들 사이에서 즐겁게 놀았다.

---

[165] 이 이야기는 바가반의 오랜 헌신자 T.R. 카나카말에 의한 것이다.

그러는 동안, 제자들은 자신들의 구루가 정한 기간이 다 되어가자 초조해졌다. 샹카라가 자신의 진정한 정체성을 잃어버렸을까봐 걱정이 된 그들은 음유시인으로 변장하여 궁전에 들어가서 이 노래를 그에게 불렀다.

4. 스리 하스타말라캄 스톳트람 (슈리 하스타말라카 찬가: 바가반 서문)

샹카라차리야가 인도의 서쪽 지역을 여행하다가, 슈리 발리라는 마을에 이르렀다. 그곳에서 여러 사상의 대표자들과 성공적으로 논쟁하였다. 그 마을의 프라바카라라는 브람민이 샹카라가 왔다는 말을 듣고 그의 열세 살 된 아들을 데리고 갔다. 그는 스승 앞에 절하였고 그의 아들에게도 똑같이 하게 했다. 그런 다음 그는 그 소년이 어린 시절부터 말을 못하고, 좋아함과 싫어함, 명예나 불명예의 감각도 없고, 그 나이 또래의 소년들이 관심이 있어야 하는 것들에 관심을 두지 않는다고 말했다. 그러자 샹카라는 아이에게 이 시를 소개하는 질문들을 했다. 다음의 시들은 이 소년의 대답이다.

아버지는 아들의 고원한 대답을 듣고, 말을 잃었다. 그러나 샹카라는 아버지에게 말했다. "그는 자신의 불완전한 고행으로 인해 당신의 아들이 되었습니다. 이것은 당신의 행운입니다. 그는 이 세상에서 당신에게 아무런 유익함을 주지 못할 것입니다. 그가 나와 함께 있게 하십시오." 슈리 샹카라는 그 아버지께 집으로 돌아가라 말하고 그 소년은 자신과 있도록 했다.

샹카라차리야의 제자들은 나중에 어떻게 그 소년이 가르침을 듣지 않고 브람만의 경지를 얻게 되었는지를 물었다. 구루 샹카라는 대답했다. "한 번은 그 소년의 어머니가 몇몇의 부인들과 함께 강에서 목욕하기 전에, 그 소년의 어머니는 두 살 된 그녀의 아들을 야무나 강둑에서 고행을 수행하고 있던 위대하고도 높은 경지에 이른 완성을 이룬 요기에게 돌봐달라고 맡겼습니다. 불행히도 아이는 강 쪽으로 아장아장 다가섰다가 익사하였습니다. 비탄에 잠긴 어머니에 대한 자비로, 사두는 자신의 몸을 버리고 어린아이의 몸속으로 들어갔습니다. 이런 이유로 이 소년은 이러한 높은 경지에 도달하였습니다."

1. 스리 닥쉬나무르티 스톳트람

만갈람

만누마 무니바랄 샨티 만나베

텐무카 물티야이 티간두 모나만

탄닐라이 티갈티잇 투디일 탄마얌

숀나밧 상카란 투눔 옌눌레

눌

1.

마우나마 무라이얄 캇투 맙브람마 바스투 발란

쉬바닐라이 타발 샬시달 셰리구루 바란 실카이얀

우바가이욜 우르반탄눌 우밥파반 칼리무 갓탄

아바나이얀 텐팔 물티 압파나이 옛투보메

1. 슈리 닥쉬나무르티 성가

기도

당신께서는 닥쉬나무르티로 나타나시어

당신의 침묵의 진정한 상태를 보여주셔서

넷 위대한 고행자들[166]에게 평화를 주셨습니다.

이 찬가에서 나의 성품을 표현하신 분께서 저 안에 계십니다.

본문

1.

침묵을 통해 지고한 브람만의 성품을 가르치시는 분, 청년의 모습으로
계신 분,

브람만에 안에 확고히 머물고 있는 가장 유능한 제자들에 둘러싸여 계
시는 분,

가장 저명한 구루이신 분, 깨달음을 나타내는 손동작을 하고 계신 분,

희열의 성품이신 분, 자신 안에서 즐거워하고 계시는 분, 자애로운 얼

---

[166] 브람마의 네 아들

2.

울라구칸나디 울녤 우랏타눌 안냐 낫탈

벨리이닐 투일 카납폴 빌란기다 칸두 냐나

닐라이유루 네란 탄나이 오루바나 예바넬 칸반

탈라이유루 구루밤 안다 닥쉬나 물티 폿트리

3.

빗툴레 물라이폴 문남 비칼파밀 잇자감핀

칼피타 마야데야 칼라칼 맛탈 팔팔

싯티람 비립판 야반 싯다누 마이 간폴

삿티얄 구루밤 안다 닥쉬나 물티 폿트리

4.

예바놀리 운마이 인마이 이야이 포룰 일랑구 네레

예바나두 니야나 옌 드리사잇투날 투반센 도라이

예바나이넬 카닌 민둠 입바바 카달빌 빌라이

타바루루 구루밤 안다 닥쉬나 물티 폿트리

굴을 하고 계신 분,

남쪽¹⁶⁷을 바라보고 계시는 아버지와 같은 분, 그분께 경배를!

2.

우주는 거울에 비친 도시처럼 자신 안에 있습니다.

꿈과 같은 마야 때문에 우주가 자신의 바깥에 있는 것으로 알고 있지
만

나를 깨닫는 순간 우주는 자신 안에 있습니다.

그것을 보게 하신 최초의 스승이신 닥쉬나무르티, 그분께 경배를!

3.

우주는 창조되기 전에는 씨앗 속의 싹처럼 구분되지 않지만,

당신께서는 마법사¹⁶⁸나 위대한 요기처럼,

그 씨앗을 공간, 시간 및 카르마에 따라 놀랍고 다채로운 모습으로 펼
쳐 보이십니다.

그러한 스승이신 닥쉬나무르티에게 경배를!

4.

실재이신 당신의 빛이 비실재인 세상의 모든 대상들에 스며들어 그것

---

167 지고의 스승은 영적인 북극이며, 따라서 전통적으로 남쪽을 향하고 있다.

168 마야바^{mayavi}: 마법사. 자신의 마법에 영향 받지 않는 신 자신은 (반면 다른 이들은 환영
을 진짜라고 여긴다.) 자신의 창조에 휘말리지 않는다.

5.

팔라 툴라이 쿠닷틸 디팝 파이카틸 폴얄 냐남

비리무달 포리바입 파인두 벨리사리 타린데넨나

빌랑기둠 예바나이 샨두 빌랑구밉 아바니 야분

샬라마루 구루밤 안다 닥쉬나 물티 폿트리

6.

우달우일 포리갈 푼디 온드루팔 아가마 텔발

마단다이얄 발랄 안달 마다이야레이 무다 바디

마다마이얄 빌라이윰 암마 마약카메 마익쿠 냐나

타다이야루 구루밤 안다 닥쉬나 물티 폿트리

들을 빛나게 하시는 분,

당신께 의지하는 사람들에게 '그대가 그것이다.'라는 진리를 가르치시는 분,

당신을 깨달으면 더 이상 탄생의 바다에 떨어지지 않을 분,

고행자들의 피난처이신 분, 구루 닥쉬나무르티에게 경배를!

5.

구멍들이 많이 뚫린 항아리 안에 둔 등불의 빛처럼 빛나시는 분,

눈 같은 감각 기관들을 통하여 당신의 지식이 뿜어져 나오는 분,

'나는 안다'로 빛을 발하시면 온 우주가 당신을 따라 빛나는 분,

부동의 스승이신 닥쉬나무르티께 경배를!

6.

자신을 신체, 생명력, 감각들, 지성, 또는 공^{void}으로 알고 있는 이들은

교육을 받지 않은 사람들, 어린아이, 눈이 먼 자, 바보처럼 미혹되어

말을 많이 합니다.

무지가 낳은 큰 망상을 소멸시키시는 분, 지식의 장애들을 제거하시는 분,

구루 닥쉬나무르티에게 경배를!

7.

이라구파 트리라비 팅갈 예나불란 마야이 무다

파라불라 모둥가 툰깁 파라비다 우나룽 칼람

푸라부랑 기나나 넨드루 보다남 예반푸 마나이

샤라샤라 구루밤 안다 닥쉬나 물티 폿트리

8.

쿠라비문 나나부 문나 쿠루팔 아바스타이 옐람

슈랄리눙 칼란디룬데 졸릭쿠물 아가마 날룽

카랄비루 볼칼 탄나이 캇투반 실쿠 립팔

타랄비리 구루밤 안다 닥쉬나 물티 폿트리

9.

울라가이야 립푸마노 쿠룸팔라 나나 카나빌

칼랑기예 마야이얄레 카리야 카라 남핀

탈라이바눈 다산 시단 구루마간 탄다이 야디

탈라무루 구루밤 안다 닥쉬나 물티 폿트리

7.

일식이나 월식으로 해와 달이 가려지듯,

마야로 마음(태어남이 없는 나)이 가려지면 잠을 잡니다.

깨어나서는 "나는 이제까지 잠을 잘 잤다"고 자신이 존재하고 있음을

인식하시는 분,

움직이고 움직이지 않는 모든 것들의 구루이신 닥쉬나무르티께 경배

를.

8.

(유아기 청년기 등) 신체의 다양한 단계들이나 (깨어있음 꿈 등) 마음의 다양한

단계들에도

나는 그것들과 아무런 관련이 없이 빛나고 있습니다.

내면의 빛을 가리키는 손 자세를 그의 헌신자들에게 드러내시는 분,

지식의 불꽃의 눈을 하고 계시는 분, 스승이신 닥쉬나무르티께 경배

를!

9.

마야에 현혹되어, 우리는 깨어 있거나 꿈을 꾸는 동안에

원인과 결과, 주인과 고용인, 제자와 스승, 아버지와 자식 같은 구분들

을 우주에서 봅니다.

그 모든 것들 내에 나가 늘 있다는 것을 알려주시는

10.

만푸날 아날칼 바나 마디카디 론푸 마눔

엔드롤릴 샤라 샤란셀 이두예반 옛투 물탐

엔누발 키라이 니라인돈 예바닌 안니얀 샷트린드람

탄나룻 구루밤 안다 닥쉬나 물티 폿트리

11.

사루바문 타나 난드라이 샷트루미 톳티 랏틴

시라바난 탄날 알타 신타남 디야낭 가남

푸리바달 엘란타남 부티셀 이산 탄마이

마루비두 맛트루 멧타 마디바루 셀반 타네

세상의 스승이신 닥쉬나무르티께 경배를!

10.

움직이거나 움직이지 않는 우주의 모든 것들 즉 지 수 화 풍 공 태양 달

영혼은 당신의 여덟 형상들입니다.

탐구하는 사람에게는 당신이 지고의 존재이시고 모든 곳에 만연하시

는 분이십니다.

당신 너머에는 아무 것도 존재하지 않습니다.

자비로운 스승이신 닥쉬나무르티께 경배를!

11.

이 찬가에서는 나가 설명되고 있습니다.

그것을 경청하고, 그 의미를 성찰하고, 그것을 명상하고, 그것을 노래

하면[169],

나(절대적 실재)에 있는 무한한 영광과 더불어 완성이 올 것입니다.

그때 여덟 모습들로 있는 초자연적 힘들(싯디들)[170]이 막힘없이 얻어질

---

169 기타(9-27)에서는 말한다. "그러므로 아르주나, 그대가 무엇을 하든, 무엇을 먹든, 무엇을 숭배로 바치든, 무엇을 주든, 무슨 고행을 하든, 그것들을 내 앞에 공물로 두어라."

170 싯다^{Siddha} 아래와 같이, 싯디라고 하는 여덟 가지 초능력을 특별히 가지고 있는 것으로 전해지는 아주 순수하고 힘이 있는 영적인 존재.
   1. 아니마: 작게 되는 힘.
   2. 마히마: 마음대로 크게 하는 힘.
   3. 라기마: 가볍게 하는 힘.
   4. 프랍티 : 바라는 것을 얻을 수 있는 힘.
   5. 프라캄얌: 물리칠 수 없는 의지의 힘.

것입니다.

스승의 형상을 한 닥쉬나무르티께 경배를!

---

6. 이시트바: 우월의 힘. 절대적 통제

7. 바시트바: 다른 사람을 정복시키는 힘.

8. 카마바사위타: 욕망의 통제.

2. 안마 보담[21]

만갈람

안마빈 보다마룰 아사난 상카라나브

안마부 칸니얀 아바노 — 안마바이

옌나핫테 이룬딘드루 타밀 솔바눔

안나바 난드리 맛트라 룰랄 — 문날

눌

1.

타반갈리날 파반 타빈다바라이 샨티

아빈다바라이 아사이 아룬다라이 — 바바묵티

아다라 만다루 카다이야 타굼안마

보다마 미두 푸갈라굼 — 오디브

---

21 칼리벤바 음율에서

2. 나 지식

기도

나에 대한 깨달음을 주시는 분이신 샹카라가

자신의 나와 다를 수 있습니까?

내 안의 가장 깊은 곳에 계시는 그분이 아니고

누가 타밀어로 나의 영원함을 말하겠습니까?

본문

1.

긴 세월동안 타파스[171]들을 하면

불순물들이 깨끗이 씻어져 순수해지고, 마음이 평화로워지고, 감각의

욕망들로부터 자유로워집니다.

이러한 사람들이 이제 해방을 구하고자 할 때

그들의 바람이 이루어주기 위해서 이 책 아트마 보다가 만들어졌습니다.

———————

171　고행

2.

아리본드레 넬묵티 사다나 마굼

피라 사다낭갈린 페람 — 아리빈드리

아가두 묵티유랄 악기니인드립 파캄

아가다 바렌 드라리바이니 — 모하

3.

아리야마이 쿱파가이 안드라다날 칸맘

아리야마이 탄나이 아갓트라두 — 아리베

아릭쿠마리 아마이올리 안다카라 쿰브

오릭쿠마 렌드레 우날바이 — 무루둠

4.

아리야마이 얄마라이 바나두 폴안마

아라베앗두 예카마 타기— 니라이바이

일라구메 타나이 이리야베 메감

일라굼 아딧타네나베 난구 — 울라길

5.

아리야마이 양칼락캄 아루무일 투이탐

아리붑 파일치이 날라브 — 아리붐

2.

해방에 이르게 하는 모든 수단들 중

지식이 유일한 직접적인 수단입니다.

요리를 할 때 불이 필수적이듯이,

지식이 없이는 해방은 얻어질 수 없습니다.

3.

행위(카르마)는 무지를 없앨 수 없습니다.

왜냐하면 행위는 무지와 반대되는 것이 아니기 때문입니다.

빛이 어둠을 없애듯이

지식은 무지를 없앱니다.

4.

무지 때문에

나는 지금 숨겨져 있는 것처럼 보입니다.

무지가 제거되면, 순수한 나는

구름이 물러난 뒤의 해처럼 저절로 빛납니다.

5.

지바[172]는 무지와 뒤섞여 있지만,

---

[172] 개인, 자아

아갓트리 아리야마이 아리유메 닐마수

아갓트룸 텟트람포디 욥파이탄 — 아핫투

6.

비룹푸 베룹파디 비카라 삼사랏투

이룹풍 카나부 키나이앗두 — 우룹파둠

포두메이 폴랍 폴리유메 보다무디

포다두붐 포이야깁 폼핀날 — 케다밀라이

7.

옙발라부 칼람 예바익쿰 아디쉬 타나맘

압비야야 맘브람맘 아인다리달 — 옵비다두

앗투나익칼람 아킬라뭄 메이야이 톤드룬

숫티벨리 폴라 투니바이니 — 못타

부단한 지식의 수행으로 순수해집니다.

왜냐하면 세척 분말이 물속의 불순물들과 함께 사라지듯이

무지와 함께 자아를 정화한 후 사라지기 때문입니다.

그러나 여기에 세상이 있는데,

어떻게 나만이 실재이며, 비이원일 수 있습니까?[173]

6.

사랑과 미움, 집착과 혐오 같은 상반되는 것들로 가득 차 있는

이 세상(삼사라)은 꿈과 같은 것입니다.

(무지로 있는 한) 실제인 것으로 보이지만 깨어나면 그것들은 사라집니다.

왜냐하면 그것들은 실제이지 않기 때문입니다.

꿈에서 깨어나면 꿈은 부정되기 때문에, 저는 꿈이 실재하지 않는다는

것을 압니다.

그러나 세상은 계속되며, 저에게는 세상이 실재하는 것으로 보입니다.

7.

모든 것의 유일한 바탕(토대)인 비이원의 브람만을 보지 못하는 한,

세상은 실재인 것으로 보입니다.

해변의 조개껍질은 달밤에는 은인 것처럼 보이지만

---

173 대화 상대자의 질문들은 원본 시의 일부가 아니지만, 이러한 형식은 샹카라와 다른 경전
을 번역할 때 전통적인 방식으로 사용된다.

8.

무달 카라나마이 무루디 나다람

아두밤 파레산 아핫테 — 우다디

우디쿠미리 갈폴 울라강갈 옐람

우딧티룬 도이욥 우날바이 — 무달라반

9.

삿치타 난단 사칼랏툼 울룰란

이차남 비쉬누닐라이 탄닐 — 소차맘

폰닐 카다카디 폴룸팔 톳트라멜람

안니얌 안드렌드라리 뭇트룸 — 만날루룸

10.

빈닐레 폴라 빌랑기사닐 톤드룸

옌닐우파디 이샤인다 비부 — 반날루마

(낮에 보면) 은이 아닙니다.

그러나 세상은 너무도 다양합니다.

그런데도 당신께서는 오직 하나만 있다고 말합니다.

8.

바다 표면의 파도들처럼

이 세상은 모든 것의 원인이고 토대인

지고한 존재로부터 생겨나 머물다, 그 안으로 사라집니다.

9.

금 장신구들은 비록 다른 모습들과 이름들을 가지고 있을지라도

본질적으로는 금입니다.

이와 마찬가지로 모습들과 이름들을 달리하고 있는 세상의 모든 것들
은

지각자의 상상이며 바탕에는 존재, 의식, 희열인 브람만이 있습니다.

그렇습니다. 그렇다면 수많은 개별적인 영혼들은 무엇입니까?

10.

공간은 여러 형상들과 더불어 있으면 다양한 공간으로 나누어져 있는

것처럼 보이지만

베다 부파디갈랄 빈난폴 바나바이

포달룸 푼드랍 포룰라반 — 오둠

11.

팔라밤 우파디갈 팟트리예 나망

쿨라마 시라마무달 콜가이 — 잘랏틸

수바이니라 마디폴 숫다 안마빌

아바이 칼피타맘 아리가 — 카바이야이

12.

칼란다 페루마임 부타 카리야 마궁

칼란다비나이 산다 칼라망 — 칼락쿰

이다린바 보감 예바이윰 푸싯탈쿠

형상들을 제거하면 순수한 공간만이 남습니다.

이와 마찬가지로 무한한 실재는 다양한 첨가물(우파디, 즉 신, 인간, 동물 등과

같은 존재들) 때문에 다양한 것들로 보이지만

그것들이 떨어져나가면(파괴되면) 하나(하나로 있는, 비이원으로 있는)가 남습니

다.

그러나 개인들에게는 상이한 조건들이 있고, 그것들에 따라 다양한 임

무들을 가집니다.

11.

물이 그 안에 섞여 있는 것(우파디)들 때문에 달고, 쓰고, 짠 등의 맛이

나듯이

종족, 이름, 지위 등 이 모든 것들은 비이원으로 있는 나에 덧씌워진

것입니다.

나에 그런 속임수들을 쓰는 이 우파디[174]들은 무엇입니까?

그것들은 여기서 말하는 거칠거나, 미세하거나, 아주 미세한 것들입니

다.

12.

다섯 거친 원소들로 만들어진 거친 몸[175]은

---

174 다른 어떤 것으로 생각될 수도 있는 어떤 것, 겉모습 또한 '속성' '특징' '조건' 또는 '한계'
(시간과 장소를 가진 것으로서)

175 [옮긴이 주] 지수화풍공으로 된 gross body. 거친 흙의 원소는 1/2의 흙과 다른 원소들

이담 입부달렌 드리룹파이 ― 우달울레

13.

바육칼 아인두 마남붓디 이라인다이

예융 카루비갈 예인다눈 ― 카얀

칼라바다 눈부타 카리야맘 보갓투

울라바다 사다나맘 올바이 ― 말라마기

14.

아디야 이트린트렌 드라라이요나 앗냐남

오두바라디 우파디야이 ― 오둠

우파디갈라 문드루 달갈린 베라이

우파디일 안마바이 오랍 ― 우파디갈람

(상대적 세계에서 오는) 기쁨과 고통의 모습으로

과거의 행위의 결실들을

거두어들여야 합니다.

13.

미세한 원소들인 다섯 공기(프라나)들,

열 가지 감각들(다섯 감각들, 다섯 행위기관들),

마음 및 지성으로 이루어진 미세한 몸 역시

(꿈속에서처럼, 행위의 결과들을) 경험하기 위한 것(도구)입니다.

14.

형언할 수 없고 시작도 없는 무지는

원인의 몸에 있습니다.

그것은 깊은 잠을 잘 때의 몸입니다.

나는 이 셋 부가물들(몸들)[176]이 아니라는 것을 아십시오.

그러면 왜 나는 저에게 분명하게 드러나지 않습니까?

반면에 경전(스루티)에서는 '이 푸루샤는 음식의 정수로 만들어진다(안나라사annarasa).'고 합니다.

각각의 1/8씩으로 이루어진다. 다른 것들 즉 물, 불, 등도 마찬가지이다. 혼합되기 전 원시 상태의 다섯 가지 원소들을 탄마트라라한다. 예를 들어서 탄마트라 흙은 다른 원소들이 전혀 없는 순수한 흙으로 평범한 감각으로는 인지할 수 없다.

176 세 가지 몸은 거친 몸, 미세한 몸, 원인의 몸이 있다.

15.

코상 갈라인두무달 쿳투라발 안마붐

마실라데 아이누맙 암마야네 ― 레사루붐

닐라파다 딕칼랍팔 닐말라맘 스파디감

폴라베 옷탑 포룰라굼 ― 멜릴

16.

우달판차 코사 우미야디 요두

수달 파리숫다 안마바이 ― 디다마나

붓티이날 쿳티 요릿타 밧트라이아리시

옷타리야 벤둠 우날울레 ― 옷타다이

17.

옝구메 옌드룸 이룹피눔 안마붐

옝구메 안마 빌라갈일라이 ― 퉁가맘

붓디이 레예 폴리유니랄 소차맘

바스투빌 톤드룸 바가이야가 ― 톳툼

15.

아무런 색깔이 없는 투명한 수정이 배경에 따라

붉은, 푸른, 노란 색 등으로 보이듯이

순수하고 오염되지 않는 나는 다섯 덮개들(음식의, 프라나의, 마음의, 지성의,

잠의)과 접촉하면

신체, 감각들, 마음, 지성 그리고 희열스러운 무지로 보입니다.

16.

벼의 껍질을 벗기면

안에 있는 알곡이 드러나듯이,

순수한 아트만을 덮고 있는 다섯 덮개들로부터

신중하게(조심스럽게, 잘) 분리해야 합니다.

그것은 모든 곳에 있다고 합니다.

왜 다섯 개의 껍질들 안에서 그것을 예리하게 찾아야 합니까?

17.

비록 항상 어디에나 존재하고 있지만,

나는 모든 곳들에서 빛을 내지는 않습니다.

빛이 투명한 매체(깨끗한 물이나 얼룩이 없는 거울 등)에서만 반사되듯이(모습이

잘 보이듯이),

나는 정화된 지성의 사람에게서만 분명히(선명하게 반사되어) 보입니다.

18.

우달카루비 울라 모두붓디 마야이

비다베 라밧트린 비릇티 — 우다네

예바익쿠메 삿치얌 옌드룸 안마바이

아바익카라산 폴라 아리가 — 세비문

19.

카루비갈린 토릴칸다 아비베키

카룻탄폰 드란마바이 칸반 — 투리다마이

오두메 강칸 두날빌리 샨디라네

오두기라 넨바다이 욧타닷두 — 이딜라

20.

냐나볼리 안마바이 난니 우달포리갈

마나담 붓디이바이 만누타막쿠 — 아나토릴

앗트리두 마딧탄 아비롤리얄 막칼토릴

18.

왕이 신하의 행위들을 지켜보고 있는 것처럼

나는 행위들의 목격자로서 지성 속에서 깨달아지지만,

신체, 감각들, 마음, 지성,

원초적 프라크리티[177]와는 다릅니다(분리되어져 있습니다).

나는 그것들의 활동에 참여하는 것처럼 보입니다.

그래서 그는 행위들과 구별될 수 없고 목격자도 될 수 없습니다.

19.

무지한 사람들은 달 주위의 구름들이 움직이면

달이 움직인다고 생각합니다.

식별력이 부족한 사람들은 신체, 감각들, 마음, 지성이 움직일 때

나가 움직인다고 생각합니다(봅니다).

활동하는 몸, 감각 등은 지성을 가지고 있는 것 같습니다.

그러나 그것들은 둔하다고들 합니다.

행위에 관여하는 지성적 나가 없다면, 그것들은 어떻게 활동합니까?

20.

햇빛의 도움으로 사람들이 각자의 일을 하지만

---

177 gross nature, 아직 분화되지 않은 상태의 프라크리티, 물질, 나에서 나온 모든 것들은
물질임. 이것은 나에서 현현한 것임으로 마야(환영)이라고도 함.

앗트루바두 폴룸아리 메이폴 — 톳트라무룬

21.

데감 포리갈 티갈구낭갈 비나이갈

아구미바이 투야샷 칫탄마빌 — 모핫탈

칼핍팔 숫다 가가낫틸 닐라무달

칼핏탈 폴라 카루두가 — 알파

22.

마나맘 우파디 마루부 칼탓밤

이나마야 밧트라이 아리빈마이 — 예누마얄랄

안마빌 칼핍팔 압팔라이바이 닐톤드룸

반마디일 칼픽쿠 마루팔 — 판마이

해는 그들의 일에 참여하지 않습니다.

나의 빛의 도움으로 몸, 감각들, 마음 그리고 지성은 그들 각각의 활동을 하지만

나는 그것들에 참여하지 않습니다.

참으로 나만이 지성입니다. 저는 저 자신이 태어나고, 자라고, 쇠퇴하고,

행복하거나 불행하다는 등을 생각합니다. 제가 옳습니까?

21.

아닙니다.

식별력이 부족한 사람들은 하늘을 푸르거나 오목하다고 덧붙이듯이

태어남과 죽음이라는 신체의 특징들과 보거나 듣는 등의 감각의 특징들을

식별력이 부족한 사람들은 존재 의식 희열로 있는 나에 덧붙입니다.

22.

무지한 사람들은 호수의 출렁이는 물을 보고

달이 출렁인다고 생각합니다.

무지한 사람들은 마음[178]에 속하는 좋거나 나쁜, 고통이나 즐거움 등을

---

[178] 개인화된 존재가 지니고 있음. 나의 그림자.

23.

비룹파사이 툰빈부 멜루미바이 폴바

이룹파밤 붓디 이룹팔 — 이룹필라

툭캇틸 인드라다날 손다마바이 푼딕케

올쿠가 안마빌카 모베나베 — 팔쿰

24.

아룩칸 타낙콜리 압푹쿠 탓팜

예리쿠쉬 나눔 이얄바이 — 이룩카이예나

삿투칫 타난단 살닛탄 숫다이얄부

옷타단 마북켄드로 아인담 — 앗타가이율

나(아트만)[179]가 한다고 생각합니다.

23.

집착, 욕망, 즐거움, 고통 등은 마음이나 지성이 기능하는 한 존재하는 것으로 지각됩니다.

깊은 잠에서는 그러한 것들을 느끼지 못합니다.

그러므로 그것들은 마음이나 지성에 속하는 것이지 아트만(나)의 것은 아닙니다.

여기에 아트만의 진정한 성품이 있습니다.

24.

빛의 성품이 빛나는 것이며,

물의 성품이 서늘함이며,

불의 성품이 열이듯이

나는 영원하고, 순수한 존재, 의식, 희열입니다.

이따금 사람들은 누구나 '나는 행복하다.'라는 느낌을 가집니다.

존재-의식-희열의 경험은 명백합니다. 우리가 어떻게 그 경험을 영구불변의 것으로 만들 수 있습니까?

---

179 나는 생각이 없으므로 경험에 대한 개념들로부터 자유롭다.

25.

삿투칫 옌나 타굼안마 암사뭄

붓디 비룻티 푸갈론드룸 — 옷타

이란도두 무닷탈 얀아리긴 드레넨드루

오룻탄 토릴파두바 놀바이 — 오루비닷툼

26.

옌드룸 비카라밀라 단마 붓디윰

옌드룸 아리빈드리야데 옌드랄룸 — 온드리야

지바네 옐란 테리반셰이반 칸반

바밧탄 마모기 팔삿타이 — 메부룸

27.

탄나잇탄 지바네나 탐빌레 팜부폴

운니예 아참 우루긴드란 — 탄나잇탄

지바날란 얀파라만마 옌드루 텐다다날

아바난 자나 야반올리 — 메붐

28.

오루포룰람 안마 올릭쿰 마디문

25.

존재, 의식, 희열이 나입니다.

'나(자아)'라는 것은 지성입니다. 이 둘은 별개의 것입니다.

무지 때문에 이 둘을 뒤섞고는 '나는 안다'고 생각하고

그것에 따라 행동합니다.

26.

아트만은 결코 변화하지 않으며 행위 하지도 않습니다.

지성(식별하는 기능을 함)이나 마음(의심하는 기능을 함)은 결코 의식을 지니고

있지 않습니다.

지성이나 마음과 동일시하는 사람들은

자신을 아는 자, 행위 하는 자, 보는 자라고 생각합니다.

27.

밧줄을 뱀이라 보면 강한 두려움이 일어납니다.

자신을 자아라고 여기면 두려움을 느끼게 됩니다.

반면에 자신이 자아가 아니라 나라는 것을 깨달았을 때

두려움이 완전히 사라집니다(두려움으로부터 완전히 자유로워집니다).

28.

램프가 사물들을 빛나게 하듯이

카루비갈라잇 디팡 가다디 — 포루바

올리일 아밧트랄 오루포둠 안마

올릴캅 파다덴 드루날바이 — 올리얄

29.

빌락킨 우루바이 빌락키다 베루

빌락카이 비룸바 비담폴 — 빌랑굼

아리부루밤 안마 아린디다 탄나이

피리다리부 벤답 페라두 — 피리다바이

30.

네티네티 박키날 닉키 우파디 옐람

미디얀 지반마 미딜라 — 아디얌

압파라만 막칼린 아익키야마 박키양갈

셉푸바 돈두 텔린디두가 — 압포이

나만이 감각들, 마음 등을 빛나게 합니다.

그것들은 둔하기 때문에

나를 빛나게 하지 못합니다.

나가 지성에 의해 알려지지 않는다면,

나를 아는 자도 없을 것이며, 나 또한 알려질 수 없습니다.

29.

빛을 보기 위해서는 다른 빛이 필요치 않습니다.

그와 마찬가지로, 스스로 눈부시게 빛나는 나는

다른 지식의 수단이 필요치 않습니다.

나는 스스로 빛을 발합니다.

그렇다면 노력 없이 나를 깨달아야 합니다. 그러나 그렇지 않습니다.

30.

'이것은 아니다. 이것은 아니다'[180]는 베다(우파니샤드)의 가르침에 힘입어

모든 부가물(우파디)들을 부인하고[181] 난 뒤

마하바키야[182]에서 선언하는

---

180 neti, neti. 베다의 가르침으로 첨가물 즉 gross body, subtle body와 causal body가 없어질 때까지 모든 첨가물들을 제거하는 과정.

181 제거하고

182 베다의 위대한 경구. 베다veda 최고의 에센스인 네 가지 위대한 금언. 리그베다의 아이타레야 우파니샤드에는 프라갸남 브람만Prajnanam Brahman 즉 절대적 의식이 브람만이다 라는 금언이, 야쥬르베다의 브리하다란야카 우파니샤드에는 아함 브람마스미Aham Brahmasmi 즉 나는 브람만이다 라는 금언이, 사마 베다의 찬도기야 우파니샤드에는 탓

31.

아빗다이얄 아나바이 아가무달 카눔

이바이쿠미리 폴라 아리베이둠 — 이밧트린

아얄람 아말라 아함브람마 마멘드루

아야라마 렌드룸 아리얀 — 우이릴

32.

우달룩쿠 베레나 쿤다단 뭇탈

오두쿤드랄 사부무달 온드라이 — 파단다

볼리물 풀란갈로 돈드라레나 킨드레

알란 포리갈 야나 달랄레 — 샬라나

33.

마나말라난 아달란 만누투야 라사이

시남아차 마 디예나이 세라 — 이나마가

압피라난 마나밀란 숫단엔드루 마라이

셉푸긴드라 단드로 텔리팔라밤 — 압페얄갈

'나[183]와 브람만[184]이 동일하다(하나다).'는 것을 깨닫도록 하십시오.

31.

신체 등 세상의 모든 것들은

바다의 파도들과 같이 무상한 것들입니다.

식별로 그대가 그것들과 완전히 다른

오점이 없는 브람만과 동일하다는 것을 아십시오.

32.

나는 시간의 한계를 지닌 거친 몸이 아니기 때문에

태어남, 노년, 쇠약과 죽음이 없습니다.

나는 감각 기관들이 없기 때문에

소리, 맛 등과 같은 감각 대상들과는 전혀 관계하지 않고 있습니다.

33.

나는 마음이 아니기 때문에 슬픔, 집착, 원한, 공포 등이 없습니다.

경전(우파니샤드)들에서는 다음과 같이 선언합니다.

'나는 호흡(프라나)가 아니며, 마음이 아니며

트밤 아시Tat tvam asi 즉 그것That이 너이다 라는 금언이, 아타르바 베다의 만두캬 우파
니샤드에는 아얌 아트마브람만Ayam Atma Brahman 즉 이 아트마가 브람만이다 라는 금언
이 있음. 이 모두는 아트만과 지고한 의식인 브람만이 하나라는 것을 말하고 있음.

183 개별적 나.

184 지고한 나라고도 함. 모든 존재의 나.

34.

닐구난 니란자난 닛탄 니라카란

닐비카란 숫단 니쉬크리얀 — 닐비칼판

닛타묵 탄문 니갈티답 팟타바이

앗타나이유 나넨드 라리파리 — 숫다마이

35.

아가얌폴라 아킬랏틴 울벨리얀

사가단 살바 사만칫탄 — 데하디

야밧트룸 팟트랏트라 넨드룸아말란 샬리얀

아바나넨드레 아리아두 — 아바이

36.

예두닛탄 숫담 예두묵탐 예캄

예다칸다 빈비란 딜라두 — 예두샷투

싯타난다 마군 티가랍 파라브람마

바스투 야네야 마딧티루 — 닛탐

순수하며, 높은 것보다 더 높으며, 불멸이다[185]'이다.

34.

나는 속성[186]들과 행위들이 없으며[187], 영원하며[188],

오염(얼룩)이나 욕망이 없으며undifferentiated,

변화가 없으며, 형상이 없으며, 항상 자유로우며,

순수합니다.

35.

나는 에테르(공간)와 같이 안과 밖 모든 곳에 퍼져있으며,

변화가 없으며(확고하며unswerving), 모든 것 안에서 같으며,

순수하며, 오점이 없으며,

깨끗하며, 동요가 없습니다(불변입니다).

36.

영원하며[189], 순수하며[190], 늘 자유로우며(해방되어 있으며)[191],

---

185 33에서 36까지는 타잇티리야 등과 같은 우파니샤드에서 정의하고 있는 브람만에 대한
    내용임.
186 프라크리티 즉 물질의 속성인 삿트바, 라자스와 타마스 .
187 몸, 감각과 마음이 아니기 때문임.
188 시간, 공간 및 인과에 영향을 받지 않기 때문에.
189 nitya
190 shuddha, 무지가 없는.
191 탄생, 변화 및 죽음이 있는 상대적인 현현의 세상 너머에 있는.

37.

니란타라 밉바루 니갈탑 파두마

브람마메 야나바 넨눔 — 우루디

아릭쿠 마리야마이 알라이부갈라이 노이갈

오릭쿰 이라사야남 옷투 — 비룹파맘

38.

예칸타 데삿 티룬다사이 인드리벨리

포가두 벤드루 포리갈라이 — 예카마이

안다밀 안마바이 안니야밀 푼디야나이

신딕카 벤둠 테리잉간 — 신딕쿰

39.

붓디만 카눔 포룰에바이윰 안마빌

붓디얄 온드랄 푸리빗테 — 숫다맘

빈네나 본드라이 빌란기둠 안마바이

옌누가 옙포두메 입바루 — 옌니예

하나이며all one[192], 끊어지지 않는 희열이며, 비이원이며,

존재[193] 의식 희열이며, 초월로 있는 브람만과

나는 같습니다.

37.

'나는 브람만이다.'라는 (숙고) 수행을

긴 세월 동안 한결같이 하면

약이 병을 사라지게 하듯이,

무지에서 생겨난 모든 바사나들[194]이 파괴됩니다.

38.

한적한 곳에 앉아서, 감각들을 통제하고,

마음이 방황하지 않도록 하십시오.

그리고는 무한하고 오로지 하나인

나에 확고한 집중으로 명상하십시오.

39.

마음을 순수하게 유지하십시오.

---

192   완전히 혼자이며
193   satyam
194   바사나vasana, 즉 잠재된 마음의 경향성.

40.

울라 두난돈 우루밤 바루나무달

울라 마얄갈 오룽고릿투 — 울람

티갈파리 푼드라 시다난단 타나

티간디두바 날룬 텔리가 — 니가룸

41.

아리반 아리보 다리파두바 베담

우루파라만 마빌 우라데 — 아리빈부

우루바이 온드라이앗두 우루바다낫트란

우루발레 탄올리룸 올가 — 우루불레

42.

안마 예누마바라니일 입비담

안맛 디야남 아하마다남 — 탄무얀드루

산다탄 셰이달랄 살냐나 티마다마이

인다나멜람 예릭쿠 메예릭카 — 문둠

예리한 지성(식별)으로 온 대상들을 나에 녹아들게 하십시오[195].

나만 남을 때까지 명상을 해야 합니다.

에테르처럼 하나이고 (가을 하늘처럼) 깨끗한 나를 항상 명상하십시오.

40.

모든 이름들과 형상들을 지닌

모든 대상들을 버렸기에

지고한 목표(존재)에 이른 사람은

무한한(완전한) 의식과 (대단한) 희열로 있을 것입니다.

41.

대단한 희열[196] 때문에,

'아는 자', '지식', '지식의 대상'이라는 구분들은

남아 있지 않게 할 것입니다.

나는 오로지 그 자체로 빛납니다.

42.

이러한 방식으로 끊임없이 명상[197]을 하면

---

195 되게 하고, 나와 떨어져 있는 것은 존재하지 않음.

196 낮은 수준인 사비칼파 사마디에서는 아는 자, 지식, 지식의 대상이 지각된다. 이 구분은 니르비칼파 사마디에서는 사라진다. 그러면 그는 브람만에 완전히 흡수된다.

197 옛날 사람들은 두 조각의 나무를 부빔으로 신성한 불을 얻었다. 낮은 곳에는 마음, 높은 곳에는 브람만 혹은 브람만을 상징하는 '옴'을 부벼 그것을 얻었다.

43.

아루나날레 얄라갈루달 폰문

마루바리 발람 마다마이 — 이리야베

퐁굼안마 파리 푸라나 마가베

퐁굼 아딧타나입 폴라베 — 망갈릴라

44.

안마 옙포둠 아다인둘라데 야날룬

탄마다마이 얄아다이야 다야마루 — 만마디야

예이답페 트랄폴 일라군탄 칸다바니

예이답펫트랄 폴라베 옌드룸 — 예이둠

45.

브람맛틸 지반 브란디얄 캇타이

푸루단폴 칼피단 포이얌 — 우루밧틴

탓투밤 야덴드루 탄우나린 압부루밤

바스투바가두 마디율라 — 바스투밤

두 조각의 나무 즉 나와 자아를 비비면

지식의 불이 켜집니다.

이 지식의 불은 모든 무지를 완전히 태워버릴 것입니다.

43.

여명이 밤의 어두움을 쫓아버리고 나면 해가 떠오릅니다.

이와 마찬가지로 지식이 무지를 소멸시키면

눈부신 아름다움으로

나가 떠오를 것입니다.

44.

나는 항상 여기 지금에 있다는 것은 사실입니다.

그러나 무지 때문에 나는 분명하게 보이지 않습니다.

무지[198]가 소멸되면, 마치 자신의 목에 늘 걸려 있던 목걸이[199]처럼

나가 새로 생긴 것으로 보입니다.

45.

어둠 속에서는 기둥을 사람으로 오인할 수 있습니다.

---

198 '나는 몸이다. 나는 마음이다.' 라는 생각.

199 귀중한 목걸이를 한 여인이 그 목걸이를 잃어버려 걱정하였다. 모든 곳을 찾아 헤매며, 다른 이들에게 그녀를 도와달라고 요청하였다. 결국에는 어떤 사람이 간단하게 그 목걸이는 그녀의 목에 있다고 지적하여 그것을 찾았다.

46.

탓투바 스와루파누 부디얄 트라누디

웃타마 냐남 우다네얌 — 밋타이야

나네나 탄냐나 나십픽쿤 딕비라마이

바누우다야 테나베 팔카베 — 탄올리룸

47.

난드루 타나이아리 빈냐니얌 요기윰

온드루멜란 탄닐 우루바다이 — 온드라나

타넬라 마율라다이 탄냐나 칸니날

탄칸반 옌드레 타리파리 — 푼드라맘

48.

안마베 입불라겔 라마굼 알파뭄

안마부 칸니야 마이일라이 — 안마바이

칸반엘라뭉 가다디갈 만닌 베라이

무지 속에서는 브람만을 자아(지배)로 오인할 수 있습니다.

그러나 만약 자아가 자아의 진정한 성품을 보게 되면(자신이 브람만과 하나 라는 것을 알게 되면)

그러한 오인은 사라집니다.

46.

해가 떠올라 어두움이 사라지면

동쪽 서쪽 남쪽 북쪽의 방향들을 알 수 있듯이

실재를 깨달으면

'나'와 '나의 것'이라는 잘못된 개념은 즉시 사라집니다.

47.

나를 완전히 깨달은 사람은 지혜의 눈[200]으로

온 우주가 나 안에 있음을 보며,

모든 것을 자신의 나로 여깁니다.

또한 나를 유일한 존재로 봅니다.

그때 그는 세상에서 어떻게 행동합니까?

48.

온 우주는 정말이지 나입니다.

---

200   jnana cakshush, 지식의 눈.

칸바둠 운도 카라루가 — 칸구룸

49.

지반묵탄 빗반 테루바단 문탄나이

메붐 우파디구남 빗투다네 — 메부반

탄누루삿 칫틴바이 탄키탐 반디누루

탄나이우랄 폴라 다리타남 — 만누마반

50.

모가 카달카단두 물라사이 코바무달

아굼 아락칼 아락콘드루 — 요기

아마이디 요두쿠디 안마빈 인밧투

아마인돌릴바 넨드레 아리바이 — 아마이빌

51.

아닛타벨리 인비차이 앗트라나이 안마

탄닌빌 티룻티 타나이웃트루 — 아니사뭄

탄놀리 얄쿠단 탄눌 빌락케나

탄눌레 탄올릴반 타나가 — 만눔

나가 아닌 것은 아무 것도 존재하지 않습니다.

흙으로 만든 그릇들이 오로지 흙이듯이

깨달음을 얻은 사람에게는 모든 것이 오로지 나입니다.

49.

살아 있는 동안에 해방되기 위해서는

현자는 부가물(우파디)들[201]을 완전히 버리고

마치 애벌레가 말벌이 되듯이,

존재 의식 희열의 성품을 얻어야 합니다.

50.

환영의 바다를 건넜고, 좋아함과 싫어함 등과 같은 괴물을 죽여

환영의 바다를 건넌 요기는

평화와 하나가 되며, 나의 희열을 발견합니다.

그래서 그 자신의 영광 안에 머무릅니다.

51.

무상하며 외적인 쾌락들에 대한

모든 욕망에서 자유로워진 사람은

---

201   몸, 감각들, 마음

52.

우파디 웃트라네눔 옷타빈 폴라브

우파디 달망갈로 돗탄 — 우파디일란

뭇트라리바 네누무니 무다네나 바유폴

팟트랏트루 산차립판 파릴 — 팟트룸

53.

우파디 나삿탈 우루반 무니반

우파디일 비쉬누 빈울레 — 아베다메

토얏틸 토야문 투빈닐레 빈눔

티일티윰 폴라 텔바이 — 투야담

54.

옙바다이 빌피리 데두마다이 달킨드로

옙빈비닐 피리딘 빈드로 — 옙바리부

탄닐 피리다리부 탄인드라 모바두

탄나이 브람마메나 샨디두가 — 핀눔

자신의 나(브람만)²⁰²에 즐거워합니다.

그는 항아리 안에 둔 등불처럼 있습니다.

52.

비록 몸, 감각들 및 마음과 더불어 살고 있을지라도

그는 그것들에서 생긴 내용²⁰³에 오염되지 않은 채로 있습니다.

그는 전지한 자이지만 알지 못하는 바보처럼²⁰⁴ 있으며

대상들에 닿아도 오염되지 않는 공기처럼 돌아다닙니다.

53.

모든 부가물들(신체, 감각들 등)이 해체되면,

이제 모든 독특함^{particularity}들을 벗어납니다. 그러한 현자는

물이 물속으로, 불이 불 속으로, 공간이 공간 속으로, 빛이 빛 속으로

합쳐지듯이

모든 것에 퍼져 있는 존재²⁰⁵ 안으로 합쳐집니다.

54.

이것을 얻는 것 이상의 얻음은 없고,

---

202 깨닫지 못한 사람들은 감각 기관들을 통하여 마음이 외적 대상들을 향하여 빛남. 그러나 깨달은 사람은 안으로 향하여 나의 빛을 봄.

203 첨가물 혹은 그것에서 생긴 태어남, 성장, 노쇠 및 죽음.

204 고요하고 침묵하는.

205 모든 곳에 편재하고 있는 신인 비슈누, 혹은 브람만, 혹은 진리

55.

예두카나 칸달 케두부메 인드로

예두바나핀 잔마 민드로 — 예두바린다

핀나리야 탁카 피리돌 포룰인드로

안나두 탄브람마 마구메 — 인눔

56.

예두쿠룩쿠 멜킬라 멩구 니라이바굼

예두 삿칫틴 비란딜라두 — 예다난탐

닛타마이 온드라이 니갈바데두 바구마브

바스투 브람마 마딧티두니 — 닛타맘

57.

예다리빌라다 예다이 얀드렌드루 안드렌드레

베다 무디부 빌락키둠 — 야돈드루

아칸다 인바기 아마룸 아두타네

티갈룸 브람만 텔리가 — 푸갈라브

이 희열 이상의 희열은 없고,

이 지식을 넘어서는 지식은 없다.

이것이 브람만임을 아십시오.

55.

그것을 보면 더 보아야 할 것이 없으며,

그것이 되면 더 이상 이 세상(삼사라)에 다시 태어나지 않으며,

그것을 알면 더 이상 알아야 할 것이 없습니다.

그것이 브람만임을 아십시오.

56.

존재, 의식, 희열이며,

위, 아래 그리고 주위의 모든 곳에 있으며

비이원이며, 무한하며, 영원하며, 하나이며

절대자인 그것, 그것이 브람만임을 아십시오.[206]

57.

불변으로, 이어지는 희열로, 오직 하나인 것으로 있는 것

경전들에서조차도 '이것은 아니다, 이것은 아니다.[207]'라는 제거의 방

---

[206] 브람만에 대한 이 기술은 문다카 우파니샤드에 있음.

[207] 모든 첨가물, 모든 몸들을 부인하는 과정. 네티[neti], 네티[neti].

58.

아칸다 수카마야 안마빌 알파

수캇타이 야돗테 수라라이 — 티가룸

브람마디 예놀 피랑구발 인붓트루

타라타라 마가 타립파이 — 파라맘

59.

아다니다 툴라 다킬라문 셰이가이

아다이야두 툴라데 야굼 — 아다날

파라비두 멜람 파람 포룰 팔릴

비라비두 네이폴라베 얏두 — 아루밤

60.

파루마이유 눈마이 울팟티 비나삼

쿠루갈루 닛치용 쿠다두 — 우루밤

구낭쿨라 나마뭉 콜라말 울라두

우날가 브람마멘 드루트룰 — 우날밤

식으로,

오직 간접적으로 의미할 수 있는 것,

바로 그것이 브람만임을 아십시오.

58.

아트만의 희열은 다함이 없습니다.

브람마와 같은 모든 신들과 창조물들은

그들의 등급에 따라

아트만의 희열의 작은 부분[208]을 즐기고 있습니다.

59.

우유 속의 버터처럼

우주는 브람만 안에 담겨 있습니다.

모든 활동들은 브람만에 기초합니다.

그러므로 브람만은 모든 곳에 스며들어 있습니다.

60.

브람만은 거칠지도 미세하지도 않으며

짧거나 길지도 않으며,

태어남과 변화가 없으며

---

208 1조trillion 분의 1이라는 분도 있음.

61.

예단 올리이날 올리루메 이라비야디

예다나이 아바입올릭카 벨라두 — 예다날레

인다불라 겔람 일라굼 아두타네

안다 브람마 마린디두가 — 운디

62.

올릴툴라가 멜란탄 울벨리 비야빗투

올린디둠 압브람마 몰바이 — 올리룸

네룹피닐 카이당기 네롤리루 만다

이룹푸룬다이 야이폴라 베탄 — 이룩쿰

63.

브람마 물라길 피리다굼 안다

브람마 타누빌 피리다이 — 브람맛틸쿠

안니얌 예둠 아빈달 아두밋타이

운누가 카날닐 옷타다나이 — 문닐

형상, 속성[209], 계층caste, 이름이 없습니다[210].

61.

태양, 달 같은 여러 발광체들이

빛을 발하지만,

그것들은 스스로 빛을 내지 못합니다.

브람만의 빛을 받아서 그것들은 빛을 냅니다.

62.

쇠공[211] 속으로 들어간 불처럼,

(의식의 불인) 브람만은 온 우주에 들어가

안과 밖을 빛나게 하고

그 스스로도 빛납니다.

63.

브람만은 우주와는 전적으로 다르지만,

브람만이 아닌 것은 이 우주에는 없습니다.

만약 브람만이 아닌 것이 존재하고 있다면

그것은 신기루의 물처럼 환영일 뿐입니다.

---

209 구나 즉 속성들.
210 브리하다란야카 우파니샤드 3장 참조.
211 불과 오래 동안 접촉하고 있으면 쇠 조각은 불처럼 빛난다.

64.

예두예두 카나붕 켓카붐 예윰

아두브람마 탄니야 마가두 — 아두부메

탓투바 냐낫티날 삿칫 타난다맘

앗두비답 브람마 맘아리가 — 옷테

65.

살밧툰 산다탄 삿칫타 난다

브람맛타이 냐낙칸 펫트란 — 다리십판

냐낙칸 닐라단 난나네 캇치욜릴

바누바이 안단폴랍 팔무단 — 예눔

66.

스라바나 마디갈랄 테수루 냐나

예리이닐 카이치 예둑카 — 사루바

말라뭄포이 지반 마루빌 폰폴

닐말라나기 탄올릴 바네 — 일라굼

64.

감각 기관들로 보고 듣고 하는 모든 것들은

브람만과 다른 것일 수 없습니다.

참된 지식은 브람만이 존재, 의식, 희열이며,

둘이 없는 하나라는 것입니다.

65.

오직 지혜의 눈만이

도처에 만연한 존재, 의식, 희열(빛나는 나, 브람만)을 볼 수 있습니다.

장님이 해를 볼 수 없는 것처럼.

무지의 눈으로는 브람만을 볼 수 없습니다.

66.

지바[212]는 듣기[213], 성찰[214]과 명상[215]으로 부채질하면

지식의 불[216]이 지펴져

자신의 모든 불순물들이 태워집니다.

그러면 그는 불순물들이 제거된 금처럼 빛납니다[217].

---

212   지바, 이원적인 세상에 살고 있는 인간.
213   sarvana, 경청
214   manana, reflection, 추론
215   nidhidyasana.
216   의심과 오류가 없는.
217   영적 수련은 마음의 불순물을 없애기 위한 것임.

67.

이다야벨리 톤드리 이룰라이 아릇냐나

우다야라비 안마 볼리룸 ― 니다무메

옐라, 밧트룸 파라비 옐라문 탕기닌드루

옐람 올릴빅쿰 옌누가 ― 팔랏트룸

68.

딕키당 칼라무달 테다마 렌드루메

딕쿠만데 쿨릴문 틸파다이 ― 옉칼랑굼

앗트라 니티아난다 안마틸 탓툿토이

웃트라바날 셰이가이 욘드린드리 ― 맛트라반

야붐 아린도나이 옝구니라인 다라밀단

아반 예나베 아리

67.

가슴의 광활한 창공에 떠오른 지식의 태양[218]인 아트만은

무지의 어두움을 파괴합니다.

아트만은 편재하며, 모든 것을 지탱하며,

우주에 있는 모든 것을 빛나게 하며 그 스스로도 빛납니다.

68.

지금 여기, 어디에나 있으며,

특별한 장소center들이나 계절들을 찾을 필요 없는

맑고, 따뜻하고, 항상 기운 나게 하는 아트만의 물에 목욕하는

그러한 사람만이 (세상의 의무로서 오는) 행위 없이 있습니다.

그는 모든 것을 아는 자로서 불멸의 빛을 발하며

모든 것을 관통합니다[219].

---

218 빛과 의식의 궁극의 근원.

219 몸 안에 살고 있는 동안에는 자유의 희열을 즐기며 죽은 후에는 무한한 브람만-의식에 흡수됨.

3. 스리 구루 스투티

1.

네티네티 야디 박카 니데딧투 물타 물탐

예두메 탈랄 킬라 예다이수바 스와루파 마가

보다룬사두 바놀 울랏틸 콜루 발갈

아디메이 아리바 난다 압바스투 반드로 니단

2.

웃티양 쿳티날레 우미예눔 아인두 코삼

붓디얄 피릿툽 핀납 포룬디둠 아리시 폴룸

옛티나이 삿툭칼 칸두 이다얏틸 아누바 빕팔

아스타밀 닛타 싯다 압바스투 반드로 니단

3. 슈리 구루 찬양

1.

지혜로운 사람들이 '이것은 아니다, 이것은 아니다.'라는

경전의 권고를 신중하게 받아들여, 형상(에테르, 공기, 불, 물, 흙)이 있거나 없는

외부 대상들에서 물러날 때 남는 잔여물을

나로서 깨닫는 진리입니다. 당신은 그것입니다!

2.

기본적인 원소^{fundamental}들(공간, 공기, 불, 물, 흙)이 생성된 후에야 세상이 시작됩니다.

진리는 다섯 덮개들 아래에 숨어 있습니다.

곡식을 타작하고 키질로 겨를 날리고 난 뒤에야 알곡을 얻는 것과 마찬가지로

진리는 지혜로운 자들이 분별의 절구로 찧어서 골라낸 것입니다. 그대가 그것 즉 진리입니다!

3.

포리갈람 파리갈 탐마입 풀란갈릴 빌랑군 도샤

아리베눙 카사이 야딧테 아하무카 카잇트랄 일탑

아리바리 아릿날 옛틸 아나잇톤드라입 피니 티룹팔

아리포룻 카티타 마나 압바스투 반드로 니단

4.

푹칼리 닌드루 베라입 포룬디둔 숫티 람폴

작키라 마디 야나 살밧툼 베라 다나

삭쉬야 녹키 야다이 삿툭칼 아갓타 나이발

악카무 닉카 밀라 압바스투 반드로 니단

5.

카타카 마쿠다디 야붕 카나 카메 야구 마폴

자다싯타 물라감 야분 샷트루메 빈나 민드리

수다루맙 바디바 옌드루 숏트리둠 베담 야다이

아디나두 무디 빌라다 압바스투 반드로 니단

3.

마치 야생의 말들이 마부와 채찍질로 길들여지는 것처럼,

현명한 사람들은 대상들 사이에서 길을 잃은 날뛰는 감각들을

식별이라는 채찍질로 다스려 대상들이 실재하지 않음을 보여주고,

순수한 지성의 밧줄을 나에 묶습니다. 그러한 것이 진리입니다. 당신

은 그것입니다!

4.

진리는 깨어있음, 꿈, 깊은 잠의 상태와는 다르며

바탕이라는 것이 현자들에 의해 확인되었습니다.

바탕이라는 것은 꽃들로 화환을 만들기 위한 묶는 끈과 같은 것입니

다.

그대가 그것입니다!

5.

금 장신구들 속에 금이 있듯이,

경전들에서는 '푸루샤가 이 모든 것이다'라는 문구들로 요점을 설명하

고 있습니다.

푸루샤가 모든 것의 최초의 원인이라는 것은 진리입니다.

당신은 그것입니다!

6.

이나닐리 타누빌 야나 일랑구반 에카네 옌드루

아니사뭄 베다 바디 아이놀 무얄치 요둠

이니마이야이 예둣투 라입팔 옛탓투 밧타이 난드라이

아날타밀 예달타 마나 압바스투 반드로 니단

7.

아루마라이 박키날레 아핫티닐 쉬랏다이 요둠

아룬타밤 야간 다남 아디날 아랑가 랄레

아루마라이 야발갈 옛타이 아린디다 아바부 긴드랄

아루마라입 포룰라이 닌드라 압바스투 반드로 니단

8.

샨티무다 라나 붓트루 산타탄 탄날 탄닐

아인데다이 아릿날 칸다브 아리빈바 메이야 옌드루

민델라 무딧톨릴발 미구바바 케다 닛테

안다리 탓트바 마나 압바스투 반드로 니단

6.

경전들은 다음과 같은 글로 진리를 힘을 주어 선언하고 있습니다.

'태양 안에 있는 그분은 인간에게도 있다',

'태양 안에 빛나는 그분은 오른쪽 눈 속에도 빛난다.'

당신은 그것입니다!

7.

순수한 브람민들이 베다들을 암송하고, 자선을 하고,

힘들게 얻은 지식을 열심히 실천하고

포기로 아주 간절하게 구하는 것은

진리입니다. 당신이 그것입니다!

8.

그것은 용감한 이들이 마음을 통제하고, 금욕하고, 고행 등을 하여

나 속으로 뛰어들어 얻은 진리입니다. 그것을 깨달으면, 그들은 최고

의 목적을 이룬 영웅이라 여겨집니다.

그것을 깨달으면, 그것은 완전한 평화를 되찾기에 걱정할 것이 아무

것이 없습니다.

그것이 초월로 있는 삿칫아난다[220]입니다. 당신이 그것입니다!

---

220   존재-의식-희열

4. 스리 하스타말라캄 스톳트람

샹카라차리야

1.

잉구루 니얄 필라이 야루다이 마인다 니단

영구 셀킨드라이 운펠 옌나니 옝기 룬둠

잉구 반다나이 옌눌람 인부라 이사입파 옌드루

상카란 나빌라 발란 샷트리다 바이 티란단

하스타말라카

2.

나라날란 수란 이약칸 나날란 안다난 맛트루

아라사눔 바니간 수드란 알라날 브람마차리

기라기움 바나 프라스탄 케다갈 산니 야시

니라이이닐 아루말레 니자보다 바디바 나메

4. 슈리 하스타말라카 찬가

샹카라차리야

1.

'너는 누구냐? 너는 누구의 아들인가? 너의 무슨 일을 하는가?

너의 이름은 무엇인가? 너는 어디에서 왔는가? 오, 아이야! 나는 이

질문들에 대한 너의 대답을 듣고 싶구나.'

슈리 샹카라차리야는 아이에게 이렇게 말하자,

하스타말라카는 다음과 같이 대답했습니다.

하스타말라카의 대답

2.

저는 인간도 아니고, 신도 아니고, 천상의 존재[221]도 아니고, 브람민도

아니고,

크샤트리야도 아니고, 바이샤도 아니고, 수드라도 아니고,

브람마차리도 아니고, 가정거주자도 아니고, 숲에 은거하는 자도 아니

---

221   약사

3.

수리얀 자갓토릴쿠 숏트리둠 니밋타 멘나

아룰람 삭슈 바디 얏탓틸 케두 바반

아렐라 우파디 욤빗투 아가얌 폴이룹판

오리야 닛타 싯다 우루바남 압반마난

4.

예리아두 벰마이 폴라 예바닛타 보다루판

오루바나이 캄바민드리 올릴타룸 예바나이 샨데

아리빌라 카라나 민디야디 탄토릴 멜 셀룸

아리부루 닛타 싯단 아율라 압반마 난

5.

앗탓틸 프라디 발릿타 암무카 무캇틴 베롤

바스투반 드라두폴 붓디 바루치다 바사 지반

고, 산야신도 아닙니다.

저는 단지 순수한 자각222일 뿐입니다.

3.

태양이 세상의 모든 움직임들을 일어나게 하듯이

저는 언제나 존재하며, 의식으로 있으며, 마음을 움직이게 하며, 감각

들을 기능하게 합니다.

에테르(공간)가 어디에나 퍼져있지만 아무런 특별한 속성들을 지니고

있지 않듯이,

저도 아무런 속성들이 없습니다.

4.

저는 의식으로 있는 나이며, 늘 존재하고 있습니다.

불에 열이 늘 있듯이, 저는 모든 것에 있습니다.

저는 영원하고, 차별하지 않고, 움직임이 없는 의식입니다.

이 의식으로 인해, 움직일 줄 모르는 마음과 감각들이 각자의 방식으

로 기능합니다.

5.

저는 의식이며,

222　의식

싯투루 예반 베라가 시리두몰 바스투 바간

앗바야 닛타 싯단 아욜라 압반마 난

6.

앗타메 일라이 야길 암무카 바사 민드루

바스투바 웃트라 데하 바다나메 비칼파 민드리

붓디 얏트리다베 야반 폴리바나 바사 민드리

앗티라 닛타 싯단 아욜라 압반마 난

7.

마나샷추 바디 요두 마루비다 트룹판 야반

마나샷추 바디 갓쿠 마나샷추 바디 야반

마나샷추 바디 얄레 마루비답 파다단 야반

아닛타밀 닛타 싯단 아욜라 압반마 난

8.

가타잘란 토룬 톤드룽 카티라반 오루바 네폴

우달루룸 울란 도룸 올리리누 나나 바가

슈다루반 오루반 타네 숫다 셰타나나 야반

아다이달리 닛타 싯단 아욜라 압반마 난

자아는 의식으로부터 독립하여 존재하지 못합니다.

마치 거울에 비친 상은

반사된 물체와 독립적이지 않듯이 말입니다.

6.

거울을 치운 뒤에도

거울에 비친 대상이 그대로 있듯이,

저는 마음이 소멸된 뒤에도 존재하는

완전무결한 의식입니다.

7.

저는 영원한 의식이며,

마음과 감각들로부터 떨어져 있습니다.

저는 마음의 마음이요, 눈의 눈이며, 귀의 귀입니다.

저는 마음과 감각들로는 인식될 수 없습니다.

8.

저는 영원하며,

하나이며, 의식으로 있는 나입니다.

마치 태양이 여러 수면들[223]에 반사되듯이

---

223 Gata-jalan: 그릇들에 반사된 태양(나)은 여러 용기들(개인의 몸들)이나 소란들(바사나

9.

올리야담 아네캉 캉갓쿠 오루라비 오루카 랏테

올리셰윰 울라가 타입폴 오루냐나 부루반 야반

올리야다이 아네감 붓딕쿠 올릴파닙 울라간 탄나이

알라빌라 닛타 싯단 아욜라 압반마 난

10.

이라비얄 올리룽 칸네 예디루룸 우루밤 팟트룸

이라비얄 올리라 딘드람 이두폴랍 비라비 타눔

오루바날 올리이날레 올립파노 넷티 라디

야루바나이 닛타 싯단 아욜라 압반마 난

11.

샬라잘라 타네칸 폴라 샤루반 예카 바누

찰라나밀 잘랏틸 타네 샤루반 예카 나가

잘라마티 아네칸 폴라 샤리눔 예칸 야반

알라이달릴 닛타 싯단 아욜라 압반마 난

나는 여러 지성들에 반사됩니다.

9.

마치 태양이

모든 눈들이 대상들을 볼 수 있도록 빛나게 하듯이,

저는 모든 지성들을 빛나게 하는^{illuminate}

하나로 있는, 의식으로 있는 나입니다.

10.

태양의 도움을 받는

눈들만 대상들을 볼 수 있고,

다른 눈들은 대상들을 볼 수 없습니다.

태양은 그 힘을 저에게서 가져옵니다.

11.

물결치는 수면 위에 반사되는 태양은 부서지는 모습으로 보이지만,

고요한 수면 위에 반사되는 태양은 온전한 모습으로 있습니다.

의식인 저 역시 동요하는 지성들에서는 지각되지 않지만

고요한 지성에서는 선명히 빛납니다.

들)을 지니고 있는 물(마음)의 표면들에 영향을 받지 않는다. (원래의 번역은 물의 판들의 변화들이다. 이 용어는 영원한 이미지의 풍부함을 포착하기에는 부족할 것이다.)

12.

무단탄 비리 이나익칼 무디다 아달라 룩칸

무두파 톨리 얏트라나 문누달 폴라 야반

무다닌 팔바이 얄레 뭇트루메 벳탄 폴반

아달릴 닛타 싯단 아욜라 압반마 난

13.

아킬라 바스툭칼 탐밀 아누수단 예카 나기

아킬라 바스툭칼 탐밀 아상가나 이룹판 야반

가가나넬 닛타 숫다 칼랑가밀 우루반 야반

아하밀라 닛타 싯단 아욜라 압반마 난

14.

팔라비다 우파디 얄레 팔라비담 스파디캄 톤드룸

팔라비다 붓디 얄레 팔라비담 우낙쿠 마굼

잘라마딜 닐라비 낫탄 샨드라갑 푼드라 네야

샬라무루 붓디 얄레 샨찰라 니낙쿠 마메

15.

앗탓티 넬리 볼라 안마바이 캇타 랄리두

아스타말라가 스톳트람 아굼펠 펫트라 단드리

12.

바보는 태양이 짙은 구름 속에 감추어지면

태양을 잃어버렸다고 생각하듯이,

사람들은 항상 자유로운 아트만이

속박되어 있다고 생각합니다.

13.

에테르는 어디에나 스며들어 있지만

그 어떤 접촉으로도 영향을 받지 않습니다.

언제나 의식인 나는 어떤 방식으로도 영향을 받지 않은 채

모든 것에 스며들어 있습니다. 제가 그 나입니다.

14.

투명한 크리스털은 그것의 배경에 따라 달리 보이지만,

그렇다고 해서 그것이 달라진 것은 아닙니다.

변치 않는 달은 물결치는 수면에 위에 반사되면 일렁이는 모습으로 보

입니다.

모든 것에 스며들어 있는 신인 당신도 그렇게 있습니다.

15.

아말라카 열매가 손(하스타) 바닥에 놓여 있는 것처럼

아스타말라가 넨드랍 아리비닐 페리야 발란

잇타라이 야바 랄룸 옛티답 팟타 남마

이 찬가(스톳트라)는 나를 아주 명확하게 드러냈음으로,

이 찬가는 하스타말라카 찬가라는 이름을 가지게 되었다.

더구나 갸나에 특출한 이 소년[224]은 '하스타말라카'라는 이름으로

이 세상의 모든 사람들의 찬양을 받기 위해 왔다.

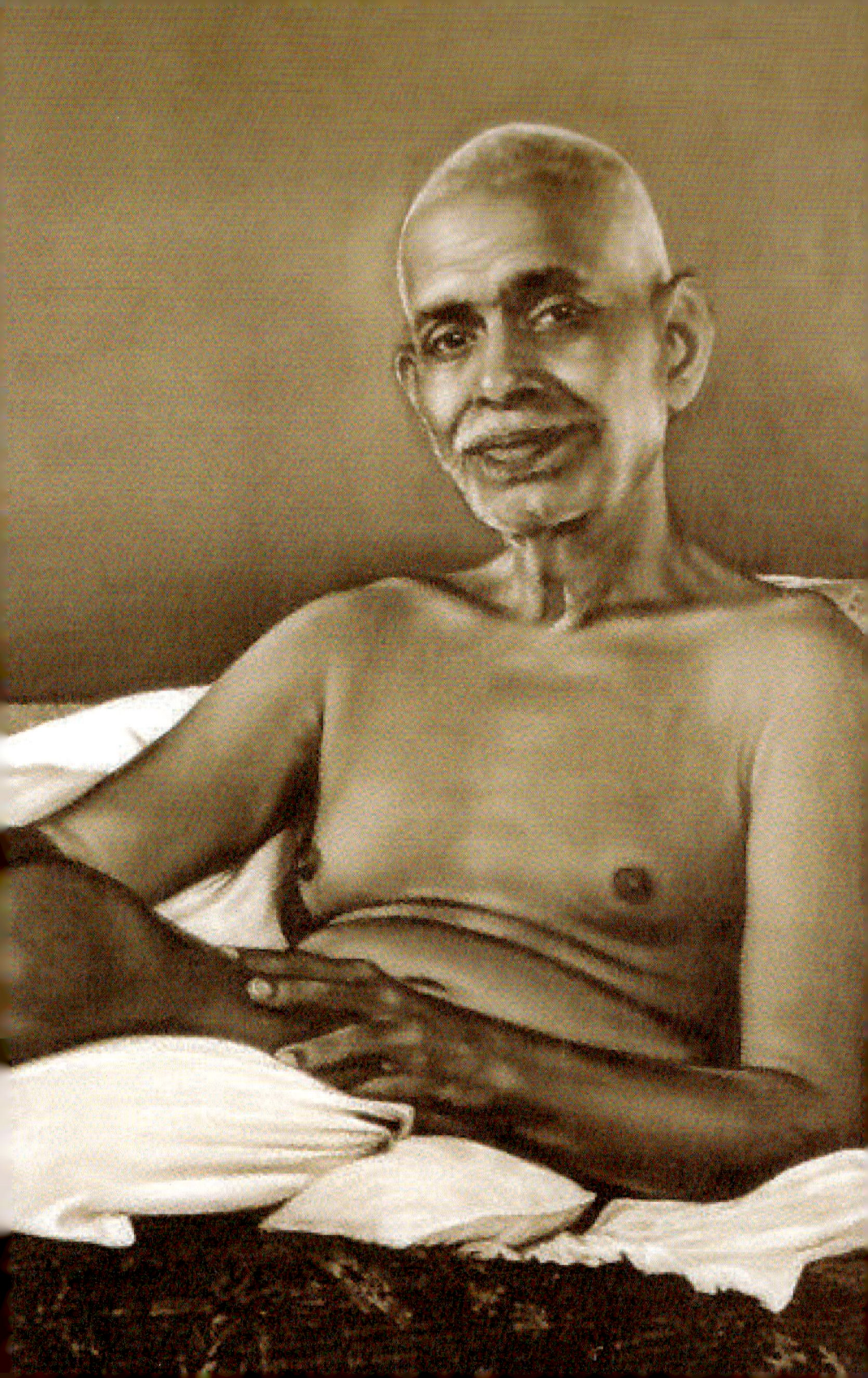

토요일:
슈리 라마나에게 드리는
다섯 성가들

이 노래들의 저자인 사티야만갈람 슈리 벤카타라마야르는 슈리 바가반이 비루팍샤 동굴에 있을 때 그에게 왔다. 그가 비루팍샤에서 머무는 4일 동안 하루 한 개씩 네 개의 노래를 지었고, 다섯 번째인 라마나 삿구루는 후에 써서 아쉬람으로 보냈다. 바가반을 찬양하는 초기 작품들(1910-11)에 지어진 이 찬가들은 첫 시구에서 영혼의 흘러넘침이 있을 만큼 경이로운 신선함을 가지고 있다. 칸나파르 성자는 겨우 일주일만 쉬바를 숭배하고도 그는 그의 은총을 얻었다. 이 노래의 저자도 바가반과 일주일만을 보내었다. 그러나 그 기간은 헌신과 은총으로 가득한 일주일이었다. 지은이가 이 노래들을 만들 때, 실제로 그는 황홀경에 들어 바가반 주위에서 춤을 췄다. 거의 알려지지 않은 이 인물은 바가반의 자비로운 눈길에서 오는 은총을 흘러넘치게 받았고 이것은 쿰미 팟투의 9번째 시에서도 보여진다.

그분께서는 자비로우신 눈빛으로 제 뺨을 때리셨네.
그것은 '오 독실한 벤카타라마야르여, 왜 그대는 그대의 시간을 언어들로 낭비하는가?

'너 자신이 직접 보아라!'라고 말씀하시는 것 같았네

언젠가 한 번은 바가반께서 벤카타라마야르가 이 시들을 쓴 날들에 대해 설명했다.[225] 바가반은 M.V. 라마 스와미 아이에르와 다른 이들은 이 노래 중에 춤추는 벤카타라마야르와 합류하여 '모두 열렬히 박수를 쳤다'라고 회상하였다.

---

225   바가반과 함께 한 나날들 1947년 1월 1일을 참조.

1. 칼라입 팟투

1.

아루난 우딧타난 아루나기리 탄닐

아라기야 라마나레 바룸

아루나 찰레사레 바룸

2.

살라이 쿠일오사이 칼라일 쿠빗트루

삿구루 라마나레 바룸

삼바비 바가레 바룸

3.

상감 올릿타두 타라가이 망기나

잉기타 라마나레 바룸

이사 수레사레 바룸

1. 여명의 찬가

1.

아루나 산이 밝아오고 있습니다.

달콤한 라마나시여, 어서 오소서!

아루나찰라의 신이시여, 어서 오소서!

2.

수풀 속에서 뻐꾸기가 노래합니다.

사랑하는 스승 라마나시여, 어서 오소서!

지식의 신이시여, 어서 오소서!

3.

소라고둥 소리가 들리고, 별빛이 흐려집니다.

달콤한 라마나시여, 어서 오소서!

신들의 신이시여, 어서 오소서!

4.

코리갈 쿠비나 쿠루구하 리얌비나

나리가이 아추두 바룸

날리룰 아간드라두 바룸

5.

신냥갈 카갈람 베리가이 얄타나

폰낭가 라마나레 바룸

보다 스와루파레 바룸

6.

카강 카라인다두 칼라이윰 아잇트루

나가 바라나레 바룸

난자니 칸타레 바룸

7.

칼파나이 오린다두 카말랑갈 알란다나

빌파나 라마나레 바룸

베단타 루파레 바룸

4.

수탉들이 울고, 새들이 지저귑니다.

벌써 시간이 되었습니다. 어서 오소서!

어두운 밤이 사라져갑니다. 어서 오소서!

5.

나팔들이 울리고, 북들이 고동칩니다.

금빛으로 빛나는 라마나시여, 어서 오소서!

깨달은 지식이시여, 어서 오소서!

6.

까마귀가 울고, 아침이 왔습니다.

파충류로 장식을 한 신이시여, 어서 오소서!

푸른 빛깔의 목을 가진 신이시여, 어서 오소서!

7.

무지는 사라져 가고, 연꽃들은 피어납니다.

지혜로운 신 라마나시여, 어서 오소서!

베다들의 정수이시여, 어서 오소서!

8.

묵구나 라히타레 묵티나 달보레

살구나 라마나레 바룸

샨타 스와루파레 바룸

9.

삿투 칫타난다 바디비나이 샨디둔

탓투바 라야레 바룸

탄다바 물티예 바룸

10.

인바툰바 밀라 예칸타 메다이일

안부루 콘도레 바룸

아난다 모나레 바룸

8.

속성²²⁶들에 의해 더럽혀지지 않은 해방의 신.

자비로우신 라마나시여, 어서 오소서!

평화의 신이시여, 어서 오소서!

9.

현자이시고 신이시며,

존재 – 지식 – 희열과 하나이신 분,

기쁨으로 춤추는 신이시여, 어서 오소서!

10.

지식의 정점에 계시는 사랑의 화신이시며,

기쁨과 고통 너머에 계시는 분이시여, 어서 오소서!

희열의 침묵이시여, 어서 오소서!

---

226 구나

2. 쿰미 팟투

팔라비

라마나 구루 파담 파둔가디 앗타이

테디 닌드레 라미타둔가디 — 펜갈

쿠디닌드레 라미 타둔가디

눌

1.

탕군 쉬바로캄 탄나이 빗투다야

바가 티루출리 탄닐반두

앙굼 이룩카 마난사히 야말레

아루나 기리탄나이 나디반단

(후렴, 라마나 구루...)

2.

비룸비 반디둠 안발갈라이 비루

2. 왈츠

후렴

소녀들아! 구루 라마나의 발을 노래하자!

찾고, 기쁨으로 춤추자!

모두 모여 기쁨으로 춤추자!

본문

1.

그분께서는 자신의 희열의 집을 떠나,

연민으로 지상의 티루출리에 내려오셨네,

그분께서는 그곳에 머무르는 것에 만족하지 못하시고

간절히 아루나기리에 오셨네.

(후렴, 라마나 구루...)

2.

비루팍샤 동굴에 있는 그분에게 간절히 가고자 하는 사랑스러운 헌신

팍샤 구하이이닐 탄이룬두

카룸부 폴루치 캇티 칼릿티다

캇치 탄단 아룻 팔바이유단

(후렴, 라마나 구루...)

3.

소나기리 탄닐 조티 바디바다이

톤드리둠 이산 아룰랄레

아나바 카미야 마야이 아룻테린

안마 수캇틸 칼릿티두반

(후렴, 라마나 구루...)

4.

옝구 니라인다 파라파라 마욜리

탕굼 이다마돈 드릴라말레

캉굴 파갈라라 닌드라비다 마다익

칸두 칼릿타난 타나기

(후렴, 라마나 구루...)

자들에게,

그분은 은총의 눈길로,

사탕수수와 같이 달콤함을 드러내시어,

그들을 즐겁게 해 주시네.

(후렴, 라마나 구루...)

3.

소나기리의 빛으로 나타난 신의 은총으로

그분께서는 개별적 존재의 불순물들,

환영, 카르마의 씨앗을 잘라 버리고

나의 희열을 한껏 즐기시네.

(후렴, 라마나 구루...)

4.

그분께서는 자신의 집이 없으시며

내재하시며 또한 어디에나 만연하시는 초월로 빛나시고

밤과 낮 너머의 상태를 깨닫고 계시며,

온전히 홀로 그 상태 안에서 한껏 즐기시네.

(후렴, 라마나 구루...)

5.

판차 부탄갈릴 타니룬 다나반

판차 코산갈라이 타나룻탄

판차탄 맛티라이 탄쿠디 타나반

판차 인드리얏타이 탄자잇탄

(후렴, 라마나 구루...)

6.

문드루 사리라문 탄마란 다나반

문드라바스 타이갈룸 탄오릿탄

문드루 구낭갈룬 탄디비 타나반

문드루 파당가단 데리빗탄

(후렴, 라마나 구루...)

5.

그분께서는 다섯 원소들[227]에 계시며,

그분께서는 다섯 덮개들[228]을 잘라 버리셨으며,

그분께서는 다섯 가지 최초의 원리들[229]을 삼키셨으며,

그분께서는 다섯 감각들을 정복하셨네.

(후렴, 라마나 구루...)

6.

그분께서는 셋 몸[230]에 무관심하게 되었고,

셋 상태들[231]을 능가하시며,

셋 속성들[232]을 넘어섰으며,

셋 성취들[233]을 초월하셨습니다.

---

227 흙, 물, 불, 공기, 에테르
228 거칠고 큰 것에서부터 미묘한 것까지 몸의 다섯까지 꼬샤
229 탄마트라는 혼합되기 전 최초의 상태의 다섯 가지 원소들이다. 예를 들어 흙 원소는 1/2
     의 흙과 다른 원소들 각각의 1/8 씩으로 이루어지지만, 흙 탄마트라는 다른 원소들이 전
     혀 없는 순수한 흙으로 평범한 감각으로는 인지할 수 없다.
230 거칠고 큰 몸, 미세한 몸, 원인의 몸
231 깨어있음, 꿈, 깊은 잠
232 세 가지 구나 또는 속성인 삿트바, 라자스, 타마스로 각각은 순수함, 활동성, 비활성이
     다.
233 세 가지 성취들, 사로키야, 사루피야, 사메피야는 숭배대상에 대한 숭배자들의 친밀함
     의 정도를 나타낸다. 사로키야는 신의 거처에 이르는 것을 의미한다. 사루피야는 아직
     은 그와 다르지만 그의 형상을 닮아가며 그와 같은 형태를 한 것을 의미한다. 사메피야
     는 그에게 개인적으로 (개인 대 개인으로) 가깝게 다가가는 것을 의미한다. 이 친밀함의
     세 단계를 초월하는 네 번째이다. 그것은 그 안에서 자신의 차별적인 정체성을 잃는 것
     을 의미한다. 차별적인 정체성을 잃는 것은 둘도 없는 하나의 존재이며 따라서 지고의
     나인, 나로서의 나에 대한 깨달음이다.

7.

핀눔 비나이예둥 카난디 피라이

옹구 타니치밤 아난디

인눈지바 부일 아난디 이니

다합 파라부일 아난디

(후렴, 라마나 구루...)

8.

지바 투이라이윰 파라 투이라이윤

셀티루 갑피디 톤드락키

바밧티닌드루 타나이 마란데 파라

마깁 파룻투 타닛투빗탄

(후렴, 라마나 구루...)

9.

비니닐 바야이 발랍파 다날렌나

벵카타 라마나 베디야네

칸이니 캇치엔 드로디 야라인다네

(후렴, 라마나 구루...)

7.

소녀들은 할 일을 더 이상 찾지 못했습니다.

그분께서는 유일한 은총으로 다시 말해 광채가 나는 초승달 쉬바로 남

으셨습니다.

그런 다음 그분께서는 스스로 지고의 나로서 머물고 계시면서

그들의 나로서 모든 만물들에 두루 퍼져계십니다.

(후렴, 라마나 구루...)

8.

그분께서는 개별적 나와 지고의 나를 하나로 통합함으로써

자신의 개별성을 소멸시키셨네.

그리고 익은 과일처럼

지고의 존재로 영원히 남아계시네.

(후렴, 라마나 구루...)

9.

그분께서는 자비로우신 눈빛으로 제 뺨을 때리셨네.

그것은 '오 경건한 벤카타라마야르여!

왜 너는 시간을 언어들로 낭비하는가?

칸비리얄 옌드란 칸낫틸레

(후렴, 라마나 구루...)

10.

라마나넨 삿구루 라마나넨 보다칸

라마나넨 나야칸 아기빗탄

나마벤드라반 파담 나디비룬두 남

낫티얌 아두봄 냐납 펜갈

(후렴, 라마나 구루...)

너 자신이 직접 보아라!'라고 말씀하시는 것 같았네.

(후렴, 라마나 구루...)

10.

의심할 여지없이

라마나님은 저의 자애로운 스승이시며, 안내자이시고, 신이시네.

지혜로운 소녀들이여! 그분에게 복종하고, 그분의 발에 떨어져

무아경으로 춤을 추자!

(후렴, 라마나 구루...)

3. 폰노일 팟투

1.

폰놀릴 바디비 나네 푸라나 바다나 타네

탄나룬 수바누 부티 타라이옐람 마낙카 예라이

운나룸 푸가라이 켓팁 울라겔란 테디 반덴

옌나룰 이라이예 냐나 라마나네 조티 쿤드레

2.

조티예 바디바이 닌드라 소나마 사일란 탄닐

베디야 우루비 노두 비루팍샤 구하이인 메붐

아디예 아나디 바입페 아말라네 라마나 옌나이

소디야 단두 콜바이 실파라 소루파 니예

3. 금빛 10연

1.

금빛의 모습을, 연꽃 얼굴을 하신 분이시여!

온 세상에 귀한 깨달음의 향기를 퍼뜨리고 계시는 분이시여!

제가 당신의 명성을 들었음에도 불구하고, 저는 어리석어서 당신을 찾아 온 세상을 다니다

이제야 여기 당신께 이르렀습니다. 자애로우신 저의 신이시여! 지혜로운 라마나시여! 빛의 산이시여!

2.

소나기리라 불리는 신성한 빛의 산의 비루팍샤 동굴에 브람민으로 사시는

최초의, 순수한, 영원의 보석이시여! 오, 라마나시여!

당신께서는 진정 지고의 존재이시니

저를 시험하지 마시고 당신의 것으로 만드소서!

3.

실파라 난다 발베 시밧토둥 칼란다 테네

알부다 난답 파헤 아칸다네 라마나 운나이

칼파하 타루바이 나디 카디데룬 도디반뎬

빌파나 우루베 카바이 비말라네 아룻칸 탄데

4.

탄디다이 탈릴폴 파담 타미야녠 시랏틸 슈디

논디다 발바 데이디 노디야딜 바바노이 폭카

안다나 아마랄 카나 아루나이발 라마나 모나

옌다날 아다이바 눈나이 이루비리 마니예 숄라이

5.

마니예납 푸갈바 달란 맛트론드룸 아리야 예라이

아니마이이 닌드루 야눔 알라루바 다린 디다요

3.

지고한 의식—희열의 생명이시여, 쉬바에 잠겨계시는 꿀 같이 달콤한
희열이시여,

진귀한 희열의 진한 시럽이시여, 나누어질 수 없는 하나시여! 오, 라마
나시여!

소원을 성취시켜주는 나무시여, 당신에게 간절히 달려온 저에게,

저를 저의 소망을 충족시켜주소서.

4.

제가 고통으로부터 자유로운 삶을 얻어 되풀이되는 태어남들의 병을
치료할 수 있도록,

바로 지금 이 순간 당신의 신성하고도 부드러운 발을 제 머리 위에 올
려주소서!

신들에게조차도 알려지지 않은 아루나찰라에 침묵으로 살고 계시는
나로 다시 태어나신 라마나시여,

제가 언제쯤 당신께 도달할 수 있는지를 말씀해 주소서. 오, 제 두 눈
의 눈동자시여!

5.

'눈동자'가 제가 말할 수 있는 모든 것입니다. 그 외에는 저는 무지하고
무력합니다.

타니예나 다합페 인드루 샤둑케나 예나이비 토다

투니야다이 냐나 발랄 순다라 라마나 폿트리

6.

라마나네 자가 티노둠 라비유두 가낭가 라논

라마나네 아핫틸라둠 랏티나 슈달 빌락캄

라마나네 비말라 베다 랏티나 타둠 데반

라마나네 냐나 낫틸 라밋티둠 아라사이 닌드론

7.

닌드리두 니나이부 탄나이 니미닷틸 닉키 넨자이

안드라얀 티루말 아인디 타린디다 아라간 파담

셴드리다 니룻툰 소마 세카라 라마나 물티

옌페룬 투야라 닉카이 예카네 요가 발베

제가 당신의 곁, 여기에서 얼마나 괴로움에 울부짖는지를 알지 못하셨나요?

순다라 라마나시여! 제 자아의 망령을 내려놓아 지식의 도끼로 그것을 내리치셔서,

지금 여기에서 그것이 저를 떠나게 해주소서!

6.

분명 라마나님께서는 태양, 달, 별들이 있는 우주이십니다!

라마나님께서는 가슴속에서 반짝거리는 다이아몬드의 광채이십니다!

라마나님께서는 흠이 없는 베다의 회전목마를 타고 즐기는 신이십니다!

라마나님께서는 지식을 주시는 희열, 신이십니다!

7.

브람마와 비슈누조차 얻고자 하지만 그들조차도 알지 못하는 당신의 두발은

모든 생각을 순식간에 지워, 방황하는 마음을 정지시켜 아루나찰레스와라의 거룩한 발에 고정시킬 수 있습니다.

달 모양의 장식을 하신 라마나시여! 유일한 실재시여!

요가의 생명이시여! 저의 고통을 가라앉혀주소서!

8.

반디둠 울라기노두 바디부루 나마 멜란

탄디다 냐납 팔바이 타랄라다이 타낙쿨 바잇토이

안디둠 요가 냐나 라마나네 아라긴 믹코이

순디둔 수다레 소나 말라이발랄 푸니다 데베

9.

데바네 라마나 파담 테디넨 데빗타 냐나

바바나 티타 모납 파람 포룰 우루비 나네

지바눈 쉬바둠 온드라이 텍키야 울랏티 나네

사바둠 피랍품 일라 탓투바 무디바이 닌드로이

10.

닌드리둔 소나 사일라 닐라잇티둠 라마난 바리

민드리할 사다이야 노두 비루팍샤 구하이윰 바리

벤드리둔 툰밤 폭카 벤카타 라마난 숄룸

폰드리할 비룻타 말라이 폴리부라 바리 바리.

8.

심오한 요가 지식의 라마나시여! 비할 데 없는 아름다움이시여!

영원히 타오르는 불꽃이신 당신께서는 광활한 우주의 이름들과 형상

들을 불살라버리는

지식의 불을 당신 속에 간직하고 계십니다.

소나기리의 신을 찬양하라!

9.

신 라마나시여! 저는 당신의 거룩한 두 발을 찾으려 다녔습니다.

당신께서는 생각 너머에 있는 지칠 줄 모르는 지식이시며, 침묵이시며

지고의 존재이십니다. 당신의 가슴은 개별적 존재와 지고의 존재가 하

나가 되는 중심이십니다.

당신께서는 탄생과 죽음 너머의 궁극의 실재이십니다.

10.

소나기리에 언제나 거주하는 라마나시여 영원하소서!

그의 헝클어진 머리카락 속에 강가를 가진 쉬바와 그의 비루팍사 동굴

에게 경배를!

모든 악들을 하나씩 제거해주는 벤카타라마야르의

이 금빛 찬가여 영원하소서.

4. 폰나이 욧타 팟투

1.

폰나이 욧타 포룹푸루 소나이일

안나이 욧타 아룻구루 바기야

민나이 욧타 라마나메이 베디얀

탄나이 칸다발 탐마이 마랍파레

2.

아디 베디얀 안부루 바기욜

조티 마말라이 소나이일 반다바

니디 오두 라마나 니란자나

카디 로두 가디페루 말가메

3.

판차 부타 타단기답 파바난

만주 룽구하이 마비루 팍쉬일

4. 금처럼 빛나는 10연

1.

금의 소나기리 위에 번개와 같이 빛나시며,

어머니 같은 스승이시며,

참된 브람민이신 라마나를 발견한 이들은

자아-자기를 잊을 것입니다.

2.

사랑으로 화신하신 태초의 브람민이시여!

이 특별한 빛의 산에 내려오신 신이시여!

자애로운 스승 라마나시여! 오점 없는 유일자이시여!

해방으로 가는 길을 제 귀에 속삭여주소서!

3.

다섯 원소들이 포함될 수 없는 순수한 분께서

구름이 걸린 비루팍샤 동굴에 조용히 자리 잡으셨습니다.

판주 탕구 파닷투다 난니난

센졸 인바 라마나 메잇 데시칸

4.

만눈 니룸 발란데루 테유붐

빈눙 칼루 누라인두 빌랑기둠

옌눈 상가이윰 옐라이윰 인드리야

칸누 카비 라마나넨 카달란

5.

아루나이 바룸 아라간 아무다넨

카루나이 바룽 카다불란 캇치얀

타루나 냐나 사도다야 수리얀

포루나 란타루 푸라나 보다칸

6.

칸잔 말룽 카디데룬 도디윰

민지 닌드루 밀리룸 포룹피다이

콘지 닌드루 쿨라부바 단드리윰

넨지 눌룸 라마난 니라인다난

그분은 신성한 스승 라마나이시고

그분의 메시지는 너무나 달콤합니다.

4.

저의 연인이시며, 저의 눈이시며,

저의 생명이신 라마나님께서는

흙, 공기, 불, 물, 에테르에 스며들어 계시며,

수와 한계와 모든 의심 너머에 계십니다.

5.

결코 지지 않고 늘 떠올라 있는 태양과도 같이 빛나는

자애로운 신이시며, 해방으로 안내하는 완벽한 스승께서는

아루나 산에 사시는 공평한 분,

영원한 신이십니다.

6.

라마나께서는 예전에 브람마와 비슈누께서

치열하게 찾아도 찾아지지 않았던 빛의 산에서

기분 좋게 유희하고 계십니다.

또한 모든 존재들의 가슴을 채우고 계십니다!

7.

바룸 바룸 라마나 마하 무니

타룬 타룸 아룰레낫 탄디다

아룸 코룸 바라마달립 파반

카룰 우리 카신디두 마리얀

8.

탕굼 인반 타둠비두 파달란

상가이 인드리 자갓톨릴 냐니얀

강가이 탄구 카다불 우루비난

잉구 탕굼 이라이반 라마나네

9.

옛디 사이야룸 안바룸 예이디예

앗타낫탄 예낫토루 뎃투발

묵타 나난다 모나 라마나나이

삿투 칫테나 타비 토루바레

10.

바리 바리 라마나 마하구루

7.

그분께서는 "오, 라마나 마하리쉬시여,

당신의 은총을 제게 내려주소서."라고 겸손하게 기도하는

모든 이에게 응답하십니다.

그리고 그분의 풍부한 은총을 가득 부어주십니다.

8.

그분의 시들은 희열로 흘러넘칩니다.

의심할 바 없이 그분께서는 세상 사람들을 깨닫게 하는 성자이십니다!

우리 앞에 계시는 신 라마나는 강가가 늘 흘러내리고 있는

바로 쉬바의 화신이십니다.

9.

온 세상의 헌신자들이 그분을 찾고,

그분을 "신이시여!" "스승이시여!"라고 큰 소리로 외치며 숭배합니다.

그들은 살아계시며, 해방을 얻었으며, 희열에 차 계시며, 침묵으로 계시는

지고한 존재, 지식, 희열이신 라마나께 달려갑니다.

10.

위대한 스승, 라마나시여, 영원하소서!

바리 바리 아루나 마하기리

바리 벤카탄 바이숄룸 파달갈

바리 우리돌 안발갈 바리예

위대한 산, 아루나시여, 영원하소서!

벤카타의 노래들이여, 영원하소서!

그분의 진지한 헌신자들의 흐름이여, 영원하소서!

5. 스리 라마나 삿구루

팔라비

라마나 삿구루 라마나 삿구루

라마나 삿구루 라야네

라마나 삿구루 라마나 삿구루

라마나 삿구루 라야네 (한 번 더 반복)

눌

1.

푸갈룸 폰눌라 갓투 바나발

폿트리 닌드루 푸간디둠

티갈룸 난닐라 만티루출리

탄닐 반다 다야파란

(라마나 삿구루....)

5. 슈리 라마나 삿구루

후렴

라마나 삿구루, 라마나 삿구루,

라마나 삿구루, 저의 신이시여!

라마나 삿구루, 라마나 삿구루,

라마나 삿구루, 저의 신이시여!(한 번 더 반복)

본문

1.

하늘에 사는 영광스러운 신들이

기꺼이 찬양하는

유명하고도, 신성한 티루출리에서 태어나신

자애로운 신, 라마나 삿구루시여!

(라마나 삿구루)

2.

아라구 순다랄 안비닐 바룸

아무다 바리디 아루나이 얀

마라 비다입 포룰 아룰 파다 잇 티두

바디 빌라 바디 바나반

(라마나 삿구루)

3.

아말라 냐나 아룻 페룽카달

아루나이 양기리 탄닐레

비말라메 부루바기 반도루

비루파 날구하이 메비난

(라마나 삿구루)

4.

바두 셰이디두 마야이 탄나이

발라잇투 닌드루 미딧타반

수두셰이 풀라 노두 반자가

슐 비나잇토가이 앗트라반

(라마나 삿구루)

2.

알라구와 순다라[234]의 사랑에서 태어나 넥타의 바다 아루나찰라에 사시는 분.

우리에 대한 사랑으로 형상이 없으신 분께서

황소를 탄 쉬바의 형상을 취하셨습니다.

이제 다시 라마나 삿구루의 형상을 취하셨습니다!

(라마나 삿구루)

3.

흠 없는 지식은 사랑의 바다로서

아루나 산에 있는 비루팍샤 동굴에까지 흘러

순수한 존재로 형상을 취하셨습니다.

라마나 삿구루시여!

(라마나 삿구루)

4.

그분은 자신의 도전자인 환영을

땅에 넘어뜨려 철저히 파괴했습니다.

그분께서는 교묘한 감각들과 과거의 많은 카르마를 일소하셨습니다.

라마나 삿구루시여!

---

234 바가반 양친의 이름 알라구와 순다라는 타밀어로 '아름다움'을 뜻한다.

5.

아루나이 이산 예둣타 나인디두

안반 옌구루 나야칸

카루나이예 바디바하 닌드리두

칼파하 타루 바기논

(라마나 삿구루)

6.

문드루 데하 마란두 뭅파다

발비닐 쿠디 예리난

톤드룸 잇자가 발비닐 칼리

야두 닌드리두 톤드랄란

(라마나 삿구루)

7.

핀다 메비야 나다네 비라

만다 메비야 나다나익

칸두 닌드루 카닌둘 예카메

캇치야이 칼리 콘다반

(라마나 삿구루)

5.

그분을 아루나찰라의 신께서는 선택하여 받아들였습니다.

저의 신과 스승의 은총이 천상의 소원을 성취시켜주는 나무로 서 계시는

스승, 라마나 삿구루의 모습으로 나타났습니다.

라마나 삿구루시여!

6.

그분께서는 셋 몸들에 무심하셨고,

이 덧없는 세상의 삶을 기뻐하지 않으시면서,

세 상태들을 경험하며 사셨습니다.

라마나 삿구루시여!

(라마나 삿구루)

7.

몸의 영혼soul이 바로 우주의 영혼Soul임을 아시고

정지해still 계셔서, 성숙해지시어

그분의 가슴은 모두와 하나가 되셨습니다.

이 라마나 삿구루께서는 늘 희열로 가득한 분이십니다!

(라마나 삿구루)

8.

폰니란 타발 메니얀 푸갈

옹구 센자다이 베니얀

탄나룽 구루 바가 바잇티두

탓투밥 포룰 아나반

(라마나 삿구루)

9.

판차 부타 니라인두 닌드라반

판차 코사마 닷트라반

안잘리 티둠 안발 툰바

모릭쿠 냐나 비다야간

(라마나 삿구루)

10.

묵구나 타다이 앗트라반 무다

라야 데바 니라마얀

팍쿠바 타발 반두 닌드루

(라마나 삿구루)

8.

그분께서는 헝클어진 아름다운 머리칼을 가지신

금색의 쉬바를 자신의 구루로 삼으시고는

그분과 하나가 되셨습니다.

라마나 삿구루시여!

(라마나 삿구루)

9.

그분께서는 다섯 원소들에 스며들어 계십니다.

그분께서는 다섯 덮개들에 속박되지 않으십니다.

그분께서는 헌신자들의 고통을 없애 주시고 그들에게 지식을 주십니
다.

라마나 삿구루시여!

(라마나 삿구루)

10.

세 구나들은 그분의 길을 막지 못합니다.

그분은 흠이 없는 가장 최초의 신이십니다.

미덕을 가진 사람들은 그분을 찾고, 그분을 섬기며, 그분의 발에 엎드

파닌디둠 파다 세바이얀

(라마나 삿구루)

11.

아디 카라나 카리 양갈

아린다 친마야 푸라난

바디야 말라 마야이 탄나이

바다잇투 비시둠 아라난

(라마나 삿구루)

12.

데발 야바룸 반두 닌드루

투딧티둠 파다 바이바반

카발 라기메인 냐나 낫타라

사가 닌드리두 카라난

(라마나 삿구루)

13.

베다 나야칸 베다 부샤난

베다메 유루 바야반

립니다.

라마나 삿구루!

(라마나 삿구루)

11.

그분은 완전한 자각이시며,

최초의 원인과 그것의 결과들을 온전히 자각하고 계십니다.

그분은 도전자인 환영의 정복자이십니다.

라마나 삿구루시여!

(라마나 삿구루)

12.

소박한 헌신으로 그분 주위에 서 있는 신들은

그분의 영광스러운 발을 찬미합니다.

그분은 길이요, 문이요, 순수한 지식의 왕이십니다.

그러하신 라마나 삿구루시여!

(라마나 삿구루)

13.

베다들의 신이시오, 베다들의 보석이신

그분께서는 베다들의 화신이십니다.

카달 라입파라 발비닐 카디

데리닌드루 칼릿타반

(라마나 삿구루)

14.

투리야메 바디 바기 투벨리

아다랑가마 다기논

카리야다이 자감 예로 단당

칼란두 닌드라 칼랍필란

(라마나 삿구루)

15.

친마 얏타루 빌파 룻티두

팅가니 슈바이 아기논

탄마얍 포룰 라이 타닛티두

삿치다난담 아기논

(라마나 삿구루)

16.

압필 웁페나 옌마나 구하이

옵피 닌드리둠 안날란

그분의 사랑의 힘으로 얻은 영원한 삶의 기쁨이

라마나 삿구루이십니다!

(라마나 삿구루)

14.

그분께서는 순수한 공간인, 투리야 상태이시고,

세상이라는 연극의 무대이시며, 일곱 세상들에 퍼져 있는 목격자시며,

그리고 그분 자신은 오점이 없이 온 우주에 계십니다.

초월이 라마나 삿구루이십니다!

(라마나 삿구루)

15.

그분께서는 자각의 나무에서 익은 달콤한 과일의 즙이십니다.

그것^{That}과 하나 된 그분께서는 존재, 지식과 희열로

완전히 홀로 계십니다.

라마나 삿구루시여!

(라마나 삿구루)

16.

그분께서는 물속의 소금처럼 저와 하나 되어,

제 가슴의 빈 공간에 사시는 사랑의 신이십니다.

압판 옵파반 안나이 욥파반

알부답 포룰 아나반

(라마나 삿구루)

17.

작키랑 카나 보두 샷트루

수룻티 바다이야 닷트라반

박키 란두 니라인두 닌드라돌

박키얍 포룰 아나반

(라마나 삿구루)

18.

사나다납 포룰 아나 베디얀

자티 베다마 닷트라반

아나디 닌말라 냐나 나야간

안비닐 바루 조티얀

(라마나 삿구루)

그분은 제게 아버지이자 어머니이십니다. 그분은 실재 그 자체이십니다.

라마나 삿구루시여!

(라마나 삿구루)

17.

고통을 일으키는 깨어남, 꿈, 깊은 잠의 상태로부터 자유로우시고

말이 닿는 범위를 넘어 완전하시며,

마하바키야[235]의 의미이신

라마나 삿구루시여.

(라마나 삿구루)

18.

늘 존재하는 실재는

계급과 믿음의 체계를 초월한, 시작이 없는,

오점 없는 지식의 신이신

사랑으로 밝혀지는 빛이신 이 브람만이십니다.

라마나 삿구루시여!

---

235 '그대가 그것이다.'

19.

살구나 카달 아나 날구난

살자날 푸갈 니디얀

알부다 슈바이 아나 파기난

아시파다 투루 바나반

(라마나 삿구루)

20.

박티 요두 파닌두 닌드리두

박타 코디얄 탕갈라이

묵티 메익카라이 캇티 무다리

웃트리다 드바잠 잇타반

(라마나 삿구루)

21.

아다다 세이가이 알릭쿰 인드리야

반자나입 포리 바일일

비다두 빈두 빌릭쿰 옌마나

페야이 바베나 발루바이

(라마나 삿구루)

19.

모든 속성(구나)들 너머에 계시는 선의 바다

지혜로운 자들의 눈에는 정의로운 분, 그분께서는 달콤한 시럽이십니다.

그분의 형상은 개별적 나와 초월적 나의 합일이십니다.

라마나 삿구루시여!

(라마나 삿구루)

20.

헌신으로 엎드려 절하는 헌신자들에게

그분께서는 해방의 가장자리를 드러내는 지식을 주십니다.

깃발을 꽂아 그것을 선언하는 분이신

라마나 삿구루시여!

(라마나 삿구루)

21.

감각들이 악한 길로 이끄는 열린 턱에서

분투하는 제 마음의 유령을 파멸시키시고

저를 당신의 것으로 만드소서.

라마나 삿구루시여!

(라마나 삿구루)

22.

앙가 메리 아항가리 티둠

아나 밥파두 파비야잇

퉁가 냐나발 콘두 샤두빌

투마니 슈달 아기닐

(라마나 삿구루)

23.

바누 밤사 비노다 라마눔

팡카얍 페루 발바눔

마눈 술람 아닌다 데바눔

마다 박쿠마 레사눔

(라마나 삿구루)

24.

폿트리 옌마나 코일 웃트리두

푼니야 티루 메니야이

폿트리 닌무캄 폿트리 닌마남

폿트리 닌파담 아이야네

(라마나 삿구루)

22.

순수한 지식의 검으로 지금

몸 안에 자아로서 지배하고 있는

잔인한 무지라는 악마를 내리쳐주소서.

오, 스스로 빛나는 보석이시여!

라마나 삿구루시여!

(라마나 삿구루)

23.

태양계의 기쁨이신 신 라마

연꽃 위에 앉아 계시는 빛나는 브람마

사슴과 창을 가지신 쉬바, 위대한 타파스를 하시는 쿠마라데바

이 모두가 우리의 라마나 삿구루이십니다!

(라마나 삿구루)

24.

제 가슴의 지성소에 계시는 모든 축복들의 신성한 형상으로 계시는

당신께 찬양을! 당신의 얼굴에 찬양을! 당신의 가슴에 찬양을!

당신의 발에 찬양을!

신 라마나 삿구루!

(라마나 삿구루)

25.

나치 닌드루 나빗트루 벤카타

라마나 나빌루메비야

우치다 슈바이 아나 운파담

우치 바잇티다 벤디넨

(라마나 삿구루)

25.

당신 앞에서 열렬히 기도하고,

자신의 혀로 넥타같이 달콤함을 느끼며 당신을 찬양하며 서 있는

벤카타라마야르의 머리 위에 당신의 두 발을 올려놓으소서.

라마나 삿구루시여!

(라마나 삿구루)

부록

1. 스리 라마나 차트바림샷(슈리 라마나를 칭송하는 40편)
2. 아라티(아라티 찬가들)
3. 푸날바수 반남(푸날바수의 영광)
4. 벤달 파디감(10개의 청원)

슈리 라마나 아쉬람에서는 하루 동안 다양한 찬송가와 찬트를 부르고, 저녁에는 타밀어 암송도 진행된다. 영감을 받은 헌신자들은 이런 그룹 찬가에 함께 참여하도록 격려를 받는다. 아침과 저녁 푸자에서 진행되는 두 번의 아라티들(보통 오전 8:45-10시 그리고 오후 5:15-6:15) 사이에 진행되고, 자격을 갖춘 헌신자들이 사마디 홀에서 바가반이나 아루나찰라를 칭송하는 노래를 바칠 기회를 갖는다.

아쉬람에서 매일 진행되는 예배의^{liturgical} 삶에서 가장 중요한 행사는 아침에 우유를 바치는 것인데, 슈리 라마나를 칭송(슈리 라마나 차트바림 삿 p. 550) 하는 사십 편의 시와 산스크리트로 된 아루나찰라 판차라트남[236]을 암송하며 경축한다. 우유를 바치는 행사는 매일 오전 6시 45분에 시작되는데, 간단한 아라티를 부르고 정화된 우유의 형태로 된 프라사담을 바친다.

금요일 저녁, 타밀 달력의 보름날이나 초하루 날에는 어머니의 사마디에서 신성한 어머니께 바치는 노래를 슈리 차크라 푸자 중에 바친

---

[236] 이 본문도 대부분의 주중 밤 동안에 타밀 파라야나로 마무리 짓는 행사에서 타밀어로 찬송된다. (pp. 71-3.)

다. 바가반의 사마디 홀에서 매일 진행되는 푸자에서 마지막 아라티가 끝난 후에 여성 헌신자들은 규칙적으로 자야망갈람 찬트를 부르고, 또한 특별한 행사에서는 아라티 찬가들 중 다른 노래를 부른다.

인도에서는 낙샤트라의 날 즉 위대한 성인들의 탄생별의 날 또한 기념하고 종종 매달의 탄생의 날로 찬양한다.

이 전통은 바가반의 생애와 관련된 기념일에 바가반의 헌신자들이 느꼈던 특별한 은총을 계속 증언하는 헌신자들에 의해 유지되었고 이런 기념일 행사에 참여하고 함께 하도록 격려된다.

푸날바수[237] 날은 바가반의 매달의 탄생일이고 마하냐사 푸자 그리고 특별한 예배로 축하한다. 푸날바수 바남[238]은 아라티노래, 바즈가베, 그리고 자야망갈람 사이에 또는 마지막 아라티가 끝난 후 바친다. 또 다른 특별한 경우는 매달 두 번 열리는데, 프라도샴, 상서로운 열세 번째의 티티tithi[239]이다. 대략 새 달이 되기 전 이틀 동안, 그리고 보름이 되기 전 이틀 동안이다. 바가반의 사마디 성전에서 저녁에 특별한 푸자와 예식이 진행된다. 벤다 파디감(10개의 청원)을 아라티 사이에 바친다.

---

237 푸날바수는 낙샤트라스라고 불리는 고정된 천국을 27개로 나눈 것들 중 하나이며, 바가반의 탄생별이다. 매달의 순환 동안, 달은 이러한 27개로 나뉘어진 천국을 각각 통과하며, 베다 점성술에 따라 13과 1/3 도를 각각 통과한다.

238 바남은 '영광', '장엄함', 또는 '아름다움'을 의미한다.

239 티티는 360도 달 순환을 12도로 나눈 것들 중 하나이다. 프라도샴은 열세 번째로 나뉘어진 곳이다. (자세한 정보는 용어 해설을 참고하라).

베다 파라야나는 슈리 바가반의 생전에 그랬듯이 매일 두 번 열리는데, 아침 암송은 오전 8시에 시작하고 약 삼십오 분 정도 지속되며, 오후 5시에 진행되는 베다 암송은 베다 암송을 교육받은 자격을 갖춘 성직자들이 진행한다.

그러나 바가반의 생전부터는 평신도들 그리고 브람민이 아닌 사람들도 이 행사에 참석할 수 있게 되었고,

짧은 찬가인 우파데사 사람 부르고 오후 암송으로 마무리 하는 찬팅에도 참여한다.

바즈가베

위대한 애국자, 시인, 학자 그리고 인도 자유 운동 참가자인 카비 요기 수다난다 바라티가 바가반에게 질문했다.

"왜 시간이 필요한가요?"

그 질문에 바가반이 답하신다.

"시간이 필요한 이유는 시간이 전혀 필요치 않음을 느끼기 위함이요 우리의 내면에 주의를 기울여 살피기 위함이다."

수다난다 바라티는 슈리 바가반에 관해 쓰여진 1930년대의 타밀어 전기, 라마나 비자얌의 작가이고,

그 책에서 바즈가베가 선택되었다.

아라티 노래

엔지니어, 시인, 그리고 음악가인 마나바시 라마스아미 아이어는 바가반에게 질문했다.

"예수님과 다른 위대한 성인들이 죄인들을 구원하기 위해 세상에 오셨습니다.

저에게도 희망이 있습니까?"

바가반은 영어로 대답했다.

"희망이 있습니다. 그렇고 말고요. 희망이 있습니다!"

노래를 부르는 이들과 노래를 듣는 이들 사이에서 지속적으로 사랑받는 노래인 사라나가티("피난처 노래")는

그가 작곡한 수많은 노래들 중 하나이다. 아라티 노래는 푸날바수날에 아라티후에 부르는 첫 번째 노래이다.

1. 스리 라마나 차트바림삿(슈리 라마나를 칭송하는 40편)

어느 날 이른 아침 파차이암만 사원에서 가나파티 무니와 다른 제자들이 바가반 앞에 앉아 있었습니다. 바가반은 여느 때처럼 고요한 회상에 잠겨 있었다. 무니는 빛의 불꽃이 하늘에서 내려와 마하리쉬의 이마를 여섯 차례 닿는 것을 보았다. 이 비전은 그에게 마하리쉬가 다름 아닌 수브라만야 신의 화신임을 깨닫게 해 주었습니다. 즉시 그의 내부에 있는 시인은 아름다운 샤르둘라비크리디타 미터(음보)로 구성된 여덟 편의 시를 지어 냈습니다. 그 후에도 무니는 슈리 바가반을 경배

하는 더 많은 시를 작곡 했습니다. 이것들은 그 후에 최초의 여덟 편의 절과 함께 묶여지게 되었고 슈리 라마나 차트바림샷(슈리 라마나를 경배하는 마흔 편의 시)가 되었습니다.

이 마흔 편의 시는 바가반의 앞에서 매일 암송되었고 바가반의 사마디 홀에서 매일 아침 여전히 암송되어지고 있습니다. 이 시들은 바가반의 인간적인 특성과 신적인 특성을 모두 묘사하고 있으며, 바가반과 스칸다 신 사이에 어떤 구별도 두지 않습니다. 이 시들은 지반묵타를 묘사하고 있으며, 작지 않은 업적을 달성한 위대한 영적 충신에 의해 지어진 덕분에, 각각의 절은 만트라와 같은 역할을 하여, 마하리쉬의 존재를 환기시키고, 마하리쉬를 염원하는 진지한 모든 이들에게 진실한 혜택을 준다.

2. 자야망갈람

마나바시 라마스와미 아이어가 만든 이 산스크리트 찬가는 약 여덟 편의 절로 구성되어 있다. 여기에 재현된 두 편의 곡은 정기적으로 푸날바수 날에 아라티 후에 바로 부른다. 다른 날에는 오직 두 번째 절만 부른다.

3. 푸날바수 반남(푸날바수의 영광)

푸날바수 반남은 위대한 타밀 시인이자 헌신자인 무루가나르가 만든 슈리 라마나 산니디 무라이[240](1814~24절)에서 가져온 것이다. 푸르나바수 날에 슈리 바가반의 사마디 홀에서 마지막 아라티 전에 그 노래를 부르는 것이 마하냐사 푸자에서 필수적인 부분이 되었다.

4. 벤달 파디감(10개의 청원)

이 (열개 중) 두 편의 절 또한 무루가나르의 슈리 라마나 산니디 무라이(470 그리고 471절)에서 발췌되었으며 정기적으로 프라도샴 날에 저녁 푸자에서 아라티 사이에 정기적으로 읊는다.

240　슈리 라마나의 존재에 대한 경의의 표시

1. 스리 라마나 차트바림샷

(아침 우유 오퍼링 때 노래함)

반데 슈리라마낫세르 이차리시야 파다 브잠

요메달샤드 이샴 반탐 드반탐 드반탐 아디티야

1.

카타야 니자야 칼루샴 하라타

카루나니디나루나 샤일라 주샤

카가 바하나 바쉬타 탓트바 비다

브리샤 비하나 마우나 라하시야 브르티

2.

가나란묵카 수리사바구루나

구나샨차야라트나마호다히나

가나구다사하스라키레나 야타

타누칸추카굽타마하샤

1. 슈리 라마나를 칭송하는 40편

(아침 우유 오퍼링 때 노래함)

저는 어두움 너머에 계시는 빛나는 신을 제게 보여주신

스승이자, 현자이신 슈리 라마나의 연꽃 발에 절합니다.

1.

연민의 보고이신 그분께서는 아루나 산의 발에 거주하십니다.

대화로, 그분께서는 어둠을 몰아내십니다.

그분께서는 백조를 타고 있는 자의 전시^{exposition}들의 필수적인 진리들

을 알고 계십니다.

그분께서는 황소를 타고 있는 자의 침묵의 비밀을 그 자신 내에 가지

고 계십니다.

2.

가나파티를 지도자로 한 학자들의 모임의 스승이신 그분께서는

뛰어난 품질의 보석들이 있는 위대한 바다와 같습니다.

구름들에 가려진 태양과도 같은 그분께서는

3.

차투레나 찰렌드리야니그라하네

파투나 파라키야구나그라하네

찰라바르지타 모우나사마즈샤

발라타르지타 비라카마루샤

4.

자타람 사마예 파리푸라야타

카티남 브라탐 이드리타테 차라타

자샤케타나샤스타라 두라파흐르다

크르심 아트마비도다비다우 다드하타

5.

바바비카라바리니딤 타라타 카라타마라세나 수파트라바타

스바드르샤 디카시탈라칸티브르타 바얌 안그리사로자주샴 하라타

6.

나마탐 아티박티마탐 니디나

가나타파 비두나나산니디나

갑옷 같은 몸 안에 그분의 위대한 광채를 숨기고 계십니다.

3.

동요하는 감각들의 통제에 능숙하신 그분께서는

다른 사람들의 미덕들을 인식하는데 숙련가이십니다.

어떤 가식도 없이 고요한 내면에 잠겨 쉬시는

그분의 강함은 모든 무서운 욕망lust과 분노의 위협입니다.

4.

그분께서는 산의 기슭에서 자신의 엄격한 고행을 행하는 동안에

위장에 음식을 늦지 않게 먹이십니다.

그분의 가슴은 큐피드의 화살들이 접근할 수 없으며

그분께서는 아트만 깨달음의 자신의 노고를 짊어지고 계십니다.

5.

그분께서는 (물질적) 존재라는 무서운 바다를 건넜습니다.

그분의 연꽃 같은 손은 어떤 용도로든 맞는 수저로 충분합니다.

6.

강렬한 헌신으로 그분에게 머리를 숙이는 이들의 보물인

그분의 현존은 가장 큰 불행을 물리칩니다.

야티다르마타팀 파리팔라야타 파리 타슈차 타모 비니바라야타

7.

파니나야카바르니야 구나우가바흐르타

바니티 프리야사티야히타 바나타

바후마나바샤드 아야타 수키탐

아바마나타테르 아비두나바타

8.

야티남 아디페나 쿠샤그라라라산

마티나 다르티나쉬타 칫타부바

리하림 프라마다시야 사다 바하타

니하탄타라 샤트라바 삼하티나

9.

바가바트파담 단얏나술라밤

스바구나이르 아디가티야 파람 자야타

마마타라 히테나 히테나 사탐

니히테나 가나프라부나 흐르다예

전통적인 고행의 규범들을 지키신 그분께서는

모든 곳에서 침울함을 없앱니다.

7.

그분께서는 파충류들의 리더에 의해 갈채를 받기에 적합한,

덕들의 흐름을 지니고 계십니다.

그분께서는 친밀감이 있고, 진실하고, 도움이 되는 말들을 합니다.

그분께서는 존경을 받는 것에 기쁨을 찾지 않으며, 그에게 모욕이 부

어져도 낙담하지 않습니다.

8.

고행자들의 리더인 그분의 마음은 풀잎 끝처럼 날카롭습니다.

그의 확고함으로 그는 마음에 있는 욕망lust을 파괴했습니다.

그는 안에 있는 적의 무리들을 멸하셨으며,

항상 강렬한 희열의 파도들을 지니십니다.

9.

그분 자신의 덕들로, 그분께서는 다른 사람에게 쉽게 가능하지 않는,

'바가반'이라는 탁월한 호칭을 얻었습니다.

그는 소유감, 자만 혹은 나의 것이라는 감각이 없습니다.

좋은 이들의 친구인 그분께서는 가나파티의 가슴에 있습니다.

10.

다라디다라잔캄 아피 티야자타

다라니 탈라 봐시 타모듀타예

나라베샤브르타 나가란다라크르타

라마네나 사나탐 이담 부바남

11.

파라 데쉬네바 다발래나 바사사

샤칼레나 베시티타 카티 비쇼비나

바라 데쉬케나 나라 웨샤 다리나

쉬키바하네나 구루마트 지가드 바베트

12.

아티타 구나잘라야 나이슈티카 브람마차리네

나모 마야마누쉬야야 구라베 타라카 라예

13.

야나야트라 나 케키남 쿨라바티 스나나야 나 스바르나디

파나야 끄쉬티브름마헨드라 두히투르 나 스타니야 두그담므르탐

10.

크라운차 산을 뚫은 스칸다가

지금 지상의 주민들의 짙은 무지를 쫓아버리기 위하여

그분의 어머니의 무릎조차도 버리고,

라마나라는 남자의 모습으로 내려왔습니다.

이 세상은 라마나 내에서 피난을, 신과 보호자를 발견하였습니다.

11.

공작새에 올라타신 신은 방랑하는 사두의 모습으로,

약간의 흰옷으로 가리게를 하고 계십니다.

세상은 이 탁월한 안내자에서

그것의 스승을 발견할 것입니다.

12.

악마의 적이시며 환영의 사람인 타라카의 스승에게 경배를.

속성들의 거미줄 너머에 계시며,

항상 브람만 안에서 움직이고 계시는 라마나님께 경배를.

13.

공작 가족의 우두머리는 당신의 운송수단으로 여기에 있지 않습니다.

천상의 강은 당신께 드리는 공물로 여기에 흐르지 않습니다.

가나야 프라마테슈바라 사바야소 나이바트라 브냐브르토

14.

에캄 박트람 우만카바사비라하

파노우 나 샥티야유담 말티야뜨밤

나 파타키니차

프르타나 파르슈바바예 나키남 베쇼람 나레샤 무그바 나야나

프라차다다네 부주샴 안트다남 우파쉬 타라카 리포 크바 스탄야다야

다타

15.

케시드 요가비담 푸라사라 이티 프라냐니 붓다야 파레

샤두 카슈치드 이티타레 구루디야 케피얀그리 파드맘 타바

세반테 라마나비디다나 마누자

마실 것으로 산들의 신의 딸의 가슴으로부터의 우유의 넥타와 같은 것은 없습니다.

여기에는 당신에게 노래하는 비나를 가지고 있는

동등한 년대의 파라마타의 무리들은 없습니다.

오, 신이시여, 크라운차 산을 부순 신이시여,

당신은 당신의 주거지로 붉은 산을 왜 취하셨습니까?

14.

당신께서는 오직 하나의 얼굴을 가지고 계십니다.

당신께서는 우마의 무릎의 자리를 떠나셨습니다.

당신의 손 안에는 아무런 무기 즉 샥티가 없습니다.

당신께서는 불멸이 되셨습니다.

당신의 어느 쪽에도 신들의 군대도 높은 깃발들도 없습니다.

이 충분한 변장으로 당신께서는

지상의 주민들의 소박한 눈으로부터 당신 자신을 감추기를 희망하십니다.

15.

요가의 아는 자들 가운데 선구자,

위대한 갸니의 견해를 지닌 몇 사람들, 어떤 성자

그리고 다른 몇몇은 스승으로서 당신의 연꽃 같은 발에 봉사합니다.

끄쉐마야 자타 크쉬타우

드비트라스 트밤 기리잔카피타니라얌 갸난티 데밤 구함

16.

옴카라르탐 우파디쇼 바가바테 바니 마노하리네

타타야푸파데슈탐 우디야탐 아부트

킨치트 트바디얌 무캄

제슈타시아디야 사호다라시야 구루탐 프라토시디가우라비트

스브람만야 카니슈타탐 아피 가타

살바디카 카카니슈타탐 아피 가타 살바디카 트밤 구나히

17.

야트 푸르밤 슈루티파라다르쉬 다셔노 드바이파야노디라유하트

바슈차드 보다칼비두타 티미라 샹카파하 샹카라

타트 삼프라트 야킬라바나 탈라쥬샴 아챠리야심하사남

데바 트밤 프라티비크샤테 나라타노 기르바나세나파테

오, 라마나의 이름으로 알려진 한 사람, 인류의 안녕을 위하여 지상에
서 태어나신,

오직 둘 혹은 세 사람이

당신을 산의 딸의 무릎에서 휴식하고 있는 신 구하라고 아십니다.

16.

당신께서는 사라스와티의 마음을 매혹시킨 분인 신에게

옴의 의미를 소상하게 설명하셨습니다.

당신의 입은 당신의 아버지에게 역시 무엇을 전하려는 의도를 가지셨

습니다.

당신의 중대한 지혜로 당신께서는

당신의 형의 스승으로서 이제 나오셨습니다.

비록 당신께서는 어리시지만, 오, 수브라만야시여!

당신께서는 미덕 면에서 당신의 모든 형들을 능가하십니다.

17.

비야사에 의해 지상의 모든 시민들의 스승의 왕위에 한번 오르신,

그분의 지성이 베다들의 저쪽 해안을 보신,

나중에 자신의 깨달음의 조각으로 모든 의심들을 제거하고

그리고 무지의 어두움을 달아나게 한 샹카라로,

이제 신들의 수장, 인간의 형상으로 계시는 신께서 지금 당신을 기다

18.

다르메 나삼 우파가테 트리부비네 팔야쿨레 파파타

프라가네 파리토 기람 파티 무다 산차리야마네 잔나이

사다베 파란메쉬와바라시야 차 피투 산데하돌람 가테

브비파 카이타밤아르티야 트밤 안타라 카 사탐

19.

바이라기얌 타바 빗탐 아스투 카루남 샥노시 하툼 카탐

듀시야스테스투 삼무디야마 피트리파다

디야남 차킴 타드르샴

카마스테스투 비가르히투 비나마탐 락샤 차 킴 가르히타

스칸다 차드마만우시야 킴 누 사마얌

립니다!

18.

이제 의로움이 파괴되었을 때,

세 세상이 악의 고통에 있을 때,

사람들이 단지 말들로서 세상에 대한 지식을 헛되게 퍼뜨릴 때,

그리고 지고한 신인 아버지의 존재가 동요와 의심에 있을 때,

당신이 아니고 누가 선한 사람들의 피난처가 될 수 있겠습니까?

인간을 가장하고 태어나신 공작이시여!

19.

초연이 당신의 부이시지만,

그러나 어떻게 당신께서 연민을 버릴 수 있겠습니까?

당신에게, 지시된^{directed} 노력이 비난을 받을 수 있겠지만,

그러나 아버지의 발에 대한 명상이 같은 범주이겠습니까?

욕망이 당신의 경우에 비난받을 수 있을 것이지만,

그러나 당신께서는 당신에게 머리를 숙이는 자들을 보호하려는 욕망

을 그만두시겠습니까?

인간으로서 감추시는 오, 스칸다시여!

당신께서는 당신의 시간을 기다리십니까?

20.

두람 야히 쿠와다 다르마브르샤 테 네타 파람 판구타

두바란테 부와남 자히히 파리토

바르다스와 삼사트 사탐 와르다스와 삼사트 사탐

소다리야네나 사만위토 브와미맘 프라프토 구루그라마니히

슈란타 프라네트라 위브라만하로 데보 바나니수타

21.

잔마스타남 아바피야 굽탐 아하모 요 베담 아두타반

부타남 차라탐 프르타기비다 디얌 아트마이바 요 바사테

데함 사르밤 이담 자가차 비바바드 아크라미야 야 프롤라사트

에카스 탐 구루무르티 아나마테 레

람보다랍브라타람

22.

안타라 야스차 바히르 비두타타미람 죠티르마얌 샤슈바탐

20.

벗어나라. 부정한 논쟁을!

오, 의로움의 황소시여,

당신께서는 더 이상 절름발이가 되지 않을 것입니다.

세상, 당황^{bewilderment}을 떠나십시오!

모든 곳에 좋은 사람의 무리가 증가할 것입니다!

스승들의 스승, 신, 바바니의 아들,

수라의 정복자가 자신의 형제를 동반하고 이 지상에 오셨습니다.

21.

'나'의 비밀스러운 탄생지에 도달한 그분께서는 차별을 던져버렸습니다.

그분께서는 분명하고 다양한 개념들을 가지고 있는

모든 살아 있는 존재들의 아트만으로서 정말로 빛납니다.

그분께서는 자신의 영광으로 신체와 이 온 우주를 장악함으로 빛납니다.

오, 이 사람! 몸을 가지고 있는 스승, 가나파티의 동생인 그에게 머리를 숙여라.

22.

그분께서는 안과 바깥의 어두움을 몰아내는

스타남 프라피야 브라자테 비나마탐 아갸남 운무라얌

피슈얀 비슈밤 아피담 올라사티 요 비슈바스야 파레 파라

타스마이 슈리 라마나야 로카구라베 쇼카시야 한트레 나마

23.

프라사라타드 이타 슈바빌로키탐 라마나 테 사크르트 팔라투 메 크르
탐

24.

라마나 잔미남 아이 바반 구루

아비다 아샤야스 타바 마한 우루

25.

자가드 아함 파라 스푸라티 메 트라얌

사다비담 기라 타바 비삼샤얌

영원한 빛의 상태에 도달하여 빛납니다.

그분께서는 자신의 발에 머리를 숙이는 자들의 무지의 뿌리를 칩니다.

비록 이 우주를 볼 때조차도,

그분께서는 그것 너머에 있는 빛나는 다른 해안을 봅니다.

그러한 분이신 슈리 라마나,

세상의 스승 그리고 무지를 죽이는 그러한 분에게 경의를.

23.

오, 라마나, 저에게 상서로운 일견을 주셔서. 제 행위가 결실을 맺도록 해주소서!

24.

오, 라마나, 당신께서는 태어난 모든 존재들의 스승이십니다.

당신의 의도는 위대하고 거대하십니다.

그 의도는 차이가 없습니다differentiate.

25.

의심의 여지없이,

당신의 언어로, 우주, '나' 그리고 지고자,

이것들은 아무런 구별이 없는 존재undifferentiated Existence로서 저 내에 반짝입니다.

26.

트바드 우파데싸토 갈라티 삼비다 마이 니란야야 사다하모르 비다

27.

아하미 욘트라스 탐 아말람 흐르디

아누바베마 보스 타바 크르파 야디

28.

나 카루나 구나스 타바 비담파데

흐르다야테자사 사하자바이바 테

29.

타바 타누르 즈발라트 야나가 비듀타

타바 드르그 아타타 라사티 바스바타

30.

카발리탐 마나스 타바 비뵤 흐르다

트바바시 산타탐 빌라시토 무다

26.

당신의 가르침으로 일어난, 저 내에 있는 독점적인^{exclusive} 이해로,

실재와 '나'간의 차이가 녹았습니다.

27.

만약 당신의 은총이 부어지면,

우리는 '나'안에 그 결점이 없는 하나를

우리의 가슴 내에서 경험할 것입니다.

28.

오, 배운 자들의 신이시여, 자비는 당신의 속성이 아닙니다.

그것은 바로 당신의 가슴에 있는 빛의 자연스러운 광채이십니다.

29.

오, 오점이 없는 분이시여, 당신의 신체는 조명의 광채처럼 빛납니다.

당신의 확장된 비전은 찬란한 태양처럼 빛납니다.

30.

오, 신이시여, 당신의 마음은 가슴으로 만들어진 작은 조각일 뿐입니다.

그리고 당신께서는 절대적 희열로 항상 빛을 발하십니다.

31.

부바나부파테르 바가바타타 크르테

바바시 파차코 야마바탐 파데

32.

나라파슌 이만 아하미 타다얀

프라쉬바우다남 비타누쎄 파잔

33.

티미라니 나 케발람 바초비

카루나판가빌오키타이슈 차 느르남

흐르다예 프라사란티 마르다얀탐

바가반탐 라마남 구룸 마나미

34.

바바잘라니딤 가함 가함 치라드 알라샬라산

파다잘라루하 드반드바 드피팜 슈리탐스 타바 삼프라티

라마나바가반 칼야나남 니케타나 파히 나

사다야 다야야 식타이르 박탄 아판가발로키타

31.

오, 고행자들의 정상이시여,

세상의 지배자이신 신을 위해 당신께서는 요리가 되셨습니다.

32.

인간 짐승들에 있는 '나-생각'을 쳐,

당신께서는 그것들을 요리하여 음식으로 지고한 쉬바에게 그것들을
건넵니다.

33.

저는 사람들의 가슴에 퍼져 있는 무지를 파괴하시는

스승 바가반 라마나께 머리를 숙입니다.

그분께서는 말들만이 아니라 또한 자비의 비스듬한 곁눈질로도 하십
니다.

34.

삶과 죽음의 바다에 계속해서 뛰어들다가, 드디어 피로하여,

우리는 당신의 연꽃 발 아래로 피난하였습니다.

우리의 자비로운 오 라마나시여!

모든 자비들의 거처시여,

자비로 젖은 당신의 곁눈질을 주셔서 우리를 보호하소서.

35.

야디 나 냐나니 스탄얌 다드야트 쉬쑈르 바타 카 가티

야디 파슈바티 크로담 쿠르야트 파쏠 아바남 쿠타

야디 파다주삼 아차리야 트밤 니함시 나 삼사얌

브람마샤타파라부타 에테 타란투 바밤 카탐

36.

비샤다하스테 푸르나 샨티 수다카라 소다레

스티라툴라요 푸르나 샥티르 드리숄 아툴라시쇼

흐르다야카말레 니티야 니슈타 바히슈차 사라트프라베

라마나 바가반 코 바 마우니 사마스 트바 부탈레

35.

만약 어머니가 아기에게 젖을 먹이지 않는다면,

아기는 어디로 가겠습니까?

만약 목동이 화가 난다면,

양들은 어떻게 보호를 받을 수 있겠습니까?

오, 스승이시여, 만약 당신께서 당신의 발에 모여든 사람들의 의심을

추방하지 않으신다면,

수백의 오해로 고통을 당하는 그들이 세상의 삶 너머로 갈 수 있겠습

니까?

36.

달과 형제처럼 지내는 당신의 미소에는,

평화의 충만함이 있습니다.

비길 데 없는 광채의 당신의 넓은 안정적인 눈에는,

힘의 충만함이 있습니다.

바깥으로도 또한 흐르는 당신의 광채, 가슴의 연꽃에는

평형상태가 늘 있습니다.

오, 라마나, 저의 신이시여,

침묵에 잠겨 있음에서 이 세상의 누가 당신과 필적할 수 있겠습니까?

37.

데비 샥티 리얌 드르쇼 슈리타자나

드반타 크샤야다이니

데비 슈리 리얌 암부작샤 마히쉬 박트레 사하스라차데

데비 브람마바두르 이얌 비자야테 비야하라 구다 팔라

비슈바차리야 마한누바 라마나

트밤 스타우트 카 프라크르타

38.

소함 자토 라마나바가반 파다요스 테 다비슈토

야디얌야스민 마하티 사마예 샥틸라스예 프라브릇테

슈리야스예바 즈발리타마하소 두르감 나타 샥팀

비슈바시야그르얌 타바 마마 마노 비타두캄 타타피

39.

타드 바가데얌 아사마남 아네카마우니

바사리지탐 크쉬티브르타 카루 로히타시야

37.

당신의 눈에는 당신에게 의존하는 사람들의 무지의 파괴를 이루는,

여신 두루가가 있습니다.

천개의 연잎을 한 당신의 눈에는,

연꽃의 눈을 한 비슈누의 여왕 락슈미가 있습니다.

브람마의 부인인 여신 사라스와티가

언어 속에 숨겨진 파라para로서 지배하고 있습니다.

우주의 스승이신, 오, 빛나는 분이신 라마나를

어떻게 보통 사람이 당신을 칭찬할 수 있겠습니까?

38.

비록 이 위대한 순간에, 힘의 유희가 시작될 때,

오, 라마나, 저의 신이시여,

저는 당신의 발로부터 멀리 떨어져 있지만,

그렇더라도, 저의 신이시여, 저는 저의 마음이 슬프지 않습니다,

왜냐하면 저는 태양의 찬란한 빛처럼 멀리에 있는 당신의 최고의 힘을

믿기 때문입니다.

39.

너무나 많은 다른 장소들이 있을 때,

바가반 슈리 라마나 마하리쉬는 이 장소를 선택하신 것은 비교할 수

안기차크라 바가반 라마노 마하쉬르

안예수 샷수 야디맘 바후슈 스탈레슈

40.

샨티르 니탄탐 아디카 파라마시야 샥티르

바이라기얌 아두타타맘 카루나 투 샨드라

냐남 니라스타쿠하남 마두람 차 브릿탐

느르람 니달샤남 아얌 라마노 마하르쉬

마침 시

나라심히르 가나파티르 바시슈토 라나남 구룸

찻트바림샨미타 파드야히 스칸담샴 스투타반 르쉼

없는 행운입니다.

이 붉은 산은 많은 고요한 성자들의 주거지를 얻었습니다.

40.

그분의 평화는 풍부하며, 힘은 최상이며, 초연은 가장 놀라우며,

자비는 강렬하며, 지식은 가장이 없으며, 행위는 상냥하고 우아합니

다.

이 위대한 현자 라마나는 사람들의 전형입니다.

마침 노래

나라심하의 아들인 바시슈타 씨족의 가나파티가

사십 노래로 스승이자 현자 라마나, 지상에 내려온 스칸다의 부분을

숭배하였다.

시의 미터는 아누스투브이다.

2. 아라티

(특별한 경우에)

발가 스와얌 프라카삼

발가 스와얌 프라카삼 발가 발가—베!

술가 숫다트마 샥티 술가 술가—베!

예룰라굼 지반 묵티 인밤 폰가—베!

이다야—마굼 이라이바 나기 옐람 온가—베!

팔마나 아간다이 발부 팔팟 오리가—베!

파라마 삿치다 난다트마 팔 포리가—베!

탓틸라다 니티야 지바 탓트밤 온가—베!

탄 마얏틸 친마얌 타라잇 온가—베!

옛투 딕쿰 함사스 소함 에디르—올릭카—베!

옐람 브람맘 옌눔 분마이 이라이 바긱카—베!

2. 아라티 찬가들

(특별한 경우에)

스스로 빛을 발하시는 분이시여, 만수무강 하소서!

스스로 빛나시는 분이시여, 영원히 빛나소서!

순수한 의식의 힘이시여, 우리 모두에게 가득 펼쳐지소서!

삶으로부터의 해방의 환희가 온 우주에 가득하소서!

바로 우리의 가슴이신 '신'으로서 만물이 번성하소서!

자아의 마음이 썩어 소멸되소서!

존재, 의식 그리고 환희의 우유가 내리게 하소서!

한계가 없는, 영원한 삶의 진리가 승리하게 하소서!

지고의 의식이 번창하고 나로 빛나게 하소서!

여덟 가지의 가르침으로 기쁨의 외침, '소함, 나는 그것이다!'를 메아

리치게 하소서!

모든 것이 브람만이다 라는 진리가 최고의 통치자가 되게 하소서!

아라티 송

팔라비

부자가 부샤나 우마 사히타 파라메쉬와라

아라티 – 자이 아라티 (부자가...)

아누팔라비

가자바다나 스칸다 쿠마라 바리 자니타 가랄라 아하라

아라티 – 자이 아라티 (부자가...)

차라남

세바카자나스리타 만다라

바비타 무니흐리드 산차라

베다누타 테자사 링가카라

부리티아디 만트라다라

슈리 마하바키아르타 탓트바스와루파

쉬바 마하요가누부티 스와루파

바바 마하란야 아날라스와루파

슈리 쇼나샤일레 스티타 베디아루파

아라티 – 자이 아라티 (부자가...)

아라티 노래

후렴

파충류로 장식되고 우마의 부군이신 최고의 통치자시여

우리가 당신을 향해 빛을 흔듭니다. 아라티!

보충 후렴

가네사와 스칸다의 아버지시여, (우유의) 바다가 토해낸 독의 공기시여.

우리가 당신께 빛을 흔듭니다. 자이 아라티!

본문

당신을 모시는 이들에게 당신은 피난처이십니다.

사랑으로 가득한 성자의 가슴에 당신은 들어가십니다.

베다에서 칭송하는 불−링가의 형태는 당신의 것입니다.

당신은 '부'와 같은 만트라의 근원이시고 자양분이십니다!

마하바키야 도입의 화신이신 당신께

쉬바의 위대한 요가의 경험을 구현하신 분

삼사라의 숲을 태우는 불이신 당신께

아루나찰라에 머무르시는 당신 자신을 드러내신 분께

우리가 빛을 흔듭니다, 자이 아라티!

자야만갈람

만갈람 아바르타 푸라바사 담파티

순다리 순다레샤트마자야

만갈람 바라 파라사라 고트라 자타야

프라마디슈 다누쉬 푸날바수 바바야

(자야-망갈람)

사르바 샥티 유타야 사르바 사마 바바야

사르바로카이카 히타 사다카야

사두 삿구루 발야 라마나야 바가바테

파다세바카라마 바바나야

(자야-망갈람)

승리 그리고 영광

티르출리의 거주자이신 축복받으신 부부

알라가말 그리고 순다라 아이어의 아들로 태어나신 당신께 영광을!

프라마디 해 다누쉬 달의 푸날바수 별 아래

고결한 파라 사라 씨족으로 태어난 당신께 영광을!

(승리와 영광...)

모두를 평등한 시각으로 보시고, 모든 힘을 부여받으신 분께 영광을!

모두에게 복지와 안녕을 가져다주시는 분,

당신의 발아래 엎드리는 모두에게 내면의 평화를 부여하시는 분,

성자 바가반 라마나, 위대한 사드 구루께 영광을!

(승리와 영광...)

3. 푸날바수 반남

1.

칸날 우나두 카딜무카 낭갈 카납펫트루

안날 칸나 람파야 난다나 멘바랄

옌나 닌드라 리다야 톨리룸 라마납펠

안나 말라이얀 푸날바수 난나 라두반남

2.

이다보루 코디 이날포 롤리룸 라마납펠

우다라 구날라 누밥파두 녹키 유밥파랄

수다바디 바나 소루파 난다 수얀조티

야다베마이 얀단 푸날바수 난나 라두반남

3. 푸날바수의 영광

1.

오 라마나, 위대한 아루나찰라여![241]

당신의 얼굴이 푸날바수 날에 은총의 빛이 펼쳐지는 것을

당신의 헌신자들이 보면, 그들은 자연스럽게 외칩니다.

"오 저희가 바라던 열매를 즐기고 있습니다."

그리고 그들의 가슴 안에서 당신은 거룩하게 빛나십니다.

바로 그러한 것이 푸날바수의 영광입니다.

2.

"여기를 보세요. 라마나는 천만 개의 태양처럼 빛나십니다."

그는 모든 상서로움의 저장고이시며,

가장 관대하게 우리에게 미소 짓고 계십니다.

그는 모든 것의 나인 감로의 형상이시며,

유일자로서 빛나는 영광스러운 나이십니다.

---

241   또 다른 해석: '라마나라는 이름을 가지신 오 아루나찰라여'

3.

쿨라분 톤달 쿠디 탐밀 콘다둠

탈라이반 펫체 탐무나 바갓 타라입파랄

일라굼 푸가라 렌디사이 폴타 라마난펫추

알라길 칼립팜 푸날바수 난나 라두반남

4.

포룰린 반남 푸가린 반남 폴리반남

테룰린 반난 티루빈 반난 티갈반남

이룰린 반나 밀라이얌 반남 라마난쿨

아룰린 반남 푸날바수 난나 라두반남

5.

밋치인 반남 빈자인 반남 빗틴박

그는 우리를 그와 함께 하나로 만드십니다.

그 별이 뜬 날에 그는 태어나기를 선택하셨으므로,

푸날바수의 영광은 빛납니다.

3.

헌신자들은 그들의 신이신 슈리 라마나의 영광을 축하하기 위해

이 푸날바수의 날에 함께 모입니다.

슈리 라마나가 그들의 유일한 양식인 것처럼.

그의 이름과 명성은 천체의 8개 가장 자리까지 퍼져있습니다.

그러므로 헌신자들이 그에 대해 찬미하면서

끊임없는 기쁨을 끌어내는 것은 자연스럽습니다.

바로 그러한 것이 푸날바수의 영광입니다.

4.

부, 명성, 이름의 탁월함과 현존의 상서로움, 실재의 장엄함

그리고 모든 좋은 것들은 라마나로부터 왔습니다.

그는 은총으로 어두움과 무지를 제거하십니다.

바로 그러한 것이 푸날바수의 영광입니다.

5.

속박으로부터의 해방의 영광, 존재의 일체성에 머무르는 행복,

캇치인 반남 켈비인 반남 카다분맙

풋치인 반남 푸라나 반남 폿트랄룩쿠

앗치인 반남 푸날바수 난나 라두반남

6.

텔칼라이 옐란 테리눈 신타이 텔리야두

닐가나 냐나 닐라이페라 벳타 넨잣틸

살가티 캇툰 사다쉬바 물티 자얀팃칠

말가리 마다 푸날바수 난나 라두반남

7.

아다라 믹카 바디야 라학카 라한로다

무두라이 얄레 무가부라이 요디 모난첼

보다나이 얄라누 부티 푸날쿰 폴라본냐

아다바 메이얀 푸날바수 난나 라두반남

탐구의 힘, 신의 위대함은 푸날바수 날에 태어난

스승의 황금빛 발에 복종할 때 알려집니다.

푸날바수 그날 자체는 스승께서 태어나셨기에 영광을 얻습니다.

6.

참된 지식에 대한 욕망을 지닌 이들은

다양한 방법들로 지식을 수집하는 학자일 뿐입니다.

오직 마음의 순수함을 얻고자 하는 자만이

라마나가 해방의 길을 보여주는 사다쉬바라는 것을 압니다.

말가리²⁴²의 달의 푸날바수 별,

그가 태어난 그 별은 최고의 영광을 얻었습니다.

7.

무지의 어두움을 제거하기 위하여, 슈리 라마나는

영원한 침묵이라는 그의 가르침 중

끊어지지 않는 흐름에 관한 서문의 경전들을 설명합니다.

침묵을 통하여, 영광스러운 푸날바수에서 태어나 스승 그 자신은

바로 지식의 태양인 영원한 진리로서 빛나시고

나 깨달음을 베풀어 주십니다.

---

242 헌신적 수행에 특별히 전념하는 타밀 달력의 아홉 번째 달.

8.

비다낭 캇티 톤갈 빗투 비노단셀

파다가이 툭킵 팔팔 시랍품 파립팔

예다길루 몰쿠 트레발 리얏트랍 페라모벤드루

아데니나이 바발 푸날바수 난나 라두반남

9.

마다발 베디얄 만티라 모디 바룻투발

코다이얄 탄탕 코루나 로둠핀 쿠루구발

페다이야 라놀 메다이야 라갑 피란구발

아다라 난체이 푸날바수 난나 라두반남

10.

타리사이 반남 샨다 비룻탐 샷트루발

예리사이 바나 리야로두 비나이일 렛트루발

토란 토가이얄 품팔리 폴추난 투부발

8.

헌신자들은 축하의 장엄함을 더하기 위해 푸날바수 날에 함께 모입니다.

그들은 깃발, 리본, 꽃목걸이로 아쉬람을 꾸미고 부러워하는 구경꾼들은

"나도 조금일지라도 도움이 될 수 있다면 좋으련만!"이라고 말합니다.

바로 그러한 것이 푸날바수 날의 영광입니다.

9.

위대한 타파스빈과 베다 학자들은 성스러운 만트라를 찬팅함으로써

그분을 섬깁니다. 그들의 남편 뒤에 서 있는 정숙한 아내들은

간절히 그분을 보고자 합니다.

오 라마나의 은총이 가득한 시선은 하찮은 사람도

지혜의 사람으로 변형시킵니다.

그러한 것이 우리가 열렬히 축하하기를 기다리는

푸날바수의 힘과 영광입니다.

10.

시인들은 시들과 노래를 지어 그것들을 부르고

그의 연꽃 같은 발에 그것들을 바칩니다.

음악의 대가들은 비나와 다른 현이 있는 악기의 감미로운 작품으로

바리 라마난 푸날바수 난나 라두반남

발투

모하 모릭쿰 무니반 티루바이 모리바리

소카 마갓트룸 숫다드 두비다 슈달바리

예카 소루파 라마난 카루나이 이얄바리

카가 무라부 칼란달 폴룸 가남바리

그를 숭배하고, 그 반면에 콜람이라는 예술에 정통한 여자들은
헌신적으로 그들의 꽃으로 된 무늬를 바닥에 장식합니다.
바로 그러한 것이 푸날바수의 날의 영광입니다.

끝맺음의 시

마야를 몰아내는 위대한 성인의 지혜로운 말씀이 영원하시길!
모든 슬픔들을 제거하는 순수한 비이원의 빛이시여 영원하시길!
항상 존재의 하나[243] 안에 늘 있는 이의 자비가 영원하시길!
서로 정겹게 먹을 것을 나누는 까마귀 무리와 같이
모여서 그의 은총을 나누는 모든 헌신자들이 영원하시길!

---

243   에카 스와루파

4. 벤달 파디감[22]

1.

카나 벤두닌 카루나이얄 무캄

칼릭카 벤두멘 카룻투 무트루라

푸나 벤두닌 폰나디 투나이

폴리야 벤두멘 센니 폴푸라

마나 벤두메이 아디얄 맛투닌

만부 페치윰 셰비 마둣투난

페나 벤두멥 피라비 메비눔

페루마 벤카타 반나 페트리예

2.

아라익카 벤두 난 아발라 유나이

안잘 렌드라네 카룰라 벤두네

---

22 이 짧은 시 선집 또한 무루가나르의 슈리 라마나 산니디 무라이(470–71, 476번 시)에서
     가져온 것이다. 이것은 매달 두 번, 상서로운 열세 번째 티티tithi인 프라도샴의 저녁 푸자
     에서 노래된다.

4. 10개의 청원

1.

제가 당신의 자비로운 얼굴을 보도록 하시고,

저의 마음이 희열로 충만하도록 하소서.

그리고 저의 머리가 황금으로 될 때까지

당신의 황금 같은 두 발의 왕관을 저의 머리에 씌워 주소서.

우리가 당신의 힘과 위엄에 대해 말하고 들을 때,

당신의 헌신자들 사이에서 제가 기뻐하도록 하소서.

위대한 벤카타시여, 제가 어떤 출생으로 태어난다고 할지라도,

이러한 행운이 저의 것이 되도록 해주소서.

2.

제가 당신을 열렬히 부를 때,

"두려워하지 마라!"라고 당신의 자비로운 응답을 주소서.

요가 안에서 제가 당신을 그리워하도록 하시고,

저와 함께 있는 당신이 완전히 둘이 없는 하나로 있어 주소서.

예라익카 벤두 난 요가 멘눌라

티루마이 야트레노 디사야 벤두네

쿠라익카 벤두난 코두 마낫타이닌

아룻 구낫티람 쿠릿투 나도룸

타라익카 벤두난 타니랄 카네

다루마 벤카타 탄다이 타야네

3.

폴리가 벤드루 닌 푸갈 마갓투밤

폴리가 닌 푸날 푸사 날 비라

폴리가 압비랍 폴리야 바트루발

폴리가 압비랍 폴리야 녹쿠발

말리가 마다뭄 마리 마닐람

말리가 다나단 망가 렝가눔

말리가 벤카타 만누 일토가이

마난도룸 말랄 아딧 디야나메

저의 사악한 마음이 당신의 은총의 힘에 대해서만 매일 생각하도록 하여 주소서.

아버지이시자 어머니이시며, 벤카타이신 다르마의 왕이시여.

당신 발의 그늘 안에서 제가 번영하도록 하소서.

3.

영원히 당신의 위대한 명성에 영광이 있으시길!

축제의 당신의 푼날바수 날에 영광이 있으시길!

그 날을 위대하게 만드는 이들에게 영광이 있으시길!

사랑으로 그날을 보는 이들에게 영광이 있으시길!

한 달에 세 번은 비가 오지 않도록 해주소서!

사랑의 자선과 관대한 베풂이 영원히 빛나도록 하소서!

모든 살아있는 존재들이 벤카타의 연꽃 같은 발을

그들의 가슴에 소중히 간직하도록 하소서!

용어 해설

A

아드바이타: 비이원

아가미 카르마 : 다음 생들에서 결실을 맺도록 예상되는 선하거나 나쁜 행동

아함: 나 혹은 자아, 몸을 가진 자기, 영혼

아함카라(또는 아한카라): 에고 자기

아갸나: 무지

아난다: 희열

아파나: 다섯 가지의 생명 공기들 중 하나

아프라나 : 현현된 삶 너머의, 생명이 없는

아사나: 요가의 자세

아트만 또는 아트마: 나, 생명과 감각의 원리

아트마디야나: 나에 대한 명상

아트마비차라: 나 안으로의 탐구

아비디야: 무지, 무식

B

바가반: 완전한 능력^{power}, 힘^{strength}, 명성, 부, 지식, 그리고 포기, 이러한
       것들을 '바가'라 부른다. 이런 것들을 지닌 사람을 '바가반'이라고 부
       른다. 인간의 모습을 하고 있는 '신' 그리고 깨달은 영혼들.

박타: 헌신자

박티: 헌신

바라타: 바가바드 기타에서 슈리 크리슈나가 아르주나를 부를 때 사용하신
       호칭, 빛나는 영혼의 의미

바바나: 지속적인 명상, 마음의 안정적인 집중

브람마: 창조의 신, 창조자로서의 신

브람만: 절대자

붓디: 지성

C

차크라: 바퀴, 요가에서 하는 집중의 중심들

칫: 절대적 지식 또는 절대적인 의식

칫타: 대상들을 향해 있는 마음의 상태, 인상(자국)들이 저장된 마음의 측면

D

다하라 비디야: 가슴의 "빈 공간"에 있는 신에 대한 명상

데바: 신 또는 천상의 존재

데바타: 신

데비: 신성한 어머니 또는 여신

다르마: 고결한 행위들, 조화로운 삶, 인간의 당연한 의무, 내재하는 속성들

디야나: 명상, 요가의 여덟 사다리들 중에서 일곱 번째 단계

드릭: 주체

드리시야: 대상

G

가나파티: 쉬바 신의 장남, 장애물들의 제거자, 가네샤 신과 같음, 쉬바 신
의 우두머리

구다케샤: 수면을 정복한 아르주나를 일컫는 별칭, 크리슈나 신이 아르주나
를 부를 때 이 이름을 사용함

구나들: 모든 현현의 기초를 이루는 셋 속성들, 혹은 경향성들. 이들에는 셋
이 있는데, 삿트바는 진리, 라자스는 활동 그리고 타마스는 무지가

그 특징이다.

호마: 불 의식

흐리다얌: 가슴(흐리디+아얌=중심+이것); 슈리 라마나 마하리쉬가 경험하고 설
　　명한 가슴의 "오른 쪽"에 절대적 의식의 자리.

I

인드라: 데바들의 우두머리. 브람마 비디야의 첫 번째 학생. 신성한 어머니
　　가 그의 선생이었다.

이슈바라: 세상들에 대한 주권을 가지고 있다는 것을 내비치는 지고한 신의
　　이름

J

지바: 개인적인 영혼 혹은 자아

지반 묵타: 여전히 신체 내에 있으면서 자신과 지고자와의 동일성을 깨달은
　　사람

지반 묵티: 이 삶에 있는 동안에 해방된

갸나: 형상과 형상 없음 너머에 있는 절대자에 대한 지식

갸나 마르가: 영적 지식의 길

갸니: 나를 깨달은 사람, 성자, 지식의 길을 통해 깨달음을 얻은 사람

K

카이발야: 절대적인 하나. 최종의 해방. 108 우파니샤들 중의 하나

칼리 유가: 세상의 네 시대들 즉 크리타, 트레타, 드바파라와 칼리 중의 마
　　지막 시대. 칼리는 기원전 3102년에 시작되었다고 간주된다.

카르마: 행동, 일, 행위들, 산치타, 프라랍다와 아가미라는 세 노정들에서

축적된 행위의 결실들

카르마 마르가: 의식, 종교적 의무들, 세상에서의 행위의 길

케발라 쿰바카: 들이쉬거나 내쉼이 없이, 마음의 멈춤으로 나아가게 하는
호흡의 정지

크세트라: 장소, 신성한 장소, 순례의 장소, 요가에서는 몸이라는 들판

크세트라갸: 몸의 영역에 있는 의식의 원리. 깨어있음, 꿈, 그리고 잠이라는
자아의 세 가지 상태들을 자각하는 절대적 목격자

쿤달리니: 배꼽 부위에 위치한 세 바퀴 반만큼 감긴 신비한 원. 뱀의 힘이라
는 요가의 원리, 태고의 마야

L

링감: 끝이 둥근 수직의 돌. 비현현의 쉬바의 상징. 즉 형상이 없는 신의 형
상

M

마하리쉬(마하르쉬): 위대한 리쉬 또는 위대한 현자

마하트: 아함카라의 원천으로서의 지적 원리. 절대자로부터 비현현이 나오
고, 비현현으로부터 마하트가 나오고, 마하트로부터 아함카라가 나
옴.

마하트마: 고귀한 영혼. 높은 영적인 사람. 무한자와 파장을 맞춘 채로 있는
스승

마하바키야: 브람만의 진리를 선언하는 넷 발언들. 다음에 기술된 네 편의
베다에서 각각 한 구절씩 기술됨. 리그베다의 아이타레야 우파니샤
드에서는 '프라갸남 브람마', 야주르베다의 브리하단야카 우파니샤
드에서는 '아함 브람마스미', 사마베다의 찬도캬 우파니샤드에서는

'탓, 트밤, 아시', 그리고 아타르바 베다의 만두카 우파니샤드에서는
'아야마트마 브람마'라고 한다. 마하바키야를 설명하는 108편의 우파
니샤드들 중 하나

마헤슈바라: 쉬바 신의 다섯 모습들 중 하나. 카르마가 완전히 해소될 때까
지 영혼에게서 진리를 가리시는 분.

마나스: 마음, 이성, 심리. 칫타, 붓디, 마나스, 그리고 아함카라라는 넷의
총체로도 사용됨.

만트람(만트라): 숭배와 기도에 사용되는 베다의 우주적 소리의 형태들, 명상
을 위한 신의 모습에 대한 씨앗 글자. 의식에서 사용하는 힘이 있는
말들.

마라나: 초자연적인 힘들을 사용하여 죽음을 야기하는 기술

마트: 만남의 장소. 사두들의 거주지. 사원

마야: 환영, 거짓의 모습, 현현 혹은 인격화된 환영

목샤: 해방, 최종적인 해방, 환생으로부터 놓여남

모우나: 침묵, 형언할 수 없음. 브람만의 진리, 이 진리는 브람만을 아는 분
들이 정지stillness에 머무름으로써 표현된다.

무드라: 숭배의식이나 춤에서의 손 자세

묵타: 해방된 사람

묵티: 해방

무트: '마트'를 참고.

N

나디: 생명력을 실어 나르는 72,000개의 몸의 신경들, 그것들 중 '이다', '핑
갈라', 그리고 '수슘나'라는 세 가지 주된 것이다. 사마디 상태에서 그
것들 모두는 하나의 '파라' 또는 '암리타 나디'로 흡수된다.

니르비칼파 사마디: 집중의 최고의 상태, 그 상태에 있는 영혼은 우주적 나 Universal Self로부터 분리된 모든 존재감을 잃게 됨, 그러나 이것은 단지 일시적인 상태, 그 상태에서 자아의식으로 돌아오게 됨.

니슈타: 확고한 명상에 있는 것

니야마: 수련. 요가의 여덟 단계 중 두 번째의 것. 종교적 의무들.

P

파드마: 연꽃

파드마사나: 오른 발은 왼쪽 넓적다리 위에 두고 왼발은 오른쪽 넓적다리 위에 두는 요가의 자세

파람아트만: 진정한 나

파르타: 아르주나. 판다바의 다섯 왕자들 중 한명, 자신의 어머니 쿤티의 또 다른 이름이 프리타, 그의 아들.

프라크리티: 태초의 물질. 그것으로부터 모든 것들이 창조됨. 태고의 성품

프라나: 가슴에 중심을 둔 다섯 필수적 공기들 중 첫 번째

프라나야마: 호흡의 통제

프라닥쉬나: 움직임 속에 있는 사마디. 프라^{pra}는 모든 종류의 죄를 없앤다는, 다^{da}는 욕망의 충족, 크쉬^{kshi}는 윤회로부터의 자유, 나^{na}는 지식 지혜를 통하여 구원을 얻는다는 것을 의미. 아루나찰라를 도는 것은 세상을 한 바퀴 도는 것만큼이나 효과가 있다고 함. 세상 전체가 이 산으로 응축되어 있다는 의미.

프라랍다 카르마: 과거의 행위(카르마)가 원인으로 작용하여 현재 생에 결실을 맺어서 나타나는 운명의 부분

프라티야하라: 대상들로부터의 감각들의 철회. 요가의 사다리에서 다섯 번째 단계

푸라나들: 일차적인 그리고 이차적인 창조, 왕들의 계보를 다루는, 비야사
　　　　가 저술한 여덟 권의 신성한 책

푸르남: 완전함, 무한함

푸루샤: 정신, 영혼, 삶의 원리

푸루샤르타: 인간의 목표들. 인간이 추구할 가치가 있는 목표들로 다르마,
　　　　아르타, 카마 그리고 목샤

R

라자 요가: 파탄잘리가 가르친 요가 시스템

라자스: 세 가지 주 속성들 중 하나. 붉은 색으로 묘사됨. 활동의 원리(‘구나’
　　　　참고)

리쉬: 현자 (‘마하리쉬’ 참고)

루드라: 쉬바 신의 다섯 가지 측면들 중의 하나. 파괴자로서의 신

S

사다 쉬바: 영원한 선으로서의 지고의 신

사드구루: 위대한 스승. 진실한 또는 완전한 구루

사다나: 해방을 향한 영적 탐구 또는 길. 영적 수행

사두: 해방의 탐구를 위해 세상을 포기한 사람 또는 수행자ascetic

사하스라라: 천개의 꽃잎을 가진 연꽃. 요가 수행의 길에서 머리의 정수리
　　　　에서 경험되는 빛(깨달음)의 중심

삭쉬: 목격자

사마나: 다섯 생명 공기들 중의 하나

산치타 카르마: 아직 경험되지 않고 있는, 이전 생들에 쌓은 카르마

상칼파: 의지, 마음의 활동, 생각, 경향성들, 그리고 집착

샹키야 요가: 지식을 통한 영적 교감의 길. 스리마드 바가바드 기타의 두 번째 장에서 자세히 설명되고 있음.

산야사: 포기

산야신: 세상을 포기한 사람

사르바트마 바바bhava: 모든 것의 나를 경험하는 상태. 하나의 존재Oneness of Being에 머무름

사스트라스: 경전들

삿: 존재, 순수한 존재

삿칫아난다: 존재−의식−희열

삿트바: 순수함을 향한 경향성. 세 가지 구나들 중 하나

사비칼파 사마디: '아는 자, 지식, 지식의 대상'의 구분이 아직 사라지지 않은 의식의 상태

샥티shakti(혹은 sakti): 상징적으로 신의 부인으로 대표되는 신성한 측면 중 현현되는 에너지

싯다: 초자연적인 힘을 부여받아 기적들을 행할 수 있는 사람

싯디: 깨달음, 도달함 또는 초자연적 힘들

쉬바: 지고의 신, 힌두 삼위일체 중 하나

쉬보함: '나는 쉬바이다.' 라는 문구

스칸다: 쉬바 신의 어린 아들. 신성한 군대의 우두머리. 수브라만야 신과 같음.

스므리티: 베다(스루티)들 이외의 권위 있는 힌두 경전들

슈랏다: 성실함, 믿음, 확신. 진리의 이론적 지식을 충실히 습득함

스라바나: 스승으로부터 진리를 경청함

스루티: 베다들. 성자들이 초월적 상태에서 들은 것을 구전으로 제자들에게 전한 것

스와루파 니슈타: 나에 머무름

T

타마스: 어둠, 무지, 세 구나들 중 하나

탄마야 니슈타: 나에 머무름

타파스: 종교적 고행들

탓: 그것, 브람만

탓트바 갸나: 브람만 또는 아트만에 대한 지식

탓 트밤 아시: '너는 그것이다'

티티tithi: 달의 360도 순환 주기를 12도로 나눈 부분들 중 하나. 각각의 달은
두 단계로 구성됨. 달이 보름달에서 초승달로 움직이는 어두운 절반
의 크리슈나 팍샤, 그리고 달이 초승달에서 보름달로 움직이는 슈클
라 팍샤. 이 두 단계에서는 각각의 12도를 15개의 부분들로 나눔.

투리야: 네 번째 상태. 목격자로서의 의식. '깨어 있거나, 꿈꾸거나 그리고
깊은 잠에 든 상태로 변하는 것'에 반하는 언제나 늘 현존하는 변함없
는 상태.

U

우다나: 목안에 위치한 다섯 가지 생명의 공기들 중 하나

우파데사: 구루에 의해 주어진 영적 지도 또는 가르침

우파니샤드들: 베다들의 부분을 형성하는 철학적인 글들

V

바이쿤타: 비슈누가 머무르는 천상

바이라기야: 세상적 욕망으로부터의 자유, 초연

바사나들: 전생의 경험들로 인하여 생긴 현생에서의 마음의 성향, 경향성, 기질

바수데바: 크리슈나 신, 바수데바의 아들, 이 세상 모든 것이 크리슈나 신의 현현임. 바수데바의 길을 보여주는 108편의 우파니샤드들 중 하나

베다: 힌두교의 신성한 책들, 현자들을 통해 계시된 리그, 야주르, 사마, 그리고 아타르바.

베단타: 슈리 비야사에 의해 해석된 우파니샤드들, 브람마 수트라들, 그리고 바가바드 기타에 자리 잡은 절대적 진리. 베다들의 끝 또는 완성

비나: 현악기

비차라: 나의 진리 안으로의 탐구

비데하묵타: 몸을 떠난 해방의 존재

비데하묵티: 몸을 떠난 후의 나 깨달음

비갸나: 지식, 비실재로부터 실재를 구별함

비갸나말가: 분별하는 지식의 길

비슈누: 보존의 신, 힌두교의 삼위 중 한분

비샤야 바사나들: 감각적 즐거움들을 향한 경향성

비베카: 분별

비요가: 분리

비야나: 다섯 생명 공기들 중 하나, 혈액을 순환시키고 몸 전체에 퍼지게 함.

Y

야마: 자기 통제, 요가의 여덟 사다리 중의 첫 단계. 거짓말, 살생, 절도, 욕망, 탐욕을 자제함

파라야나 라마나스라맘의 저녁 성가

발행일   2026년 3월 15일

저   자   바가반 슈리 라마나 마하리쉬의 시
옮긴이   김병채(크리슈나다스)

펴 낸 이   황정선
출판등록   2003년 7월 7일 제62호
펴 낸 곳   슈리 크리슈나다스 아쉬람
주   소   경상남도 창원시 의창구 북면 신리길 35번길 12-12
대표전화   (055) 299-1399

전자우편   krishnadass@hanmail.net
카   페   cafe.daum.net/Krishnadas

ISBN 979-11-993501-4-4 (03270)

* 잘못 만들어진 책은 바꾸어 드립니다.